彩页1　汽车种类

敞篷乘用车（保时捷 Boxster）

旅行乘用车（标致 307SW）

多用途乘用车（广州本田 Oddyssey）

越野乘用车（路虎 发现3）

专用乘用车（"营长"装甲防弹车）

商用车——客车（无轨电车）

商用车——货车（专用消防作业车）

商用车——货车（专用集装箱货车）

彩页2　名车欣赏

世界第一辆三轮汽车（德国）

兰博基尼 Diablo SE30（德国）

福特 T 型车（美国）

凯迪拉克 V-16 轿车（美国）

雷克萨斯 LS400 轿车（日本）

本田思域轿车（日本）

标致 607（法国）

法拉利 F40（意大利）

彩页3　汽车结构图

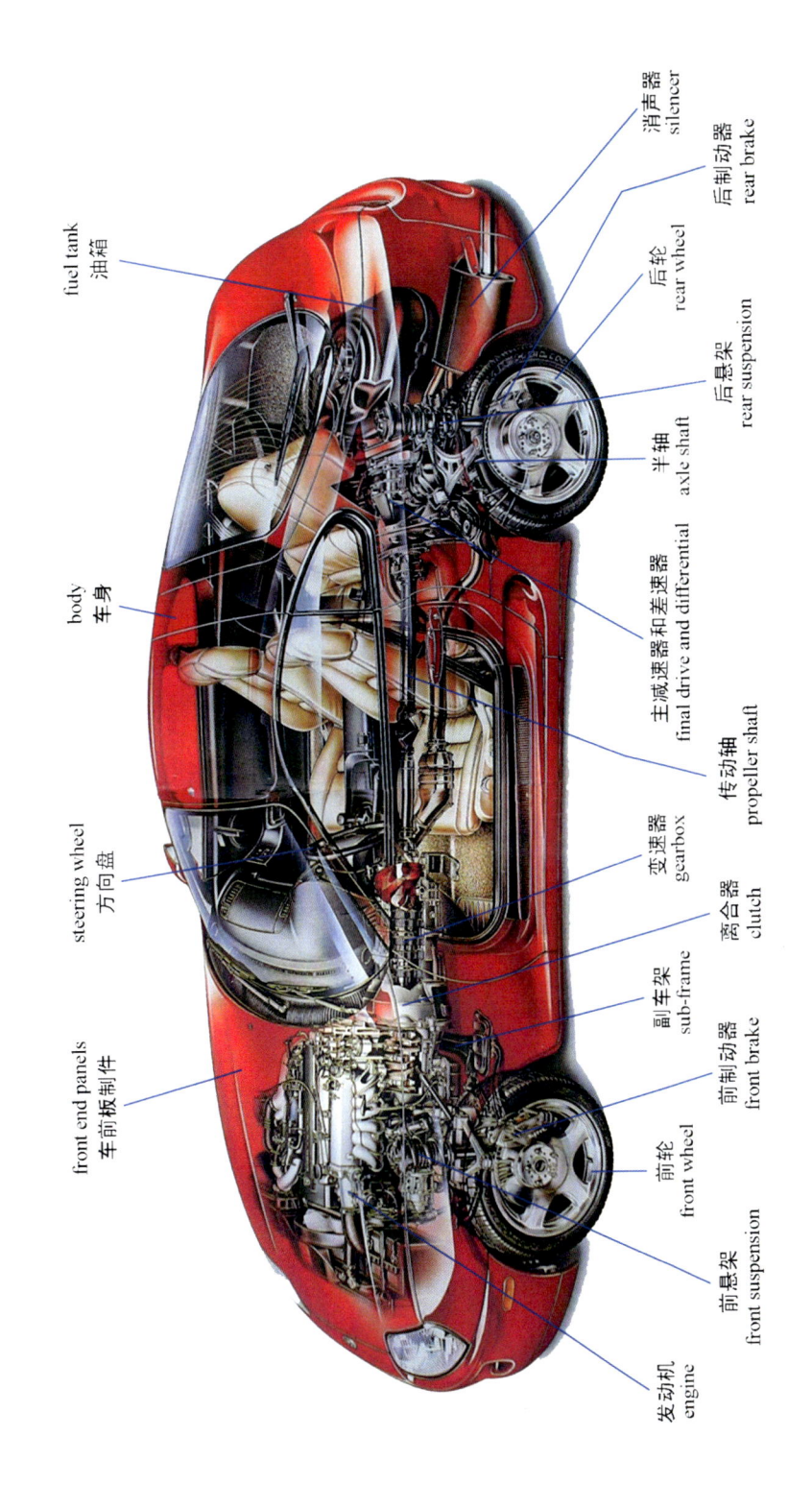

- fuel tank 油箱
- 消声器 silencer
- 后制动器 rear brake
- 后轮 rear wheel
- 后悬架 rear suspension
- 半轴 axle shaft
- 主减速器和差速器 final drive and differential
- 传动轴 propeller shaft
- body 车身
- steering wheel 方向盘
- 变速器 gearbox
- 离合器 clutch
- 副车架 sub-frame
- 前制动器 front brake
- 前轮 front wheel
- front end panels 车前板制件
- 前悬架 front suspension
- 发动机 engine

彩页4　世界名车标志

GM 通用(美)	凯迪拉克(美)	BUICK 别克(美)	CHEVROLET 雪佛兰(美)	PONTIAC 庞蒂克(美)	Oldsmobile 奥兹莫比尔(美)	SATURN 土星(美)
Ford 福特(美)	林肯(美)	JAGUAR 美洲豹(美)	CHRYSLER 克莱斯勒(美)	DODGE 道奇(美)	Jeep JEEP(美)	PORSCHE 保时捷(德)
BENZ 奔驰(德)	MERCEDES-BENZ 戴姆勒-奔驰(德)	Mercedes-Benz 梅赛德斯-奔驰(德)	迈巴赫(德)	大众(德)	Audi 奥迪(德)	OPEL 欧宝(德)
BMW 宝马(德)	BUGATTI 布加迪(法)	RENAULT 雷诺(法)	PEUGEOT 标致(法)	CITROËN 雪铁龙(法)	LAMBORGHINI 兰博基尼(意)	FIAT 菲亚特(意)
ALFA ROMEO 阿尔法·罗密欧(意)	Ferrari 法拉利(意)	MASERATI 玛莎拉蒂(意)	LANCIA 蓝旗亚(意)	BENTLEY 宾利(英)	ROVER 路虎(英)	LAND ROVER 兰德-路虎(英)
VAUXHALL 沃克斯豪尔(英)	ROLLS ROYCE 劳斯莱斯(英)	ASTON MARTIN 阿斯顿·马丁(英)	LOTUS 莲花(英)	MINI 迷你(英)	MG 名爵(英)	SAAB 萨博(瑞典)
VOLVO 沃尔沃(瑞典)	SKODA AUTO 斯柯达(捷克)	SEAT 西雅特(西班牙)	SUZUKI 铃木(日)	TOYOTA 丰田(日)	LEXUS 雷克萨斯(日)	ISUZU 五十铃(日)
DAIHATSU 大发(日)	HINO 日野(日)	本田(日)	ACURA 讴歌(日)	MITSUBISHI MOTORS 三菱(日)	mazda 马自达(日)	INFINITI 英菲尼迪(日)
NISSAN 日产(日)	SUBARU 斯巴鲁(日)	SSANGYONG 双龙(韩)	DAEWOO 大宇(韩)	现代(韩)	KIA 起亚(韩)	TATA 塔塔(印度)

彩页5 中国汽车标志

上汽集团	上汽大众	上汽通用	上汽通用五菱	上汽荣威	上汽名爵	上汽大通
东风汽车公司	东风风神	东风日产	东风标志	东风雪铁龙	东风本田	东风悦达起亚
一汽集团	一汽大众	一汽丰田	一汽马自达	一汽轿车	天津一汽	一汽红旗
长安汽车集团	长安汽车	长安福特	长安铃木	长安沃尔沃	长安马自达	长安标致雪铁龙
北汽集团	北京现代	北京奔驰	北汽绅宝	北京汽车	昌河汽车	北汽银翔
广汽集团	广汽传祺	广汽本田	广汽丰田	广汽菲克	广汽三菱	广汽中兴
华晨汽车集团	华晨宝马	中华轿车	金杯汽车	长城汽车	哈弗汽车	江淮汽车
江淮大众	吉利汽车	沃尔沃汽车	奇瑞汽车	奇瑞捷豹路虎	观致汽车	开瑞汽车
凯翼汽车	比亚迪汽车	腾势汽车	众泰汽车	汉腾汽车	东南汽车	福建奔驰

彩页6 汽车新技术

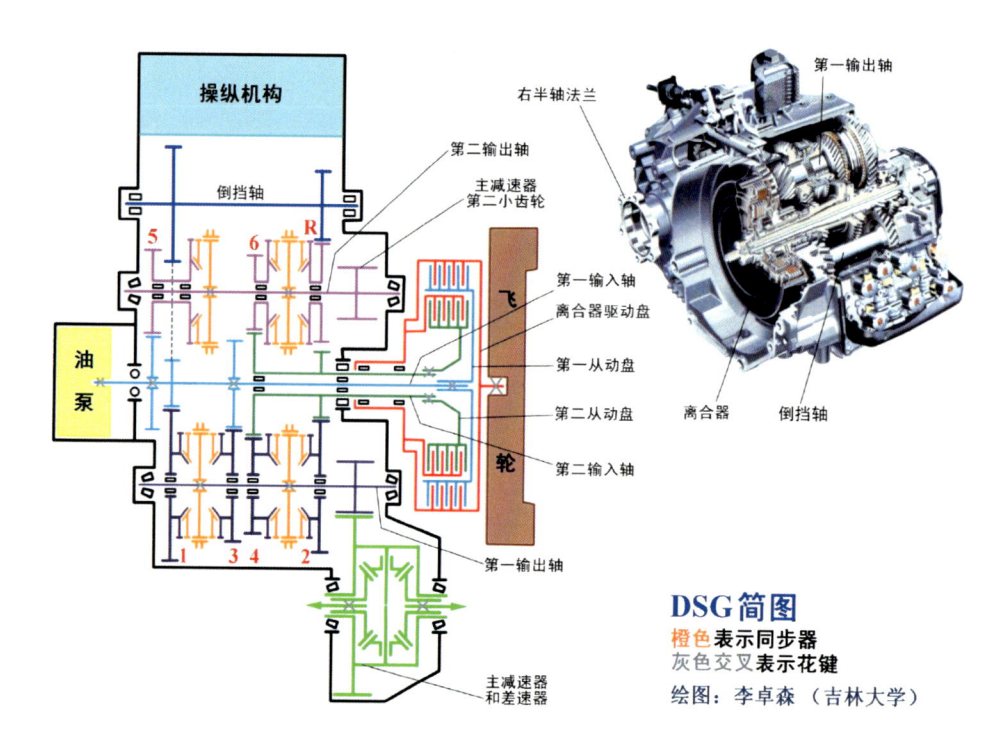

双离合器变速器（DSG）

DSG简图
橙色表示同步器
灰色交叉表示花键
绘图：李卓森（吉林大学）

双增压中冷（TSI）发动机

彩页7　汽车竞赛

汽车拉力赛

汽车越野赛

世界一级方程式锦标赛

卡丁车方程式汽车赛

勒芒 24 h 汽车耐久赛

德国房车大师赛

老式汽车赛

汽车足球赛

彩页8　概念车

叶子概念车

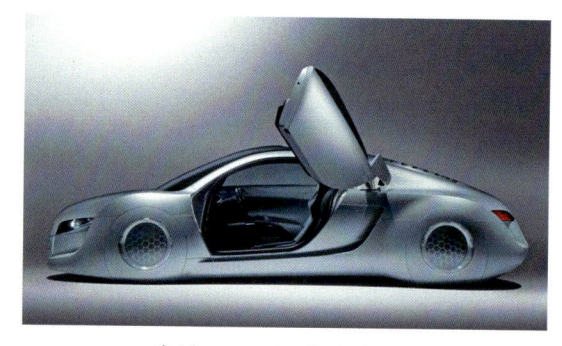

奥迪 RSQ 概念跑车

日产 Pivo 概念车

本田 PUYO 概念车

雪铁龙 GT 概念车

丰田 Fine-T 概念车

雷克萨斯 LF-A 概念跑车

宝马 VED 概念车

河北省"十四五"职业教育规划教材

微课版

汽车文化

主　编　邢世凯　李聚霞
主　审　马朝臣

第二版

大连理工大学出版社

图书在版编目(CIP)数据

汽车文化 / 邢世凯，李聚霞主编. -- 2版. -- 大连：大连理工大学出版社，2021.1(2025.8重印)
新世纪高职高专汽车运用与维修类课程规划教材
ISBN 978-7-5685-2744-6

Ⅰ．①汽⋯ Ⅱ．①邢⋯ ②李⋯ Ⅲ．①汽车－文化－高等职业教育－教材 Ⅳ．①U46-05

中国版本图书馆 CIP 数据核字(2020)第 214053 号

大连理工大学出版社出版
地址：大连市软件园路80号 邮政编码：116023
营销中心：0411-84707410 84708842 邮购及零售：0411-84706041
E-mail:dutp@dutp.cn URL:https://www.dutp.cn
北京虎彩文化传播有限公司印刷 大连理工大学出版社发行

幅面尺寸：185mm×260mm　印张：13　字数：299千字
插页：8
2017年1月第1版　　　　　　　2021年1月第2版
2025年8月第4次印刷

责任编辑：康云霞　　　　　　　责任校对：于健健
　　　　　　　封面设计：张　莹

ISBN 978-7-5685-2744-6　　　　　定　价：45.00元

本书如有印装质量问题，请与我社营销中心联系更换。

前言 Preface

随着我国国民经济和汽车工业的快速发展,汽车爱好者和私家车拥有者越来越多。截至2024年12月底,中国机动车保有量达4.53亿辆,其中汽车3.53亿辆。2024年,中国汽车产销分别为3 128.2万辆和3 143.6万辆,连续十六年排名全球第一,显示了我国汽车工业在世界经济发展中的重要地位。

大学生是中国未来汽车市场的重要消费群体,他们对现代汽车与汽车文化表现出浓厚的兴趣。在这种需求下,全国大多数开设汽车专业的普通高校、高职高专院校乃至中专、技校都开设了"汽车文化"课程。因此,要求该课程所用教材的内容要综合考虑各专业学生的特点,力求通俗易懂、趣味性强、寓教于乐。基于上述想法,作者根据多年讲授这门课程的经验,并在广泛征求意见的基础上,修订了本教材。

本教材深入贯彻党的二十大精神,将爱国情怀、职业道德、工匠精神等要素与教材内容有机融合。

本教材共包括7个模块,主要内容包括:认识汽车;汽车的诞生与发展;汽车的动力与行驶;汽车与社会;著名汽车公司与品牌商标;汽车选购与保险;汽车运动、名人与时尚。每个模块均配有"教学导读""知识梳理与项目小结""知识测评""技能测评"等。附录部分给出了本书英文缩略语。插页部分包括汽车种类、名车欣赏、汽车结构图、世界名车标志、中国汽车标志、汽车新技术、汽车竞赛、概念车及常见的交通标志与交通标线。

本教材力求内容简洁、图文并茂,将知识性和趣味性融为一体,并大量采用实物插图,直观明了、通俗易懂、好学实用。本教材附带教学资源包,内含同步教学内容及大量彩图、动画和视频资源,方便教师授课和学生课后自学,如有需要,可登录职教数字化服务平台进行下载。

本教材可作为普通高等院校、高职高专院校汽车专业基础课或公共选修课的教材,还可作为汽车培训及中专、技校的参考教材,也是值得广大汽车爱好者阅读和收藏的科普读物。

本教材由河北师范大学邢世凯、石家庄信息工程职业学院李聚霞任主编,河北龙鼎科技有限公司闫旭、河北省汽车维修行业协会李新任副主编。具体编写分工如下:邢世凯编写模块1、模块4;李聚霞编写模块2、3、5及附录;闫旭编写模块6;李新编写模块7。邢世凯负责全书的统稿和定稿。北京理工大学马朝臣教授审阅了全书并提出了许多宝贵的意见和建议,在此深表感谢!同时,我们也得到了河北师范大学、石家庄信息工程职业学院有关领导、同事的大力支持与帮助,在此一并表示感谢!

在编写本教材的过程中,我们参考、引用和改编了国内外出版物中的相关资料以及网络资源,在此对这些资料的作者表示诚挚的谢意。请相关著作权人看到本教材后与出版社联系,出版社将按照相关法律的规定支付稿酬。

限于时间仓促,本教材中仍可能有疏漏之处,敬请各位专家、同行和广大读者批评指正,以便再版时修正。

编　者

所有意见和建议请发往：dutpgz@163.com

欢迎访问职教数字化服务平台：https://www.dutp.cn/sve/

联系电话：0411-84707424　84708979

目录 Contents

模块 1　认识汽车 ·················· 1

1.1　汽车的定义与地位 ············· 2
1.2　汽车的总体结构与行驶原理 ····· 3
1.3　汽车的分类 ··················· 5
1.4　车辆识别代号 ················· 11

模块 2　汽车的诞生与发展 ········ 15

2.1　汽车的发明历史 ··············· 16
2.2　汽车造型的变迁 ··············· 27
2.3　世界汽车工业的发展与现状 ····· 30
2.4　中国汽车工业的发展与现状 ····· 39

模块 3　汽车的动力与行驶 ········ 47

3.1　汽车内、外部结构 ············· 48
3.2　汽车主要操纵机构 ············· 49
3.3　汽车结构参数 ················· 53
3.4　汽车技术性能评价 ············· 56
3.5　汽车发动机结构与发动机新技术 ··· 58
3.6　汽车底盘结构与底盘新技术 ····· 72
3.7　汽车车身 ····················· 87
3.8　汽车电气设备 ················· 88

模块 4　汽车与社会 …… 92

4.1　汽车与交通安全 …… 93
4.2　汽车与环境保护 …… 106
4.3　汽车与能源节约 …… 109
4.4　新型汽车 …… 111

模块 5　著名汽车公司与品牌商标 …… 115

5.1　美国著名汽车公司与商标 …… 116
5.2　欧洲著名汽车公司与商标 …… 130
5.3　中国著名汽车公司与商标 …… 145
5.4　日本著名汽车公司与商标 …… 157
5.5　韩国著名汽车公司与商标 …… 160

模块 6　汽车选购与保险 …… 163

6.1　新车选购 …… 164
6.2　二手车选购 …… 170
6.3　机动车保险 …… 171

模块 7　汽车运动、名人与时尚 …… 175

7.1　汽车运动 …… 176
7.2　汽车名人 …… 182
7.3　汽车时尚 …… 187

参考文献 …… 199

附录　本书英文缩略语 …… 200

模块 1

认识汽车

　　汽车是 21 世纪最显著的人类文明标志之一,从 1886 年第一辆汽车的诞生至今已有 130 余年的历史,汽车这一被称为"改变世界的机器",已从价格昂贵的奢侈品变成了现代社会不可或缺的重要交通工具。汽车工业的发展衍生了与之相关的众多产业,促进了社会的发展和进步。汽车产业在带动其他各行各业的发展中,日益显示出其作为重要支柱产业的作用。

教学导读

- 了解不同国家汽车的定义,能够分析与汽车相关的行业。
- 掌握汽车的总体组成及各部分作用。
- 理解汽车行驶的驱动条件与附着条件。
- 熟悉不同类型的汽车分类方法。
- 能够正确解释车辆识别代号的含义。
- 能够指出车辆识别代号的位置。

1.1 汽车的定义与地位

1.1.1 汽车的定义

1. 广义的汽车定义

美国汽车工程师学会标准 SAE J687C 中对汽车的定义是：由本身动力驱动，装有驾驶装置，能在固定轨道以外的道路或自然地域上运送客、货或牵引车辆的车辆。

日本工业标准 JIS K0101 中对汽车的定义是：自身装有发动机和操纵装置，不依靠固定轨道和架线，能在陆地上行驶的车辆。

2. 我国的汽车概念

我国国家标准《汽车、挂车和汽车列车的术语和定义》(GB/T 3730.1—2022)中对汽车的定义：由动力驱动，具有四个或四个以上车轮的非轨道承载的车辆，包括与电力线相联的车辆(如无轨电车)，主要用于：载运人员和/或货物(物品)；牵引载运人员和/或货物(物品)的车辆或特殊用途的车辆；专项作业或专门用途。

1.1.2 汽车的地位

汽车工业是资金密集、技术密集、人才密集、综合性强、经济效益高的产业。汽车是公路运输的现代化交通工具，是各种高新技术争相应用的强大载体，是科学技术发展水平的标志。汽车的研制、生产、销售、营运与国民经济许多部门息息相关，对社会经济建设和科学技术发展起着重要的推动作用。因此，包括我国在内的许多国家都把汽车产业作为国家支柱产业。汽车的地位见表1-1。

表 1-1　　　　　　　　　　汽车的地位

序号	汽车地位	序号	汽车地位
1	高新技术结晶	5	扩大就业机会
2	重要交通工具	6	创造巨额税收
3	创造巨大产值	7	增加外汇收入
4	带动相关产业	8	推动社会进步

汽车发展的意义远不在其本身，它将带动与汽车相关的行业(图1-1)同步发展，形成一个庞大的汽车产业链，有效地促进国民经济的发展。

图 1-1　与汽车相关的行业

1.2 汽车的总体结构与行驶原理

1.2.1 汽车的总体结构

汽车是由成千上万个零件所组成的结构复杂的交通工具。根据其动力装置、使用条件等不同,汽车的具体构造可以有很大的差别。但汽车必须能够产生动力,并通过适当的机构将动力传送到车轮,让车轮克服阻力在路面上转动,使汽车按驾驶员的操纵行驶,包括启动、制动、加速、减速和转向等。同时,为驾驶员和其他乘员或货物提供足够大的空间,配置各式各样的安全、空调、娱乐、通信和防盗等电气装置。因此,汽车一般由发动机、底盘、车身、电气设备四个基本总成组成,每个基本总成又由许多零部件组装而成。

1. 发动机

发动机是使输送进来的燃料燃烧而发出动力的部件,是汽车的动力装置。在现代汽车上广泛应用的发动机是往复活塞式汽油和柴油发动机。它一般由曲柄连杆机构、配气机构、燃料供给系统、冷却系统、润滑系统、点火系统(仅用于汽油发动机)和启动系统组成。

2. 底盘

底盘是接受发动机的动力使汽车运动并按驾驶员的操纵而正常行驶的部件,它主要由传动系统、行驶系统、转向系统和制动系统四大部分组成。

3. 车身

车身为驾驶员提供方便的操纵条件,也为乘员提供舒适、安全的乘坐环境,或为保证货物完好无损提供盛放空间。轿车车身主要包括车身壳体、车门、车窗、发动机盖、车身顶盖、行李箱盖、翼子板、前围板、车身内/外装饰件、车身附件、座椅及保险杠等,载货汽车及专用车辆还有货厢及专用设备等。

4. 电气设备

电气设备包括电器设备与电子设备。电器设备包括电源组(蓄电池、发电机)、发动机启动系统和点火系统、照明和信号装置、仪表、空调、刮水器、音像设备、门窗玻璃电动升降设备等。电子设备包括电控燃油喷射系统、自动变速器系统、防抱死制动系统、牵引力控制系统、电子制动力分配系统、车身电子稳定程序、行车辅助系统、泊车辅助系统、车门锁的遥控及自动防盗报警设备等各种人工智能装置。

1.2.2 汽车的行驶原理

1. 汽车行驶的驱动条件

(1) 汽车的驱动力 F_t 汽车发动机输出的转矩经传动系统传至驱动轮,产生驱动转矩 T_t。该转矩使车轮对地面产生一圆周力 F_0,同时地面对驱动轮产生反作用力 F_t 推动汽车前进,F_t 称为汽车的驱动力(图1-2)。即

$$F_t = T_t / r \tag{1-1}$$

式中 T_t——作用于驱动轮上的驱动转矩,N·m;

r——车轮半径,m。

(2)汽车的行驶阻力 F　汽车行驶时需要克服各种阻力,包括滚动阻力 F_f、空气阻力 F_w、上坡行驶时的坡度阻力 F_i 和加速行驶时的加速阻力 F_j(图1-3)。行驶阻力之和为

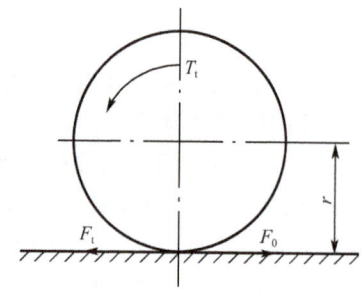

$$F = F_f + F_w + F_i + F_j \tag{1-2}$$

图1-2　汽车驱动力

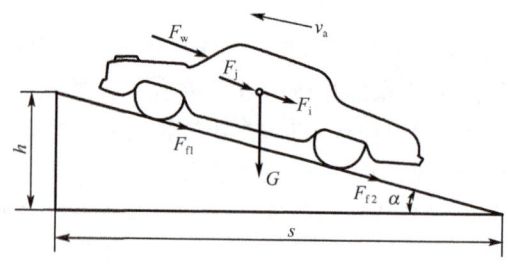

图1-3　汽车行驶阻力

①滚动阻力 F_f。滚动阻力是由车轮滚动时轮胎与路面发生变形而产生的,其计算公式为

$$F_f = W_t f \tag{1-3}$$

式中　W_t——垂直于路面的车轮载荷,N;
　　　f——滚动阻力系数。

滚动阻力系数与轮胎结构、轮胎气压、车速和路面性质等有关。

②空气阻力 F_w。汽车行驶时受到的空气作用力在行驶方向上的分力称为空气阻力。

影响空气阻力的因素主要有汽车形状、汽车的前视投影面积和车速。在汽车行驶的速度范围内,空气阻力与车速的平方成正比,当车速很高时,空气阻力是行驶阻力的主要部分。

③坡度阻力 F_i。汽车在上坡行驶时,汽车重力沿坡道的分力称为坡度阻力。

道路的坡度 i 是以坡高 h 与底长 s 之比来表示的,即

$$i = h/s = \tan\alpha \tag{1-4}$$

式中　α——坡道角,单位为度(°)。

《公路工程技术标准》(JTG B01-2014)规定,高速公路平原微丘区最大坡度为3%,山岭重丘区为5%;一级汽车专用公路平原微丘区最大坡度为4%,山岭重丘区为6%;一般四级公路平原微丘区最大坡度为5%,山岭重丘区为9%。

④加速阻力 F_j。汽车在加速行驶时,需要克服本身的质量在加速运动时的惯性力称为加速阻力。汽车的质量越大,加速阻力越大。

(3)汽车行驶的驱动条件　由上述分析可知,当汽车驱动力等于滚动阻力、空气阻力和坡度阻力三者之和时,汽车匀速行驶;当驱动力大于三者之和时,汽车才能起步或加速行驶;当驱动力小于三者之和时,汽车无法起步或减速行驶。因此,汽车行驶的驱动条件为

$$F_t \geq F_f + F_w + F_i \tag{1-5}$$

2.汽车行驶的附着条件

汽车行驶的最大驱动力还受车轮与路面附着力的限制。汽车冬季在冰雪路面行驶时出现车轮打滑的现象,就是因为附着力不足,使汽车驱动力不能得到充分发挥而造

成的。

(1)汽车行驶的附着力 F_φ 附着力是指地面对汽车轮胎的切向反作用力的极限值，其计算公式为

$$F_\varphi = F_z \varphi \tag{1-6}$$

式中 F_z——驱动轮的法向反作用力，N；
φ——附着系数。

(2)汽车附着力的影响因素 汽车的附着力取决于附着系数和驱动轮的法向反作用力。

①附着系数 φ。附着系数主要取决于路面的种类和状况、轮胎结构、气压等使用条件。

硬路面的附着系数较高，但当路面有尘土覆盖或潮湿后，附着系数显著下降。

轮胎的结构及材料对附着系数的影响也很显著。在硬路面上，花纹细而浅的轮胎有较好的附着系数；在松软路面上，花纹宽而深的轮胎可获得较大的附着系数。

低气压、宽断面和子午线轮胎与地面接触面积大，附着系数比一般轮胎高。

当车速提高时，附着系数下降。

在严寒冬季冰雪路面行驶的车辆易打滑，为了增加附着系数，可采用特殊花纹的轮胎或在轮胎上缠绕防滑链，也可采取在路面上撒沙土等应急措施。

②驱动轮的法向反作用力 F_z。该作用力与汽车的总体布置、行驶状况及道路的坡度有关。

对于两轮驱动的汽车，只有作用在驱动轮上的反作用力才能提高附着系数。而全轮驱动汽车的所有车轮都是驱动轮，附着系数最大。后轮驱动的汽车在加速或上坡时，驱动轮的法向反作用力增加；前轮驱动的汽车正好相反。

(3)汽车行驶的附着条件 由上述分析可知，当汽车驱动力大于附着力时，会引起车轮相对于地面急剧加速滑转。因此，汽车行驶的附着条件为

$$F_t \leqslant F_\varphi \tag{1-7}$$

3.汽车行驶的驱动附着条件

汽车正常行驶必须同时满足驱动条件和附着条件，合称驱动附着条件，即

$$F_f + F_w + F_i \leqslant F_t \leqslant F_\varphi \tag{1-8}$$

1.3 汽车的分类

1.按用途分类

按用途不同，汽车可分为乘用车和商用车。

(1)乘用车 在设计和技术特性上主要用于载运乘客及其随身行李和/或临时物品的汽车，包括驾驶员座位在内最多不超过9个座位。它也可以牵引一辆挂车。

(2)商用车 在设计和技术特性上用于运送人员和货物的汽车，并且可以牵引挂车。乘用车不包括在内。

具体分类见表1-2。

表 1-2　　　　　　　　　　汽车分类(按用途)

类别			说　　明					图例
			车身	车顶	座位	车门	车窗	
乘用车	轿车	普通乘用车	封闭	硬顶	≥4	2 4		图1-4
		活顶乘用车	可开启	硬顶 软顶	≥4	2 4	≥4	图1-5
		高级乘用车	封闭	硬顶	≥4	4 6	≥6	图1-6
		小型乘用车	封闭	硬顶	≥2	2	≥2	图1-7
		敞篷乘用车	可开启	硬顶 软顶	≥2	2 4	≥2	图1-8
		仓背乘用车	封闭	硬顶	≥4	2 4	≥2	图1-9
		旅行乘用车	封闭	硬顶	≥4	2 4	≥4	图1-10
	多用途乘用车		座位数超过7个,多用途					图1-11
	短头乘用车		一半以上的发动机长度位于车辆前风窗玻璃最前点以后,并且转向盘的中心位于车辆总长的前四分之一部分内					图1-12
	越野乘用车		在设计上所有车轮同时驱动(包括一个驱动轴可以脱开的车辆),或其几何特性(接近角、离去角、纵向通过角、最小离地间隙)、技术特性(驱动轴数、差速锁止机构或其他形式机构)及其性能(爬坡度)允许在非道路上行驶的一种乘用车					图1-13
	专用乘用车		专门用途(救护车、旅居车、防弹车、殡仪车等)					图1-14
商用车	客车	小型客车	载客(≤16座,除驾驶员座位外)					图1-15
		城市客车	城市用公共汽车					图1-16
		长途客车	长途用车					图1-17
		旅游客车	旅游用车					图1-18
		铰接客车	由两节刚性车厢铰接组成的客车					图1-19
		无轨电车	经架线由电力驱动的客车					图1-20
		越野客车	可在非道路上行驶的客车					图1-21
		专用客车	专门用途的客车					图1-22
	货车	半挂牵引车	牵引半挂车的商用车					图1-23
		普通载货汽车	敞开或封闭的载货汽车					图1-24
		多用途载货汽车	驾驶座后可载3人及以上的载货汽车					图1-25
		全挂牵引车	牵引杆式挂车的货车					图1-26
		越野货车	可在非道路上行驶的货车					图1-27
		专用作业车	特殊工作的货车(消防车、救险车、垃圾车、应急车、街道清洗车、扫雪车、清洁车等)					图1-28
		专用货车	运输特殊物品的货车(罐式车、乘用车运输车、集装箱运输车等)					图1-29

模块 1　认识汽车

图 1-4　普通乘用车

图 1-5　活顶乘用车

图 1-6　高级乘用车

图 1-7　小型乘用车

图 1-8　敞篷乘用车

图 1-9　仓背乘用车

图 1-10　旅行乘用车

图 1-11　多用途乘用车

图 1-12　短头乘用车

图 1-13　越野乘用车

图 1-14　专用乘用车

图 1-15　小型客车

图 1-16　城市客车

图 1-17　长途客车

图 1-18　旅游客车

图 1-19　铰接客车

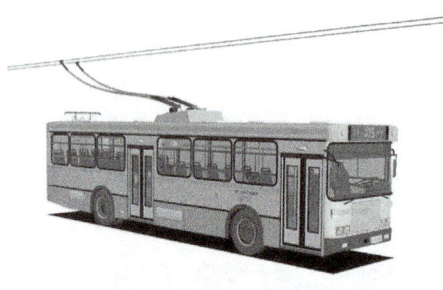

图 1-20　无轨电车

图 1-21　越野客车

图 1-22　专用客车

图 1-23　半挂牵引车

图 1-24 普通载货汽车

图 1-25 多用途载货汽车

图 1-26 全挂牵引车

图 1-27 越野货车

图 1-28 专用作业车

图 1-29 专用货车

2. 按动力装置类型分类

按动力装置类型不同,汽车可分为内燃机汽车、电动汽车和喷气式汽车三类。

(1)内燃机汽车 是指安装有将燃料在气缸内燃烧所产生的热能转化为机械能的机器的汽车。如汽油汽车(以汽油为燃料)、柴油汽车(以柴油为燃料)、气体燃料汽车(以天然气、液化石油气等气体为燃料)、两用燃料汽车和双燃料汽车。

两用燃料汽车有两套相互独立的燃料供给系统,一套供给天然气或液化石油气;另一套供给天然气或液化石油气以外的燃料,它们分别但不可共同向气缸供给燃料。如汽油/压缩天然气两用燃料汽车等。

双燃料汽车有两套燃料供给系统,一套供给天然气或液化石油气;另一套供给天然气或液化石油气以外的燃料,它们按预定的配比向气缸供给燃料。如柴油-压缩天然气双燃料汽车等。

(2)电动汽车 是指以电能为驱动力的汽车,包括蓄电池电动汽车、混合动力电动汽车和燃料电池电动汽车。

(3)喷气式汽车 是指采用航空发动机或火箭发动机及特殊燃料,用喷气反作用力驱动的发动机,主要用于赛车。

3. 按发动机位置及驱动方式分类

(1)发动机前置后轮驱动(FR)汽车[图1-30(a)] 传统布置形式的汽车。大多数货车、部分乘用车和部分客车采用这种形式。

(2)发动机前置前轮驱动(FF)汽车[图1-30(b)] 现代大多数乘用车盛行采用这种布置形式,具有结构紧凑、整车质量小、底板高度低、高速行驶时操纵稳定性好等优点。

(3)发动机后置后轮驱动(RR)汽车[图1-30(c)] 目前大、中型客车盛行采用这种布置形式,具有车内噪声小、空间利用率高等优点。

(4)发动机中置后轮驱动(MR)汽车[图1-30(d)] 方程式赛车和大多数跑车采用这种布置形式。将功率和尺寸很大的发动机布置在驾驶员座椅与后轴之间,有利于获得最佳的轴荷分配,提高汽车的性能。少数大、中型客车也采用这种布置形式,把卧式发动机安装在底板下面。

(5)全轮驱动(AWD)汽车[图1-30(e)] 越野车常采用这种布置形式。通常发动机前置,通过变速器之后的分动器将动力分别输送给全部驱动轮。目前,部分轿车也采用全轮驱动形式,以提高整车的性能。

(a)发动机前置后轮驱动(FR)汽车　　(b)发动机前置前轮驱动(FF)汽车

(c)发动机后置后轮驱动(RR)汽车　　(d)发动机中置后轮驱动(MR)汽车　　(e)全轮驱动(AWD)汽车

图1-30　汽车发动机位置及驱动方式

汽车驱动情况常用4×2、4×4等表示,乘号前的数字表示汽车车轮总数,乘号后的数字表示汽车驱动轮数。

4. 按乘用车车身分类

(1)一厢式汽车[图1-31(a)] 发动机舱、客舱和行李舱在外形上形成一个空间形态。

(2)两厢式汽车[图1-31(b)] 发动机舱、客舱和行李舱在外形上形成两个空间形态。

(3)三厢式汽车[图1-31(c)] 发动机舱、客舱和行李舱在外形上形成三个空间形态。

若车顶盖作为车身本体的一部分(不可开启),则称为闭式车身;若客舱顶为敞顶或按需要可开闭,则称为开式车身[图1-31(d)]。

5. 按行走方式分类

(1)轮式汽车 用车轮作为行走装置的汽车。

(2) 履带式汽车　用履带作为行走装置的汽车。
(3) 半履带式汽车　用履带作为驱动装置、用前轮作为转向装置的汽车。

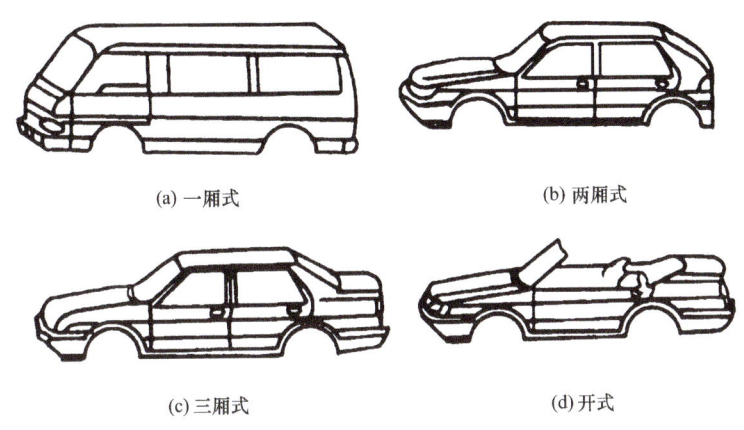

(a) 一厢式　　　　　　　(b) 两厢式

(c) 三厢式　　　　　　　(d) 开式

图 1-31　乘用车车身

1.4　车辆识别代号

现在世界各国汽车公司生产的汽车大部分都使用了车辆识别代号（Vehicle Identification Number，VIN），它由 17 位字母和阿拉伯数字组成。VIN 具有在世界范围内对一辆车的唯一识别性，并随着汽车的使用寿命直至报废终止。

1.4.1　车辆识别代号的编制规则

我国车辆识别代号（GB 16735—2019）已经与国际车辆识别代号（VIN）接轨，由 3 部分 17 位字码组成（图 1-32）。对年产量大于或等于 1 000 辆的完整车辆和/或非完整车辆制造厂，车辆识别代号的第一部分为世界制造厂识别代号（WMI）；第二部分为车辆说明部分（VDS）；第三部分为车辆指示部分（VIS）（图 1-32）。其中，一个正方形框（□）内可填写一个字母或数字，圆形框（○）内只能填写数字。

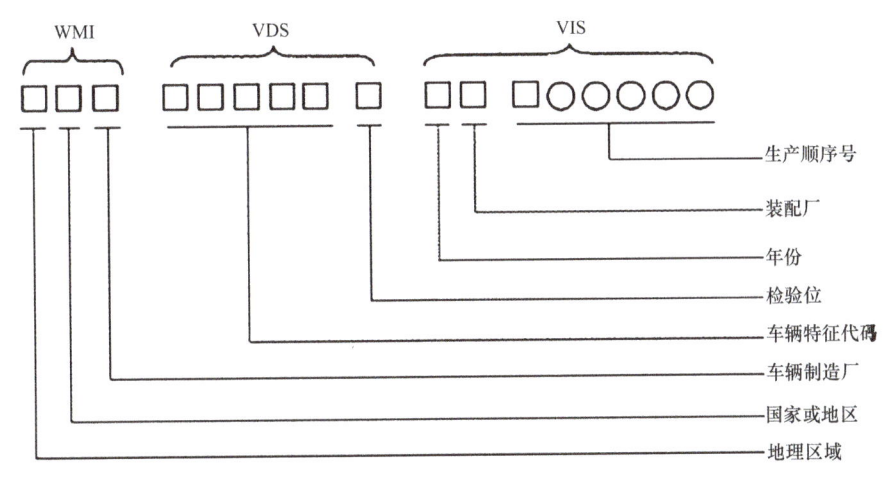

图 1-32　车辆识别代号组成（年产量≥1 000 辆）

1.4.2 车辆识别代号的含义

1. 世界制造厂识别代号(WMI)

世界制造厂识别代号(WMI)必须经过申请、批准和备案后方能使用。它由三位字码组成：第一位字码是标明一个地理区域的字母或数字，如非洲、亚洲、欧洲、大洋洲、北美洲、南美洲；第二位字码是标明一个特定地区内的一个国家的字母或数字，在美国，汽车工程师协会(SAE)负责分配国家代码；第三位字码是标明某个特定的制造厂的字母或数字，由各国的授权机构负责分配。第一、第二位字码的组合将能保证国家识别标志的唯一性，前三位字码的组合能保证制造厂识别标志的唯一性。

2. 车辆说明部分(VDS)

车辆说明部分(VDS)由六位字码组成(第4～9位)，如果制造厂不用其中的一位或几位字码，应在该位置填入制造厂选定的字母或数字占位。此部分应能识别车辆的一般特性，其代号顺序由制造厂决定。

(1) 第4～8位 车辆特征代码。

① 轿车：种类、系列、车身类型、发动机类型及约束系统类型；

② MPV：种类、系列、车身类型、发动机类型及车辆额定总重；

③ 载货车：型号或种类、系列、底盘、驾驶室类型、发动机类型、制动系统及车辆额定总重；

④ 客车：型号或种类、系列、车身类型、发动机类型及制动系统。

(2) 第9位 校验位，按标准加权计算。

3. 车辆指示部分(VIS)

(1) 第10位 车型年份(一般标识为车辆的出厂年份，是识别车辆的重要标识)。

(2) 第11位 车辆装配厂。

(3) 第12～17位 顺序号。

注意：不同国家或汽车生产厂家，其VIN含义有细微的不同。

例一：中国上汽大众汽车有限公司编码 LSVHA19J022221761。

其中：L表示中国；SV表示上汽大众汽车有限公司；H表示车身形式为4门加长型折背式；A表示发动机变速器代码；1表示乘员保护系统为安全气囊(驾驶员侧)；9J表示车辆等级为上汽大众Polo轿车；0表示检验数；2表示车型年份为2002年；2表示装配厂为上汽大众汽车有限公司；221761表示汽车的生产顺序号。

例二：日本丰田汽车公司编码 JT1GK12E7S9092125。

其中：J表示日本；T表示丰田汽车公司；1表示车辆类型为乘用车；G表示发动机为1MZ-FE3.0LV6；K表示车辆品牌为佳美；1表示汽车种类为MCV10L型；2表示汽车系列为LE系列；E表示车身类型为四门轿车；7表示检验数；S表示车型年份为1995年；9表示装配厂为日本；092125表示汽车的生产顺序号。

例三：德国奔驰汽车公司编码 WDBGA57B6PB127810。

其中：W表示德国；DB表示戴姆勒-奔驰汽车公司；G表示车身及底盘系列为140系

列;A 表示发动机类型为汽油发动机;57 表示车型为 600SEL 四门轿车 5.0 L;B 表示乘员安全保护装置为三点式安全带及防撞安全气囊;6 表示检验数;P 表示车型年份为 1993 年;B 表示总装工厂代码;127810 表示汽车的生产顺序号。

1.4.3 车辆识别代号的位置

不同车型的车辆识别代号位置不尽相同,一般应放置在易于看到并且能防止磨损或替换的部位。具体位置如下:

(1)仪表与前风窗左下角的交界处(图 1-33)。

(2)前排座椅下部(图 1-34)。

图 1-33 车辆识别代号的位置 1

图 1-34 车辆识别代号的位置 2

(3)发动机舱内(图 1-35)。

(4)右前轮附近车架纵梁上(图 1-36)。

图 1-35 车辆识别代号的位置 3

图 1-36 车辆识别代号的位置 4

(5)机动车行驶证上。

(6)其他地方。如保险单上、发动机室内的各种铭牌上、驾驶员侧车门柱上等。

1.4.4 车辆识别代号的应用

(1)车辆管理　登记注册、信息化管理的关键字,美国车辆管理局(DMV)的 VDS。

(2)车辆检测　年检和排放检测。

(3)车辆防盗　识别车辆和零部件,盗抢数据库。

(4)车辆维修　诊断、电子控制单元(Electronic Control Unit,ECU)匹配、配件订购、客户关系管理。

(5)二手车交易　查询车辆历史信息。

(6)汽车召回　年代、车型、批次和数量。

(7)车辆保险　保险登记、理赔,浮动费率的信息查询。

知识梳理与项目小结

1. 汽车是由动力驱动、具有四个或四个以上车轮的非轨道承载的车辆，主要用于载运人员和/或货物、牵引载运人员和/或货物以及特殊用途。

2. 汽车是高新技术的结晶，是重要的交通工具。汽车产业能够创造巨大的产值，带动相关产业发展，扩大就业机会，创造巨额税收，增加外汇收入，推动社会进步。

3. 汽车一般由发动机、底盘、车身、电气设备四个基本总成组成。

4. 汽车行驶的驱动附着条件为驱动力大于等于滚动阻力、空气阻力与坡度阻力之和，小于等于附着力。

5. 汽车按用途分为乘用车和商用车两大类，每大类又分为若干小类；按动力装置类型分为内燃机汽车、电动汽车和喷气式汽车三类；按发动机位置及驱动方式分为发动机前置后轮驱动(FR)、发动机前置前轮驱动(FF)、发动机后置后轮驱动(RR)、发动机中置后轮驱动(MR)和全轮驱动(AWD)汽车五类；按乘用车车身分为一厢、两厢式和三厢式三类；按行走方式分为轮式汽车、履带式汽车和半履带式汽车三类。

6. 车辆识别代号(VIN)由17位字码组成，从VIN中可以识别出该车的生产国别、制造厂、生产年份、品牌名称、车辆类型、车型系列、车身形式、发动机型号、安全防护装置型号、检验数字、装配厂名称和生产顺序号等信息。

知识测评

1. 汽车如何定义？与汽车相关的产业有哪些？
2. 汽车由哪几部分组成？
3. 汽车行驶的基本原理是什么？
4. 汽车行驶的驱动附着条件是什么？
5. 汽车如何分类？
6. 车辆识别代号各部分意义是什么？一般放置于什么位置？

技能测评

1. 汽车如何改变我们的生活？
2. 汽车如何分类？举例进行说明。
3. 任选五款汽车，指出车辆识别代号的具体位置。

模块 2

汽车的诞生与发展

衣、食、住、行是人类生活的四大基本要求,其中,人们对于行的要求是安全、快捷和方便。人类为了安全、迅速且方便地从甲地到乙地,越过河流山川、湖泊海洋,逐渐开发出种种水上、陆地、雪地乃至空中的交通工具。每一种新的交通工具的诞生、成熟和普及,都标志着人类社会的一个重要进步。汽车在其诞生、成长和发展的过程中凝结了无数人的智慧、汗水和梦想。追寻汽车的足迹,让我们看到文明的演进、技术驱动的社会变革、人类永不停止的探索和创新。

教学导读

- 能够正确叙述汽车的发明历史。
- 能够说出汽车造型的变迁过程。
- 认识世界汽车工业的发展过程。
- 了解世界汽车工业的现状及发展趋势。
- 掌握中国汽车工业的发展过程。
- 能够分析中国汽车工业的发展现状。

2.1 汽车的发明历史

2.1.1 汽车的雏形

1. 人类对汽车的幻想

幻想实际上是人类文明发展的原动力,其本质是人类需要和欲望的表达。在远古的神话中,不论是东方的还是西方的,都能找到让人高速行走(或飞行)的神话形象。我国古典小说《封神演义》中哪吒脚踩的两个风火轮就十分生动而形象。我国唐朝著名天文学家僧一行,在其著作中第一个提出"激铜轮自转之法,加以火蒸汽运,名曰汽车"。令人惊叹的是,短短十七个字,便勾勒出后世蒸汽机汽车的精要,即以火为热源、以烧水得汽为工质的"汽车"原形。

15世纪,意大利画家达·芬奇将人类关于自动行驶车辆的幻想推进到技术设计的阶段。他留下的一幅以弹簧储能系统为动力,用齿轮作为动力传递机构的车辆的壁画。它已不再是一幅艺术画作,而是最早的汽车设计草图(图2-1)。这幅图画未付诸制作,因而仍属设想。

2. 汽车发明之前的运输工具

图2-1 达·芬奇发条汽车

自人类起源至公元前5000年左右,没有任何运输工具,全靠手提、头顶、肩扛、臂抱和背负来完成货物运输(图2-2)。人类祖先在长期的劳动实践中,把狩猎来的动物进行驯养之后,用来载人或驮运一些较重的物品(图2-3)。此后又发明了橇,并且利用驯服的兽类来拉橇(图2-4)。

图2-2 人力运输  图2-3 畜力运输  图2-4 橇

后来人们在实践中又发现,如果在橇下面垫有圆的石头,拉起来就省力多了。然后人们又用圆木来代替石头,经过不断实践和改进,橇下的圆木逐渐演变成装有轴的车轮,在细木棍的两端装上圆木片,安放在橇下,就成为最原始的车辆。车轮无疑是人类历史上最重要的发明之一。

公元前3300年,古巴比伦的苏美尔出现战车(图2-5)。公元前2207—1766年,我国出现辁(指没有轮辐的车轮,如图2-6所示)。

图 2-5　苏美尔出现的战车

图 2-6　轮

公元前 1675 年,古埃及人发明了带制动装置的马车,能使马车在很短的距离内停下来。到 12 世纪,罗马人发明了有前轴且可以转向的四轮马车(图 2-7),使马车的结构开始有了较大的发展。进入 13 世纪后,马车的车厢开始采用弹簧结构。这些马车不仅可拉货运物,而且可载人远行。19 世纪,英国的约翰·汉森发明了双轮双座马车(图 2-8)。

图 2-7　四轮马车

图 2-8　双轮双座马车

我国是世界上最早造车和使用车的国家之一,相传在公元前 2697 年的黄帝时代就出现了车。这位黄河流域的部落首领创造了战车(图 2-9)。公元前 248 年—公元前 207 年,出现了秦始皇陵铜车马(图 2-10)。

图 2-9　古代战车

图 2-10　秦始皇陵铜车马

东汉科学家张衡利用齿轮传动原理发明了记里鼓车(图 2-11)。记里鼓车分为上、下两层,上层设一钟,下层设一鼓。记里鼓车上有一小木人,车每走 10 市里,小木人就击鼓一次。当击鼓十次时,就击钟一次,仅作为帝王出行时的仪仗。记里鼓车是早期利用齿轮传动原理来记录距离的自动装置。

三国时期,魏国的发明家马钧运用差速齿轮的原理,制造了一辆指南车(图 2-12)。指南车又称为司南车,是我国古代用来指示方向的一种机械装置。

图 2-11　记里鼓车　　　　　　　　图 2-12　指南车

　　汉代，四川民间出现了用硬木制造的鸡公车(图 2-13)，车架安设在独轮两侧，由一人掌扶两个车把推行，有时也可前拉后推，载人载物均可。在抗日战争和解放战争时期，老百姓用鸡公车将粮草、辎重运往前线，可谓建立了旷世奇功。

　　20 世纪初，欧洲城市的公共马车(图 2-14)、我国城市里的双轮人力黄包车(图 2-15)、人力三轮车(图 2-16)等都是汽车出现以前的重要交通工具。

图 2-13　鸡公车　　　　　　　　图 2-14　公共马车

图 2-15　双轮人力黄包车　　　　　　图 2-16　人力三轮车

3. 汽车的早期雏形

　　早在三国时期，诸葛亮就发明了木牛流马(图 2-17)，用其在崎岖的栈道上运送军粮。大约公元 1420 年，西方有人制造了一种滑轮车(图 2-18)。人坐在车内，不停地拉动绳子转动滑轮，然后带动车轮使车走起来。但由于人力有限，这种车的速度非常缓慢，甚至比步行还要慢，而且只要稍微有点上坡路，就很难行驶。因此，滑轮车没有什么实用价值。

图 2-17　木牛流马　　　　　　　　　图 2-18　滑轮车

公元 1600 年,荷兰物理学家西蒙·斯蒂芬根据帆船的原理,制造出双桅风力帆车(图 2-19),第一次实现了人类关于自动行驶车辆的理想。这辆车切切实实具备了现代汽车的两个基本要素:一是车,二是原动力机(风帆)。因此,斯蒂芬被确认是汽车的开山鼻祖,是他制造出了第一辆原形汽车。但由于风力来源不稳定,风向和路况会不断变化,这辆"不听话的西蒙的风力汽车"没能继续发展成为汽车。

公元 1649 年,德国纽伦堡的一位钟表匠汉斯·赫丘在前人的启示下,制造了一辆发条式汽车(图 2-20),简称为发条车。当时的瑞典王子卡尔·古斯塔对其一见倾心,花重金买下。这台发条车的时速不到 1.6 km,每前进几十米,就必须把钢制发条卷紧一次。卷紧发条可不是一件简单的事,需要很大的劳动强度。因此,发条车也没有能够得到发展。

图 2-19　双桅风力帆车　　　　　　　图 2-20　发条车

2.1.2　蒸汽机汽车的发明

1.蒸汽机的发明

1629 年,意大利工程师 Gde 布兰卡发明了冲动式汽轮机(图 2-21)。1663 年,英国大科学家艾萨克·牛顿提出按"蒸汽射流"原理制造蒸汽机汽车。1678 年,著名的比利时耶稣会传教士南怀仁在我国的京都(今北京)制成了一辆蒸汽机汽车(图 2-22)。这辆汽车在南怀仁的《欧洲天文学》一书中有描述。虽然它可称得上是一辆成功的蒸汽机汽车,但它还只是一种汽车模型,并无实用价值。

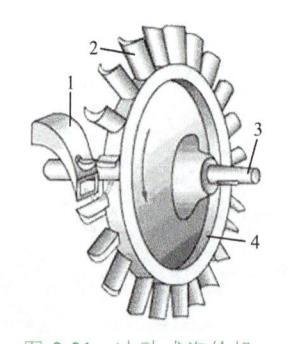

图2-21　冲动式汽轮机
1—喷嘴；2—动叶片；3—轴；4—叶轮

图2-22　南怀仁的蒸汽机汽车模型

1712年，英国发明家托马斯·纽科门研制出世界上第一台蒸汽机(图2-23)。这台蒸汽机用煤烧水，使水变成蒸汽，然后利用蒸汽推动活塞产生动力。纽科门发明的这种蒸汽机还很不完善，效率极低，有许多问题没有解决，主要用在煤和其他矿石的开采上，无法用在交通工具上。

1765年，英国人詹姆斯·瓦特在总结前人经验的基础上，研制出比纽科门蒸汽机效率高5倍的新型蒸汽机(图2-24)，并于1769年取得专利，为实用汽车的出现创造了必要的物质条件。

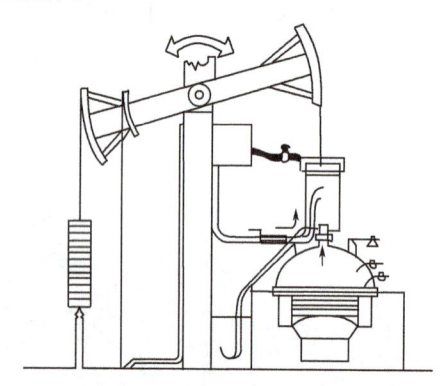

图2-23　纽科门蒸汽机

图2-24　瓦特蒸汽机

2.蒸汽机汽车的诞生

世界上第一辆装用蒸汽机的汽车(图2-25)是由法国军官尼古拉斯·古诺于1769年首次研制成功的。这辆三轮式的汽车在其最初行驶中不幸撞墙毁坏，历史上第一起汽车交通事故就此发生(图2-26)，引起"全巴黎大笑"。但古诺并没有退缩，又经过18个月的时间，造出了一辆更大的蒸汽机汽车，能牵引4～5 t的大炮，行驶速度可达9 km/h。

图2-25　古诺蒸汽机汽车

图2-26　历史上第一起汽车交通事故

1801年，英国煤矿的一位机械工程师、铁路蒸汽机车的发明者理查德·特雷威蒂克对瓦特的蒸汽机做了改进。1802年，特雷威蒂克获得了高压蒸汽机的专利。1803年，特雷威蒂克又制成了能载客8人、平道时速为9.6 km、坡道时速为6.4 km、形状类似公路马车的蒸汽机汽车（图2-27）。

图2-27　载客蒸汽机汽车

蒸汽机汽车的缺陷：汽车自身过重，制动困难，惯性大，转向不灵敏。有时候明知要减速转弯就是慢不下来，转不过去，只能眼睁睁地看着车撞上障碍物，要么就是制动太狠，轮轴断裂。更可怕的是，由于炉压过高，有时难以控制，经常发生锅炉爆炸事故。乘坐这种车还得看天气：下雨天车上遮盖不严，道路泥泞不安全；严寒天烧水难，易熄灭，行驶也慢；热天没人愿意坐在锅炉边；刮风天要看风向，顺风时车尾的浓烟会把乘车人熏得喘不过气来。

3. 水陆两用蒸汽机汽车

1805年，美国人奥利弗·艾文斯首次制造了装有蒸汽发动机的水陆两用汽车（图2-28）。该车车身质量为15.5 t，下装4个轮子，其后部还有一个蹼轮，从而既能在陆上行驶，也能在水中航行。这项发明在美国获得专利，它是现代水陆两用汽车（图2-29）的鼻祖。

图2-28　水陆两用蒸汽机汽车　　　　图2-29　现代水路两用汽车

4. 蒸汽火车和蒸汽公共汽车

1814年，英国人乔治·史蒂芬逊制造了蒸汽火车（图2-30）。

1825年，英国公爵戈尔斯瓦底·嘉内制成了一辆蒸汽公共汽车（图2-31）。嘉内蒸汽公共汽车于1831年开始了世界上最早的公共汽车运营业务。因此，这辆车也被认为是世界上最早的公共汽车。

汽车文化

图 2-30　蒸汽火车

图 2-31　嘉内蒸汽公共汽车

1828年，英国的沃尔特·汉科克制成了比嘉内蒸汽公共汽车性能更好的蒸汽公共汽车(图 2-32)，并从此开始了公共运输事业企业化。1833年，世界上最早的公共汽车运输公司——苏格兰蒸汽机汽车公司成立。这是世界上最早能收取车费的定期公共汽车，标志着蒸汽机汽车已进入实用化时期。

图 2-32　汉科克蒸汽公共汽车

5. 蒸汽牵引汽车

1828年，法国人佩跨尔制造了一辆蒸汽牵引汽车，并获得了货运载重物蒸汽机汽车专利。佩跨尔的链条传动、差速器、独立悬挂等设计对汽车的发展有极大贡献，至今仍在汽车上广泛应用。

1832年，法国人查尔斯·迪茨也制造了蒸汽牵引汽车(图 2-33)。

6. 红旗法规

一方面，蒸汽机汽车在当时被称为无马马车，显然对马车运输业产生了威胁，因而引起了马车业主们的反对。另一方面，蒸汽机汽车笨重，操作不便，在车辆数量增加的同时，交通事故和锅炉爆炸的事故时有发生，加上锅炉燃烧排出的煤灰、黑烟对沿街住户和行人造成危害，引起了市民们的不满。因此，1865年英国制定了著名的《红旗法规》(图 2-34)。随着内燃机汽车、电动汽车的大量涌现和性能的不断提高，蒸汽机汽车日渐衰落。1896年1月20日，一名叫沃尔塔·阿诺尔德的英国人因违反限速规定被罚款，成为世界上第一个因超速而被罚的汽车驾驶员。

图 2-33 迪茨蒸汽牵引汽车　　　　　　　图 2-34 红旗法规

2.1.3 内燃机的发明

内燃机是将燃料在气缸内部产生的热能直接转化为机械能的动力机械,人们对内燃机的探索开始于17世纪。

1. 惠更斯与火药内燃机

17世纪80年代,荷兰物理学家、天文学家、数学家克里斯蒂安·惠更斯设计出一台采用火药在气缸内燃烧进而推动活塞做功的火药内燃机(图2-35),为内燃机的问世奠定了基础。

2. 煤气机

1794年,英国人B·斯垂特首次提出可燃混合气设想。1801年,法国人菲利普·勒本提出了煤气机的原理。1824年,法国热力工程师萨迪·卡诺揭示了"卡诺循环"的学说。1860年,法国工程师艾蒂安·雷诺尔制成了用电火花点燃煤气和空气混合物的煤气机(图2-36)。1861年,法国铁路工程师阿尔方斯·比奥·德罗夏发表了进气、压缩、做功、排气等容燃烧的四冲程发动机理论。这一理论后来成为内燃机发展的基础。他于1862年1月16日被法国当局授予了专利,但因德罗夏拖欠专利费,使其专利失效。

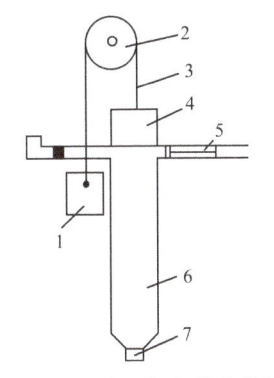

图 2-35 惠更斯火药内燃机　　　　　　　图 2-36 煤气机

1—重物;2—滑轮;3—绳索;
4—活塞;5—排气口;6—气缸;7—底盘

1866年,德国发明家尼古拉斯·奥托和尤金·兰根合作制造了大气发动机,也称为自由活塞发动机(图2-37)。1876年,奥托制成了第一台燃用煤气的四冲程内燃机,并于1877年取得了专利,因此人们把此类四冲程内燃机称作奥托内燃机(图2-38)。

图 2-37　自由活塞发动机　　　　　　　图 2-38　奥托内燃机

3. 汽油发动机

1877年，美国纽约州罗切斯特的一名专利代理人乔治·塞尔登制造出汽油发动机汽车。1883年，法国的纺织机械师爱德法特·戴勒玛·戴玻梯维尔制造了一辆在马车上装置一台双缸、4.4 L、5.88 kW汽油发动机的四轮汽车。1884年2月12日，这个点火、燃料供给系统获得了发明专利。1883年，世界上第一台真正实用的汽油发动机（图2-39）由德国工程师戈特利布·戴姆勒和威廉·迈巴赫共同研制出来。

1885年8月29日，戴姆勒把自己发明的单缸汽油发动机装到一辆木制的自行车上，并试车成功。这辆车是世界上第一辆摩托车（图2-40），负责试车的迈巴赫的儿子成为世界上第一位摩托车骑士。现在这辆车被保存在德国慕尼黑的科技博物馆内。

图 2-39　第一台真正实用的汽油发动机　　　　图 2-40　戴姆勒摩托车

4. 柴油发动机

1894年，德国工程师鲁道夫·狄塞尔发明了压缩燃烧式发动机，并取得专利。1897年1月，世界上第一台压缩燃烧式柴油发动机（图2-41）正式诞生。柴油发动机的发明轰动了欧洲，之后经过许多科学工作者的努力而日臻完善，至今仍不失为最高效、最经济的动力机。为了纪念狄塞尔，人们把柴油发动机命名为Diesel。狄塞尔也因此获得了"人类最伟大的发明"金银纪念币奖。

图 2-41　柴油发动机

2.1.4 电动汽车的发明

1873年,英国人罗伯特·戴维森制造了世界上最初的可供实用的电动汽车。这比德国人戈特利布·戴姆勒和卡尔·本茨发明汽油发动机汽车早了10年以上。1881年,法国工程师古斯塔夫·特鲁夫发明了一辆以铅酸电池为动力的三轮汽车(图2-42)。特鲁夫发明的三轮电动汽车,引起美、英、法、德等国的重视,它们纷纷投入,开发和制造电动汽车。1882年,英国的威廉·爱德华·阿顿和约翰·培理教授也制成一辆三轮电动汽车(图2-43)。

图2-42 特鲁夫三轮电动汽车 　　　　图2-43 阿顿和培理三轮电动汽车

1890年,美国人安德鲁·里克制成美国第一辆三轮电动汽车。1891年,美国人威廉·莫里森制成了第一辆四轮电动汽车(图2-44),这使得电动汽车向实用化方向迈出了重要一步。美国是历史上发展电动汽车最快的国家,并首先使早期的电动汽车投入商业运营。于1898年创立的哥伦比亚电气公司当时曾生产了500辆电动汽车。1899年,法国的考门·吉纳驾驶着电动汽车(图2-45)创造了106 km/h的当时最高车速纪录。

20世纪初,世界的科技进步很快。铅酸电池的不断改进、充气轮胎的出现、转向盘及转向杆的发明、手动和脚动制动器的问世,以及电驱动系统的充电器、控制和牵引电动机的技术改善等,都为电动汽车的技术进步注入了活力,加速了电动汽车的发展,使电动汽车迎来了一个短暂的辉煌。

图2-44 莫里森四轮电动汽车 　　　　图2-45 吉纳及其驾驶的电动汽车

在1900年美国制造的汽车中,电动汽车为15 755辆,蒸汽机汽车为1 684辆,而汽油发动机汽车只有936辆。进入20世纪以后,由于内燃机技术的不断进步,1908年,美国福特汽车公司T型车问世,以流水线生产方式大规模批量制造汽车,使汽油发动机汽车开始普及,致使在市场竞争中,蒸汽机汽车与电动汽车由于存在着技术及经济性能上的不足,前者被无情的岁月淘汰,后者则呈萎缩状态。20世纪末,全世界出现的石油危机和环境保护两大问题,使人们的眼光重新转向了电动汽车。

2.1.5 现代汽车的诞生

1. 第一辆三轮汽车

目前,一般认为汽油发动机汽车的发明是汽车诞生的标志。德国人卡尔·本茨研制出世界上第一辆使用汽油发动机的三轮内燃机汽车[单缸水冷立式发动机,排量为785 mL,功率为0.9 hp(马力),最高车速为16 km/h,如图2-46所示],并于1886年1月29日申请德国皇家专利局专利(专利号为DRP37435)。本茨一直以来作为整个汽车工业的先驱,而不仅仅是奔驰公司的创始人,而得到世人尊敬。

1888年8月,三辆奔驰汽车制造完成,其中一辆被发明者的妻子贝尔萨·本茨开出了家门。她带着儿子从曼海姆到普福尔茨海姆一共驾驶了53 km,由此成为历史上第一位汽车驾驶者。这次秘密的旅程为奔驰专利车赢得了公众注意,一个新的时代开始了。

2. 第一辆四轮汽车

几乎在卡尔·本茨研制出世界上第一辆使用汽油发动机的三轮内燃机汽车的同时,德国工程师戈特利布·戴姆勒和威廉·迈巴赫共同研制成了四轮内燃机汽车。1886年,为庆贺妻子埃玛43岁生日,戴姆勒订购了一辆四轮马车,他将马车进行适当改造后安装上他的立式发动机。这样,戴姆勒的第一辆四轮内燃机汽车(图2-47)诞生了。1890年11月28日,戴姆勒创建了"戴姆勒发动机研究院",并于1926年6月29日与奔驰汽车公司合并,成为"戴姆勒-奔驰汽车公司"。本茨和戴姆勒的发明成为汽车史上重要的里程碑,他们一同被称为"世界汽车之父"。他们组成的"戴姆勒-奔驰汽车公司"早已举世闻名。100多年来,头顶"三叉星"商标的"戴姆勒-奔驰"汽车自信地驰骋在世界的每个角落。

图2-46 第一辆三轮内燃机汽车   图2-47 第一辆四轮内燃机汽车

3. 汽车技术的发展

从1891年起,法国占据了汽车制造的领先地位。法国人潘赫德和莱瓦索尔采用了前置发动机后轮驱动(FR)的标准形式(图2-48),被全世界广泛效仿。法国标致汽车公司成功研制了采用齿轮变速器和差速器的汽车(图2-49)。1895年,法国人米其林兄弟发明了充气式橡胶轮胎。1898年,法国雷诺汽车公司将万向节首先应用于汽车传动系统中,还发明了锥齿轮式主减速器。1902年,鼓式制动器专利由法国人路易·雷诺获得,此后后桥独立式悬架被法国人使用于赛车上。

继德国与法国之后,美国在1894年、英国在1896年、日本在1907年、俄国在1910年、我国在1931年先后造出自己的汽油发动机汽车。

图 2-48　FR 汽车

图 2-49　采用齿轮变速器和差速器的汽车

2.2　汽车造型的变迁

装配汽油发动机的三轮车,就是人类最早的汽车。这辆"灰姑娘"车自 1886 年在德国诞生以来,汽车外形的变幻越来越让人目炫,汽车完全成了造型艺术和先进技术的结晶。

1. 马车形造型

从 19 世纪末到 20 世纪初,世界上相继出现了一批汽车制造公司,除戈特利布·戴姆勒和卡尔·本茨各自成立了以自己名字命名的汽车公司外,还有美国的福特公司、英国的劳斯莱斯公司、法国的标致和雪铁龙公司、意大利的菲亚特公司等。当时的汽车外形基本上沿用了马车的造型。因此,当时人们把汽车称为无马的"马车"。

图 2-50 所示为 1901—1905 年在美国最畅销的奥兹莫比尔弯挡板马车形汽车。图 2-51 所示为标致工厂 1891 年为摩洛哥王族生产的马车形汽车。马车形汽车的缺点为采用的敞篷或活动布篷难以抵挡风雨的侵袭。

图 2-50　奥兹莫比尔弯挡板马车形汽车

图 2-51　标致马车形汽车

2. 方箱形造型

为了提高汽车的速度,发动机的尺寸变得越来越大,已经无法容纳在座位下面,只好布置在汽车的最前面。把汽车的发动机从座位下面移动到汽车的头部,为尺寸和功率很大的发动机提供了宽阔的空间,使得汽车的形状变成车头和客舱两个方正的部分,这就是方箱形造型。

图 2-52~图 2-55 所示为不同种类的方箱形汽车。方箱形汽车的缺点为迎风面积大,风阻系数高。

图 2-52　梅赛德斯方箱形汽车

图 2-53　雷诺方箱形汽车

图 2-54　福特 T 型方箱形汽车

图 2-55　奥斯汀 12 型方箱形汽车

3. 甲壳虫造型

方箱形汽车突出的缺点是空气阻力很大，随着车速的日益提高，寻求新的造型势在必行。汽车空气动力学的研究从 20 世纪 20 年代开始逐步发展起来，为寻求一种新的造型形式奠定了较好的理论基础。1934 年，德国人费迪南德·波尔舍仿照甲壳虫外形设计了甲壳虫造型汽车（图 2-56）。

图 2-57～图 2-59 所示为其他种类的甲壳虫造型汽车。甲壳虫汽车的缺点为乘员活动空间狭小，对横向风不稳定。

图 2-56　甲壳虫造型汽车

图 2-57　宝马 328 型汽车

图 2-58　林肯汽车

图 2-59　福特汽车

4. 三箱形造型

1949年，美国设计大师雷蒙·娄威推出的斯蒂倍克轿车的造型是一项划时代的创举。该车的客舱前移，位于发动机和行李舱的中间，头部和尾部的长度几乎相当，使汽车的侧面形状前后对称，明显地分为发动机舱、乘客舱、行李舱三个部分，这就是现代三箱形轿车的首创，在当时称为船形汽车。

图 2-60～图 2-63 所示为不同种类的船形汽车。船形汽车的缺点为汽车尾部呈阶梯状，易产生空气涡流，不利于车速的提高。

图 2-60 福特船形汽车

图 2-61 别克船形汽车

图 2-62 雪佛兰船形汽车

图 2-63 凯迪拉克船形汽车

5. 鱼形造型

为克服三箱形汽车尾部呈阶梯状而产生较强空气涡流的缺点，设计者将汽车后窗倾斜，形成斜背式，类似鱼形。

图 2-64～图 2-67 所示为不同种类的鱼形汽车。鱼形汽车的缺点为汽车后窗倾斜大、面积大，汽车高速行驶时易产生升力。

图 2-64 雪铁龙 DS19 鱼形汽车

图 2-65 福特 V8 鱼形汽车

图 2-66 别克鱼形汽车

图 2-67 福特野马鱼形汽车

6. 楔形造型

第二次世界大战后，起先是美国，继而是欧洲国家，随后是日本，都大力兴建高速公路,使得适用于高速行驶的跑车的品种和产量迅速增加。研究表明,在减小汽车头部侧视投影面积的同时增大尾部侧视投影面积,不但可具有较小的空气阻力,还可以提高汽车的空气动力稳定性,这种造型就是楔形造型。

图 2-68 所示为 1963 年美国司蒂贝克楔形汽车,图 2-69 所示为 1971 年的兰博基尼楔形汽车。

图 2-68 斯蒂贝克楔形汽车

图 2-69 兰博基尼楔形汽车

7. 现代汽车造型

现代汽车造型(图 2-70)是空气动力学、人机工程学、机械工程学和现代化制造方法的有机结合。由于汽车种类繁多,用途各异,以及审美观不同,未来汽车外形还会更加多样化。

图 2-70 现代汽车造型

2.3 世界汽车工业的发展与现状

2.3.1 世界汽车工业的发展

汽车的诞生,极大地"缩短"了时间和空间,改变了人们的日常生活,有效地提高了劳动生产率,引起了众多国家的重视。许多国家纷纷创办汽车制造厂,使汽车工业迅速崛起。世界主要汽车公司(工厂)创建时间见表 2-1。

表 2-1　　　　　　　　　　世界主要汽车公司(工厂)创建时间

公司	国家	创建时间/年	公司	国家	创建时间/年
奔驰	德国	1883	戴姆勒-奔驰	德国	1926
戴姆勒	德国	1890	沃尔沃	瑞典	1927
标致	法国	1896	法拉利	意大利	1929
雷诺	法国	1898	保时捷	德国	1930

续表

公司	国家	创建时间/年	公司	国家	创建时间/年
菲亚特	意大利	1899	日产	日本	1933
奥迪	德国	1899	大众	德国	1937
福特	美国	1903	丰田	日本	1937
劳斯莱斯	英国	1906	起亚	韩国	1944
通用	美国	1908	本田	日本	1948
宝马	德国	1916	一汽	中国	1953
雪铁龙	法国	1919	现代	韩国	1967
马自达	日本	1920	二汽	中国	1967
克莱斯勒	美国	1925	大宇	韩国	1967

世界汽车工业发展至今,总体经历了创建、发展、全盛、稳定、兼并改组和再发展等过程,可分为以下三个阶段。

1. 汽车快速发展阶段(19 世纪末至 20 世纪 30 年代)

继奔驰和戴姆勒之后,福特、通用等 20 余家汽车公司相继成立。汽车生产组织形式也由家庭作坊式过渡到大规模、标准化和流水线生产,出现了美国福特和通用等大型汽车公司。1908 年,福特汽车公司成功开发了举世闻名的 T 型车(图 2-71)。福特 T 型车一改以往马车形的造型,加之功能配置上的创新和改进,很快成为当时城市最佳的个人交通工具。每辆车售价最低为 265 美元,当时一个工人工作不到四个月就可以买一辆 T 型车,因而其深受欢迎,供不应求。

1913 年,福特公司首次采用流水线生产 T 型车(图 2-72),生产率提高了 4 488 倍。到 1920 年,实现了每分钟生产 1 辆汽车的速度。由于 T 型车经济实用,深受当时人们的欢迎,累计生产量达 1 546 万辆,创下当时汽车单产世界纪录。自 1908 年至 1920 年,全世界汽车保有量的 50% 是 T 型车,为"装在汽车轮子上的美国"立下了不朽功勋。图 2-73 所示为当时美国街头 T 型车的盛况。1928 年,福特 A 型车(图 2-74)取代了风靡一时的福特 T 型车。

图 2-71 福特 T 型车

图 2-72 福特 T 型车生产流水线

汽车文化

图 2-73　福特 T 型车盛况

图 2-74　福特 A 型车

通用汽车公司则采用合作兼并等方式，先后兼并了凯迪拉克（图 2-75）、别克（图 2-76）、雪佛兰（图 2-77）、庞蒂克（图 2-78）等 30 多个汽车公司，进行集团化生产，分工协作，到 1927 年成为世界上最大的汽车公司。1984 年公司从业人员达 81.3 万人。这个时期，欧洲忙于战乱，而美国工业发展迅速，人民收入提高，加上政府的政策，使美国的汽车工业得以快速发展，处于世界领先地位。

图 2-75　1905 年凯迪拉克 Osceola 汽车

图 2-76　1936 年别克 Roadmaster 汽车

图 2-77　1934 年雪佛兰 Suburban Carryall 汽车

图 2-78　1926 年庞蒂克六缸之冠汽车

克莱斯勒汽车公司不断创新，推出闻名于世的汽车品牌及独特的工程理念，率先采用"液压式"制动系统，开发出气流型汽车（图 2-79）、前置式驾驶室设计、高压缩比发动机。作为世界上越野车的开山鼻祖，其 Jeep 系列越野车（图 2-80）已遍布全球。

图 2-79　克莱斯勒气流型汽车

图 2-80　克莱斯勒 Jeep 系列越野车

在汽车产量发展的同时，汽车技术也有很大进步，高速汽油发动机、柴油发动机、艾克曼式的转向机构、等速万向节、弧齿锥齿轮和准双曲面齿轮传动、带同步器的变速器、四轮制动、液压减振器、充气轮胎、发电机-蓄电池-启动机系统都是这个时期发明的。

2. 汽车发展的全盛时期(20 世纪 30 年代至 70 年代初)

第二次世界大战结束后,欧洲各国也大力发展汽车工业,西欧汽车产量由战前的 80 万辆猛增到 750 多万辆,增长了近 10 倍。德国大众的甲壳虫汽车,汽车外形由方箱形改变为流线型设计,减少风阻和车尾气体涡流,风靡全球。自 1936 年至 1973 年共生产 2 150 万辆,打破了福特 T 型车的产量纪录,创下了单产世界纪录。其中,高尔夫(Golf)汽车(图 2-81),款式新颖齐全,外壳镀锌板,12 年不锈,因而深受欢迎,欧洲几乎每个家庭都有 1 辆。目前,大众汽车公司又推出新型甲壳虫汽车(图 2-82),引起了人们的极大兴趣。它的优点是结实耐用,不讲究豪华,而且价格大众化。

图 2-81　高尔夫(Golf)汽车 　　　　图 2-82　新型甲壳虫汽车

法国雷诺汽车公司 1946 年开发出著名的 4 缸 0.76 L 排量的 4CV 微型汽车(图 2-83),十分畅销,1954 年 4CV 的产量达到 50 万辆。法国雪铁龙汽车公司 1948 年开发出 4 缸 0.375 L 排量的 2CV 微型汽车(图 2-84),1949—1990 年累计产量 500 余万辆,与大众"甲壳虫"、英国的"迷你"并称为世界最著名的三大微型车。

图 2-83　雷诺 4CV 微型汽车 　　　　图 2-84　雪铁龙 2CV 微型汽车

意大利菲亚特汽车公司 1955 年开发出 0.479～0.597 L 排量的菲亚特 500 微型汽车(图 2-85),自 1955 年到 1972 年,产量超过 360 万辆。后来,又开发了菲亚特 600B 微型汽车(图 2-86),四座,0.867 L,18.4 kW,长 3.3 m,最高车速 110 km/h。菲亚特 500 与大众"甲壳虫"、英国的"迷你"、雪铁龙 2CV 被推举为欧洲四大民用经典车型。

图 2-85　菲亚特 500 微型汽车 　　　　图 2-86　菲亚特 600B 微型汽车

汽车文化

1959年，英国路虎公司开发了"迷你"(Mini)微型汽车(图2-87)，整车风格简洁大方，动感十足，乘坐舒适，当时售价为790美元，深受欢迎。该款车型40年来售出超过500万辆，成为英国历史上单一产品车型产量最大的车型。1959年面世的宝马Mini微型汽车引发了汽车技术的一场革命。这种小型车在观念上大胆突破，并屡次在汽车比赛中取得冠军。

日本在此期间迅速崛起，在引进、消化的基础上创造出新车型，产量从1963年的100多万辆迅速增加到1970年的400余万辆，其中出口汽车100多万辆，1985年出口汽车达675万辆。1980—1993年年产量超过美国，跃居世界第一。第二次世界大战后，日本根据国内经济条件差的环境，大力发展物美价廉的经济型轿车，取得了巨大成功。先后开发出丰田皇冠(Crown)(图2-88)、普锐斯(Prius)(图2-89)、雷克萨斯(Lexus)(图2-90)、凯美瑞(Camry)(图2-91)及本田讴歌(Acura)(图2-92)等著名品牌汽车。

图2-87 路虎"迷你"(Mini)微型汽车

图2-88 丰田皇冠(Crown)汽车

图2-89 丰田普锐斯(Prius)混合动力汽车

图2-90 丰田雷克萨斯(Lexus)汽车

图2-91 丰田凯美瑞(Camry)汽车

图2-92 本田讴歌(Acura)汽车

这个时期的汽车技术主要是向高速、方便、舒适方面发展，20世纪50年代轿车功率已经达到280 kW，最高车速达200 km/h，流线型车身、前轮独立悬架、液力自动变速器、动力转向、动力制动、全轮驱动、低压轮胎、子午线轮胎等相继出现。

3.汽车企业兼并改组时期(20世纪70年代以后)

这个时期的世界汽车年产量稳定在4 000~5 000万辆。由于发达国家汽车保有量趋于饱和，汽车生产过剩，市场竞争激烈，所以日美连续发生5次贸易战，欧美、欧日贸易摩擦不断。各大公司通过参股、控股、转让、兼并,加速了汽车工业国际化和高度垄断。1998年5月7日,德国最大的汽车工业集团戴姆勒-奔驰汽车公司与美国第三大汽车公司克莱斯勒汽车公司合并,给汽车工业带来了极大震撼。

而亚洲的韩国,却在激烈的竞争中崛起。韩国的汽车工业从20世纪60年代起步,沿着散装件装配到零部件国产化再到自主开发的发展道路,成功地实现了技术跨越。截至1997年,汽车总产量、出口量全球排名均居第5位,产品覆盖了北美、西欧等40多个国家和地区,成为世界汽车产业一个重要的生产基地。其先后开发出现代伊兰特(Elantra)(图2-93)、索纳塔(Sonata)(图2-94)等著名品牌汽车。

图2-93 现代伊兰特(Elantra)汽车 　　图2-94 现代索纳塔(Sonata)汽车

1868年,印度詹姆斯特吉·塔塔创立塔塔集团。1945年,塔塔汽车公司成立;1998年,研制生产出印度第一辆本土汽车 Indica;2002年,研制生产出 Indigo 轿车;2008年3月26日,收购福特旗下的捷豹和路虎两大汽车品牌;2009年,推出了世界上最经济小型车 Nano 汽车(图2-95)。

中国汽车工业从20世纪50年代起步,自此之后,吉利、奇瑞、长城等自主品牌逐渐发展壮大。2010年,吉利获得沃尔沃轿车公司100%的股权以及相关资产(包括知识产权);2013年,在瑞典哥德堡设立欧洲研发中心;2014年,吉利首款中高级轿车——吉利博瑞(图2-96)全球发布。

图2-95 塔塔 Nano 汽车 　　图2-96 吉利博瑞汽车

这个时期汽车技术的主要发展方向是提高汽车的安全性和降低排气污染。各种保障安全、减少排气污染的新技术、新车型应运而生,如防抱死制动系统、电子控制喷油系统、电子控制点火系统、三元催化转化系统、电动汽车等。

2.3.2　世界汽车工业的现状及发展趋势

1.汽车保有量

2019年,世界汽车保有量达16亿辆(其中轿车占70%以上),平均每千人约213辆;美国每千人约837辆,我国每千人约173辆。

2.汽车年产量

据世界汽车制造商协会（OICA）统计，2019年，全球共生产汽车9 178.7万辆，同比下降5.2%。乘用车生产6 714.9万辆，同比下降6.4%；商用车生产2 463.8万辆，同比下降1.9%。2018年世界各国家和地区汽车（分车型）产量见表2-2。

表2-2　　　　　2018年世界各国家和地区汽车（分车型）产量

国家和地区	乘用车/辆	商用车/辆	总计/辆	增长率/%
阿根廷	208 573	258 076	466 649	−1.4
奥地利	144 500	20 400	164 900	69.7
比利时	265 958	42 535	308 493	−18.2
巴西	2 386 758	493 051	2 879 809	5.2
加拿大	655 896	1 364 944	2 020 840	−7.9
中国	23 529 423	4 279 773	27 809 196	−4.2
哥伦比亚	69 000	3 800	72 800	−5.5
捷克	1 345 041	0	1 345 041	3
埃及	19 500	52 100	71 600	95
芬兰	112 104	0	112 104	3
法国	1 763 000	507 000	2 270 000	2
德国	5 120 409	0	5 120 409	−9.3
匈牙利	430 988	0	430 988	3
印度	4 064 774	1 109 871	5 174 645	8
印度尼西亚	1 055 774	287 940	1 343 714	10.3
伊朗	1 027 313	68 213	1 095 526	−40
意大利	670 932	389 136	1 060 068	−7.2
日本	8 358 220	1 370 308	9 728 528	0.4
马来西亚	522 000	42 800	564 800	12.2
摩洛哥	368 601	33 484	402 085	17.6
墨西哥	1 575 808	2 524 717	4 100 525	0.1
波兰	451 600	208 046	659 646	−4.4
葡萄牙	234 151	60 215	294 366	67.7
罗马尼亚	476 769	0	476 769	31.1
俄罗斯	1 563 572	204 102	1 767 674	13.9
塞尔维亚	56 303	146	56 449	−28.5
斯洛伐克	1 090 000	0	1 090 000	5.6
斯洛文尼亚	209 378	0	209 378	10.2
南非	321 097	289 757	610 854	3.5
韩国	3 661 730	367 104	4 028 834	−2.1
西班牙	2 267 396	552 169	2 819 565	−1

续表

国家和地区	乘用车/辆	商用车/辆	总计/辆	增长率/%
中国台湾	190 052	63 189	253 241	−13.1
泰国	877 015	1 290 679	2 167 694	9
土耳其	1 026 461	523 689	1 550 150	−8.6
乌克兰	5 660	963	6 623	−22.9
英国	1 519 440	84 888	1 604 328	−8.3
美国	2 795 971	8 518 734	11 314 705	1.1
乌兹别克斯坦	220 667	0	220 667	57.3
其他国家和地区	341 554	152 230	493 784	-
共计	70 498 388	25 136 912	95 634 593	−1.1

2019 年全球汽车品牌销量统计排名见表 2-3。

表 2-3　　　　　2019 年全球汽车品牌销量统计排名

名次	品牌	销量/辆	名次	品牌	销量/辆
1	丰田	4 303 303	14	标致	785 659
2	大众汽车	3 125 573	15	吉普	742 328
3	福特	2 425 071	16	马自达	714 447
4	本田	2 323 710	17	菲亚特	635 854
5	日产	2 212 145	18	斯柯达	602 820
6	现代	2 086 337	19	吉利	594 510
7	雪佛兰	1 860 421	20	三菱	568 150
8	起亚	1 398 459	21	长安	568 072
9	奔驰	1 206 046	22	别克	554 837
10	雷诺	1 075 393	23	斯巴鲁	498 261
11	宝马	1 074 826	24	欧宝	494 988
12	奥迪	876 170	25	雪铁龙	450 930
13	马鲁蒂	789 650			

2019 年度进入全球 500 强的汽车及零部件企业见表 2-4。

表 2-4　　　　　2019 年度进入全球 500 强的汽车及零部件企业

2019 年《财富》世界 500 强(车辆及零部件篇)				
排名	上年排名	企业名称	营业收入/亿美元	国家
9	7	大众公司(VOLKSWAGEN)	2 783.42	德国
10	6	丰田汽车公司(TOYOTA MOTOR)	2 726.12	日本
18	16	戴姆勒股份公司(DAIMLER)	1 975.15	德国
30	22	福特汽车公司(FORD MOTOR)	1 603.38	美国

续表

		2019年《财富》世界500强(车辆及零部件篇)		
32	21	通用汽车公司(GENERAL MOTORS)	1 470.49	美国
34	30	本田汽车(HONDA MOTOR)	1 433.03	日本
39	36	上海汽车集团股份有限公司(SAIC MOTOR)	1 363.93	中国
53	51	宝马集团(BMW GROUP)	1 150.43	德国
66	54	日产汽车(NISSAN MOTOR)	1 043.91	日本
77	75	博世集团(BOSCH GROUP)	926.02	德国
82	65	东风汽车公司(DONGFENG MOTOR)	909.34	中国
87	125	中国第一汽车集团公司(CHINA FAW GROUP)	898.05	中国
94	78	现代汽车(HYUNDAI MOTOR)	879.99	韩国
96	108	标致(PEUGEOT)	873.64	法国
129	124	北京汽车集团(BEIJING AUTOMOTIVE GROUP)	726.77	中国
143	134	雷诺(RENAULT)	677.64	法国
189	202	广州汽车工业集团(GUANGZHOU AUTOMOBILE INDUSTRY GROUP)	550.37	中国
205	206	德国大陆集团(CONTINENTAL)	524.05	德国
220	267	浙江吉利控股集团(ZHEJIANG GEELY HOLDING GROUP)	496.65	中国
227	219	起亚汽车(KIA MOTORS)	492.38	韩国
230	229	电装公司(DENSO)	483.68	日本
253	286	沃尔沃集团(VOLVO)	449.57	瑞典
265	232	印度塔塔汽车公司(TATA MOTORS)	435.99	印度
266	268	采埃孚(ZF FRIEDRICHSHAFEN)	435.82	德国
280	283	怡和集团(JARDINE MATHESON)	425.27	中国
299	287	麦格纳国际(MAGNA INTERNATIONAL)	408.27	加拿大
339	329	爱信精机(AISIN SEIKI)	364.66	日本
357	348	铃木汽车(SUZUKI MOTOR)	349.18	日本
374	365	普利司通(BRIDGESTONE)	330.63	日本
389	378	马自达汽车株式会社(MAZDA MOTOR)	321.51	日本
393	380	现代摩比斯公司(HYUNDAI MOBIS)	319.49	韩国
437	425	住友电工(SUMITOMO ELECTRIC INDUSTRIES)	286.63	日本
440	384	斯巴鲁公司(SUBARU)	285.05	日本
478	478	米其林公司(MICHELIN)	259.97	法国

3. 汽车技术发展趋势

从汽车技术发展看,围绕轿车的安全、环保、节能和防盗等重要问题,汽车电子控制、智能化应用水平日益深化和提高。在 20 世纪 80 年代初,电子设备成本只占汽车总成本的 2%,而目前已经达到 15%~20%。电控燃油喷射(Electronic Fuel Injection,EFI)、无分电器电子点火(Distributor Less Ignition,DLI)、防抱死制动系统(Anti-lock Braking System,ABS)、电子驱动力调节系统(Electronic Traction System,ETS)、电子差速锁(Electronic Differential System,EDS)、驱动防滑装置(Acceleration Slip Regulation,ASR)、电控自动变速器(Electronic Control Transmission,ECT)、双离合器变速器(Direct Shift Gearbox,DSG)、安全气囊(Supplemental Restraint System,SRS)、电子巡航系统(Cruise Control System,CCS)、智能悬架、速度感应式转向系统(Speed Sensitive Steering System,SSS)、三元催化转化系统(Three-way Catalytic Converter System,TWC)、故障自诊断系统和各种报警装置几乎都成为现代汽车常见装置。卫星导航系统(Global Positioning System,GPS)、车载蓝牙技术和控制器局域网(Controller Area Network,CAN)等新技术也被一些汽车采用。

同时,汽车新结构[可变配气正时和气门升程电子控制装置(Variable Valve Timing and Valve Life Electronic Control System,VTEC)、可变压缩比(Variable Compression Ratio,VCR)、可变几何形状增压器和双级式涡轮增压器、自动/手动变速器、陶瓷制动盘等]、新材料(超轻高强度钢板、工程塑料、玻璃钢、铝镁合金复合材料、工程陶瓷材料等)、新工艺(精密锻造、粉末冶金、无屑加工、一次成形等)和新机型[混合动力电动汽车(Hybrid Electric Vehicle,HEV)、缸内直喷汽油发动机(Gasoline Direct Injection,GDI)、双增压中冷发动机(Turbo-Supercharged Inter-cooled Engine,TSI)、新一代共轨柴油发动机等]不断涌现。汽车的设计和制造也广泛采用计算机辅助设计(Computer Aided Design,CAD)、计算机辅助工程分析(Computer Aided Engineering,CAE)、计算机辅助试验(Computer Aided Testing,CAT)、计算机辅助造型(Computer Aided Styling,CAS)、计算机辅助制造(Computer Aided Manufacturing,CAM)、计算机辅助集成制造系统(Computer Integrated Manufacturing System,CIMS)和计算机虚拟现实系统(Virtual Reality System,VR)等先进技术。

根据发达国家的研究结果,未来世界汽车的技术发展将主要集中在:设计技术和控制手段电子化、驱动形式多样化、生产制造柔性化、材料轻量化、生产组织全球化,开发更安全、更舒适、无污染和节能型、智能化汽车。

2.4 中国汽车工业的发展与现状

2.4.1 萌芽阶段(1901—1952 年)

1901 年,袁世凯将美国进口的"杜里埃"轿车(图 2-97)作为寿礼敬献给慈禧,汽车开始闯入中国人的视野。1931 年,在厂长李宜春的带领下,辽宁迫击炮厂仿制出第一辆 1.8 t 75 型载货汽车(图 2-98),张学良将该车命名为"民生",实现了中国人造车的梦想。

同年，汤仲明将木炭代替油炉装载在汽车上，发明了世界上第一辆木炭汽车(图 2-99)。

图 2-97　"杜里埃"轿车

图 2-98　民生牌 75 型载货汽车

图 2-99　第一辆木炭汽车

2.4.2　艰苦创业阶段（1953—1992 年）

1. 创建第一汽车制造厂

第一汽车制造厂（图 2-100）1953 年 7 月在长春破土动工，建厂投产。1956 年 7 月生产出第一辆解放牌载重汽车（图 2-101），结束了我国不能生产汽车的历史。1958 年 5 月生产出第一辆东风牌轿车（图 2-102）。1958 年 10 月生产出第一辆红旗牌轿车（图 2-103）。

图 2-100　第一汽车制造厂

图 2-101　第一辆解放牌载重汽车

图 2-102　第一辆东风牌轿车

图 2-103　第一辆红旗牌轿车

2. 创建上海汽车装配厂

1957年9月,上海汽车装配厂试制成功第一辆58型越野车(图2-104)。1958年9月,上海汽车装配厂试制成功第一辆凤凰牌轿车(图2-105)。1964年,凤凰牌轿车改名为上海牌轿车(图2-106)。

图2-104 第一辆58型越野车

图2-105 第一辆凤凰牌轿车

图2-106 上海牌轿车

3. 创建第二汽车制造厂

第二汽车制造厂(图2-107)于1967年4月在湖北十堰动工兴建。1975年7月投产,主要生产东风牌载货汽车(图2-108)。

图2-107 第二汽车制造厂旧址

图2-108 东风牌载货汽车

4. 两次"汽车热"

20世纪50年代到70年代，先后形成了两次"汽车热"，全国各省、自治区、直辖市都办起了汽车厂，全国汽车企业达2 000余家。大多数汽车厂产品重复、"小而全"、质量差。产品类型主要是中型货车，出现"缺重少轻，轿车基本空白"的局面。但汽车产品从无到有，还是初步奠定了我国汽车工业发展的基础。

5. 调整与改革

1985年，中央把汽车工业列为国家支柱产业，成立了上海大众汽车有限公司。1987年，解放牌CA141汽车批量生产，结束了生产解放牌CA10B汽车三十年一贯制的历史。同年，我国政府确定了重点发展轿车工业的战略决策，一汽大众汽车有限公司成立。此外，还增加重型汽车（图2-109）生产，加强轻型（含微型）（图2-110）汽车生产。

图2-109 红岩军用重型汽车

图2-110 长安之星微型汽车

2.4.3 改革开放与改组兼并阶段（1993—2000年）

1. 确定奋斗目标

1994年，国务院颁布《汽车工业产业政策》，明确提出"汽车产业到2010年成为国民经济的支柱产业"的奋斗目标。

2. 改革开放进一步深入，国内各汽车公司纷纷与国外汽车集团(公司)合作

国内主要汽车合资企业情况见表2-5。

表2-5 国内主要汽车合资企业情况

企业	合资方(合资时间/年)	企业	合资方(合资时间/年)
上海大众汽车有限公司	上汽、大众(1985)	长安福特汽车有限公司	长安、福特(2001)
上海通用汽车有限公司	上汽、通用(1997)	北京吉普汽车有限公司	北汽、克莱斯勒(1983)
上海通用五菱汽车有限公司	上汽、通用、柳州五菱(2002)	北京现代汽车有限公司	北汽、现代(2002)
一汽大众汽车有限公司	一汽、大众(1987)	广州本田汽车有限公司	广汽、本田(1998)

续表

企　业	合资方(合资时间/年)	企　业	合资方(合资时间/年)
一汽海马汽车有限公司	一汽、海南马自达(1998)	广州丰田汽车有限公司	广汽、丰田(2004)
天津一汽丰田汽车有限公司	一汽、一汽夏利、丰田(2003)	东南(福建)汽车工业有限公司	福建、台湾裕隆(1995)
神龙汽车有限公司	东风、雪铁龙(1992)	南京依维柯汽车有限公司	南京、菲亚特(1996)
风神汽车有限公司	东风、台湾裕隆(2002)	江铃汽车股份有限公司	江铃、福特(1995)
东风悦达起亚汽车有限公司	东风、悦达、起亚、现代(2001)	华晨宝马汽车有限公司	华晨、宝马(2003)
长安铃木汽车有限公司	长安、铃木(1993)		

3. 改组兼并,扩大经营规模

一汽组建第一汽车集团公司(图 2-111),至 1997 年,已拥有成员企业 270 家,形成重、中、轻、轿、客、微 6 大系列,200 多个品种。

二汽组建东风汽车公司(图 2-112),形成了十堰、襄樊、武汉、广州四大汽车开发生产基地,拥有东风、神龙、云汽、柳汽、杭汽、风神等 11 个汽车生产企业,产品覆盖重、中、轻、轿多种品种。

图 2-111　第一汽车集团公司

图 2-112　东风汽车公司

上海汽车集团公司(图 2-113)在上海、仪征、柳州、合肥、烟台等地建立了多个汽车生产基地,与德、美、日、英、法、意等国家的汽车和零部件企业集团建立了 57 家合资企业,1995 年 11 月 28 日,上海大众第 50 万辆桑塔纳轿车下线(图 2-114)。

图 2-113　上海汽车集团公司 　　图 2-114　上海大众第 50 万辆桑塔纳轿车下线

2.4.4 汽车产量跨越式增长阶段（2001—2019 年）

2019 年，中国汽车产销分别为 2 572.1 万辆和 2 576.9 万辆，连续十一年排名全球第一。截至 2020 年 6 月，中国机动车保有量达 3.6 亿辆，其中汽车 2.7 亿辆；机动车驾驶人 4.4 亿人，其中汽车驾驶人 4 亿人，占机动车驾驶人总数的 90.9%。

2001—2019 年我国汽车年产量见表 2-6。

表 2-6　　2001—2019 年我国汽车年产量

年份	产量/万辆	年份	产量/万辆	年份	产量/万辆
2001	234.17	2008	934.51	2015	2450.33
2002	325.10	2009	1379.10	2016	2 811.90
2003	444.39	2010	1826.47	2017	2 901.54
2004	507.41	2011	1841.89	2018	2 780.90
2005	570.70	2012	1927.18	2019	2 572.10
2006	727.97	2013	2211.68		
2007	889.24	2014	2372.29		

2019 年我国分车型汽车前十家生产企业销量排名见表 2-7。

表 2-7　　2019 年我国分车型汽车前十家生产企业销量排名

排名	乘用车		商用车	
	企业名称	销量/万辆	企业名称	销量/万辆
1	一汽大众	204.6	东风公司	57.1
2	上汽大众	200.2	北汽福田	52.7
3	上汽通用	160.0	上汽通用五菱	41.8
4	吉利控股	136.2	中国一汽	35.1
5	东风有限(本部)	127.7	中国重汽	29.6
6	上汽通用五菱	124.2	江淮股份	25.3
7	长城汽车	91.1	江铃股份	23.7
8	长安汽车	81.5	长安汽车	22.3
9	东风本田	80.0	陕汽集团	18.7
10	广汽本田	77.1	长城汽车	14.9
合计/万辆		1282.5		321.2
所占比重/%		59.8		74.3

注：以上企业数据按子公司口径统计。

2019 年我国分车型自主品牌汽车前十家生产企业销量排名见表 2-8。

表 2-8　2019 年我国分车型自主品牌汽车前十家生产企业销量排名

排名	汽车		乘用车		商用车	
	企业名称	销量/万辆	企业名称	销量/万辆	企业名称	销量/万辆
1	上汽集团	254.4	上汽集团	197.6	东风汽车公司	60.7
2	吉利汽车	136.4	吉利汽车	136.7	上汽集团	56.9
3	长安汽车	133.1	长城汽车	91.1	北汽集团	54.3
4	东风汽车公司	115.4	长安汽车	82.2	长安汽车	50.9
5	长城汽车	106.0	奇瑞汽车	63.7	一汽集团	35.1
6	北汽集团	95.1	东风汽车公司	54.7	中国重汽	29.6
7	奇瑞汽车	69.1	比亚迪汽车	45.3	江淮汽车	25.9
8	一汽集团	58.4	北汽集团	40.8	陕汽集团	18.7
9	比亚迪汽车	46.3	广汽集团	39.8	长城汽车	14.9
10	江淮汽车	41.7	一汽集团	23.3	成都大运	8.1

注：以上企业数据按集团口径统计。

据中国汽车工业协会统计分析，2019 年轿车销量排名前十位的品牌依次为：朗逸、轩逸、卡罗拉、宝来、速腾、英朗、桑塔纳、思域、雅阁和雷凌，分别销售 53.3 万辆、47.1 万辆、35.8 万辆、33.4 万辆、30.7 万辆、27.9 万辆、25.6 万辆、24.4 万辆、22.4 万辆和 22.2 万辆。2019 年，上述十个品牌共销售 322.8 万辆，占轿车销售总量的 31.3%。据中国汽车工业协会统计分析，2019 年销量排名前十位的中国品牌轿车依次为：帝豪、荣威 i5、逸动、D50、缤瑞、远景、帝豪 GL、启辰 D60、艾瑞泽 GX 和 MG6。分别销售 21.1 万辆、15.9 万辆、12.4 万辆、9.8 万辆、8.4 万辆、8.0 万辆、7.9 万辆、7.4 万辆、7.2 万辆和 6.1 万辆。2019 年，上述十个品牌共销售 104.2 万辆，占轿车销售总量的 10.1%，占中国品牌轿车销售总量的 50.9%。

知识梳理与项目小结

1. 汽车发明是科技发展和社会进步的必然产物，经历了人畜运输、蒸汽机汽车到内燃机汽车（电动汽车）的长期发展过程。

2. 1886 年 1 月 29 日，德国人卡尔·本茨发明了世界上第一辆三轮汽车，这一天被后人称为现代汽车的诞生日。同年，德国工程师戈特利布·戴姆勒和威廉·迈巴赫共同研制成了第一辆四轮汽车。卡尔·本茨与戈特利布·戴姆勒一同被称为"世界汽车之父"。

3. 汽车外形设计随着制造业的发展和审美水平的不断完善，先后经历了马车形、方箱形、甲壳虫、三箱形、鱼形和楔形等造型。

4. 世界汽车工业发展经历了快速发展阶段、全盛时期、企业兼并改组时期三个阶段。

5. 2019 年，世界汽车保有量达 16 亿辆，世界汽车年产量合计为 9 178.7 万辆。

6. 中国汽车工业发展经历了萌芽阶段、艰苦创业阶段、改革开放与改组兼并阶段、汽车产量跨越式增长阶段四个历史时期。2019年,中国汽车产量2 572.1万辆,销量2 576.9万辆,连续十一年排名全球第一。

知识测评

1. 汽车的发明经历了哪几个阶段?
2. 汽车从诞生到现在外形经历了哪几种变化?
3. 世界汽车工业发展经历了哪几个阶段?各阶段汽车技术有何特点?
4. 简述未来世界汽车技术的发展趋势。
5. 中国汽车工业发展经历了哪几个阶段?

技能测评

1. 利用网络资源,收集汽车发明历史相关资料,分组进行汇报。
2. 我国第一辆货车和第一辆轿车是在什么时间、什么情况下生产出来的?
3. 利用网络资源,收集我国一汽、二汽、上汽的发展史,分组进行汇报。

模块3

汽车的动力与行驶

随着我国国民经济的飞速发展和人民生活水平的迅速提高,越来越多的人拥有了属于自己的汽车,汽车逐渐成为人们日常生活的一部分。为了更好地了解和使用生活中的这个"成员",更好地享受汽车带来的方便和快捷,需要更多地了解汽车各部分的结构和汽车行驶的基本原理,为正确操作和使用汽车奠定基础。

教学导读

- ◆ 认识汽车内外部各部分的结构,熟练掌握汽车主要操纵机构的正确使用方法。
- ◆ 熟悉汽车的相关质量、尺寸及通过性参数,掌握汽车的技术性能评价指标。
- ◆ 理解汽车发动机的常用基本术语,掌握汽车发动机的基本结构,了解汽车发动机的最新发展技术。
- ◆ 掌握汽车底盘基本结构,了解汽车底盘的最新发展技术。
- ◆ 掌握汽车车身的分类,理解非承载式车身和承载式车身的区别。
- ◆ 熟悉汽车指示仪表和报警装置,熟悉汽车照明和信号装置,知道常用的车载电子装置。

3.1 汽车内、外部结构

车型不同,汽车内外部结构会有所不同,本书以哈弗 H6 运动版汽车为例对汽车内外部结构进行讲解。

3.1.1 汽车外部结构

哈弗 H6 运动版汽车外部结构如图 3-1 所示。

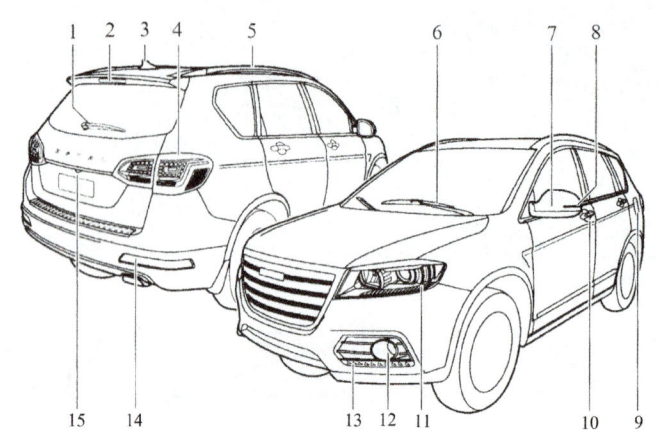

图 3-1 哈弗 H6 运动版汽车外部结构

1—后雨刮;2—高位制动灯;3—天线;4—后组合灯;5—车顶护栏;6—前雨刮;7—外后视镜;8—侧转向灯;9—燃油加注口;10—车门把手;11—前组合灯;12—前雾灯;13—日间行车灯;14—后雾灯;15—倒车影像摄像头

3.1.2 汽车内部结构

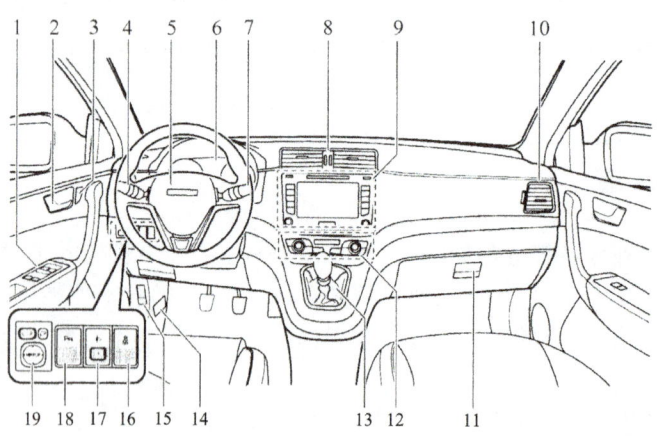

哈弗 H6 运动版汽车内部结构如图 3-2 所示。

图 3-2 哈弗 H6 运动版汽车内部结构

1—车窗控制开关;2—车门内扣手;3—中控锁按钮;4—灯光控制组合开关;5—转向盘;6—组合仪表;7—雨刮控制组合开关;8—中央出风口;9—视听系统控制面板;10—侧出风口;11—副驾驶侧储物箱;12—自动空调系统控制面板;13—换挡杆;14—机舱盖开启扣手;15—油箱门开启开关;16—电子稳定控制系统开关;17—大灯高度调节旋钮;18—防撞雷达开关;19—外后视镜调节开关

3.2 汽车主要操纵机构

3.2.1 点火开关

点火开关主要有锁芯式和按键式两种,如图 3-3 所示。

(a)锁芯式　　　　　(b)按键式

图 3-3　点火开关

1. 锁芯式

锁芯式点火开关一般设置 LOCK、ACC、ON、START 四个挡位,其各挡位含义如下:

(1)LOCK 挡　转向盘锁定,钥匙可以拔出,所有电气部件均处于非工作状态。对于自动变速器车辆,换挡杆必须处于驻车挡,才能将钥匙从点火开关上取下。

(2)ACC 挡　可以使用某些电气部件,例如视听系统、部分车灯等。

(3)ON 挡　可以使用所有电气部件。

(4)START 挡　可以启动发动机,启动后自动恢复为 ON 挡。

2. 按键式

按键式点火开关通过以下方式选择状态:

(1)携带智能钥匙,坐在驾驶员座椅上。

(2)停车状态下,不踩离合器踏板(手动挡车辆)或者制动踏板(自动挡车辆),直接按压一键启动开关,可切换点火开关状态。每按压一次,点火开关按照"LOCK-ACC-ON"的顺序进行状态切换。

(3)停车状态下,踩下离合器踏板(手动挡车辆)或者制动踏板(自动挡车辆),按压一键启动开关,可启动发动机,再次按压可关闭发动机。

(4)启动发动机时,如果一键启动开关的绿色工作指示灯闪烁,则表明电子转向锁解锁失败,可左右轻轻转动转向盘,即可解除锁定。

操作提示:

(1)启动发动机时,必须坐在驾驶员座椅上,不得踩下加速踏板。否则可能引发事故,导致严重伤亡。

(2)为防止蓄电池电量耗尽,发动机不运转时,不要长时间将点火开关处于 ACC 或 ON 状态。

(3)行车中,请勿将点火开关切换至 LOCK 状态。

3.2.2 转向盘

汽车转向盘的调整方法如下(图 3-4):

(1)将转向盘下方的调节杆推至最下端。

(2)上、下、前、后扳动转向盘,使其对准胸前位置。

(3)将调节杆向上推起,锁定转向盘。

(4)试着移动转向盘,以确定锁定牢固。

操作提示:

(1)行车过程中,禁止调整转向盘。

(2)调整转向盘之后,请务必确认其已被牢固锁定。

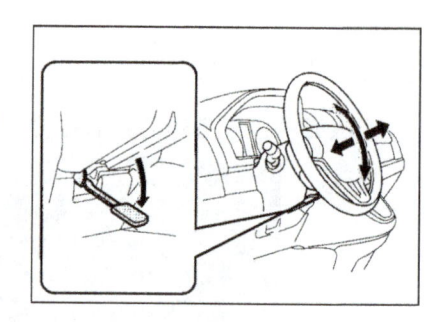

图 3-4 汽车转向盘的调整

3.2.3 电动座椅

汽车电动座椅的调整如图 3-5 所示。

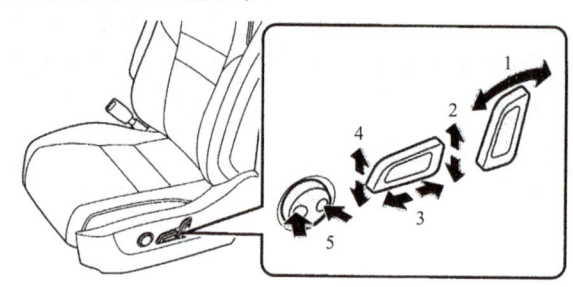

图 3-5 汽车电动座椅的调整

1—靠背倾角调节;2—座椅(仅限于驾驶员座椅)升高或降低调节;3—前后位置调节;
4—坐垫(前部)角度调节(仅限于驾驶员座椅);5—增强或减弱腰部支承(仅限于驾驶员座椅)

操作提示:

(1)行车前,请将座椅调整到便于正确驾驶的位置,驾驶过程中禁止调整座椅。

(2)不要将座椅靠背过度倾斜,以免碰撞时安全带不能将人限制在座椅上,对人员造成伤害。

(3)禁止在取下头枕的状态下行车,否则发生碰撞,颈部会受到巨大的冲击,从而造成重伤甚至死亡。

3.2.4 灯光控制组合开关

灯光控制组合开关如图 3-6 所示。

操作提示:

(1)若要开启远/近光灯,须将点火开关切换至 ON 状态。

(2)行车时请勿将小灯代替近光灯使用,否则有发生事故的危险。

(3)点火开关处于 ON 状态时,将灯光总开关旋钮旋至灯光自动控制(AUTO)位置,小灯、近光灯将根据周围照明的亮度自动开启/关闭。当灯光自动控制系统发生故障后,仪表上的灯光自动控制系统警告灯（LIGHT CONTROL）将会点亮。

(4) 跟随回家功能。在满足下列条件时，前大灯将延时点亮 30 秒，保证在黑暗中安全离开车辆：

① 点火开关处于 LOCK 状态，将灯光总开关旋钮旋至灯光自动控制（AUTO）位置，随身携带钥匙下车，在车外成功锁止或解锁所有车门时，雨量光线传感器有开启近光灯的请求。

② 点火开关处于 LOCK 状态，将灯光总开关旋钮旋至近光灯位置，随身携带钥匙下车，并且在车外成功锁止或解锁所有车门。

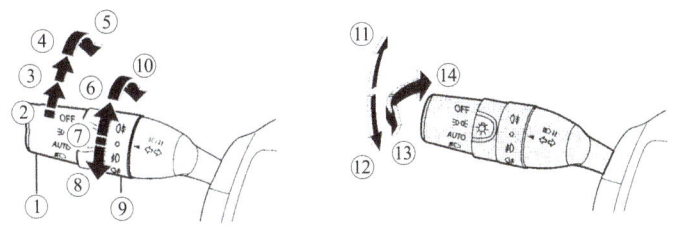

图 3-6　灯光控制组合开关

①—灯光总开关旋钮；②—所有灯关闭；③—小灯（位置灯、牌照灯、仪表背景灯）；④—灯光自动控制；
⑤—近光灯；⑥—前雾灯；⑦—雾灯关闭；⑧—后雾灯；⑨—雾灯开关旋钮；⑩—雾灯（前、后）；⑪—右转向灯；
⑫—左转向灯；⑬—超车提醒；⑭—远光灯

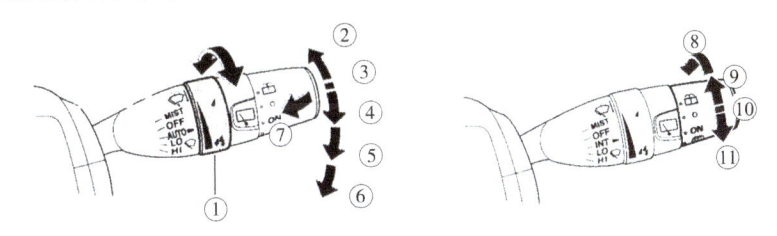

3.2.5　雨刮控制组合开关

雨刮控制组合开关如图 3-7 所示。

图 3-7　雨刮控制组合开关

①—调节旋钮；②—前雨刮点动（MIST）挡；③—前雨刮关闭（OFF）挡；④—自动控制（AUTO）挡；
⑤—低速挂刷（LO）挡；⑥—高速挂刷（HI）挡；⑦—前风挡玻璃洗涤；⑧—后风挡玻璃洗涤；
⑨—后雨刮开启；⑩—后雨刮关闭；⑪—喷射清洗液

操作提示：

(1) 在洗车、较干燥季节以及无雨天时要关闭雨刮自动控制系统，否则有可能会造成雨刮无意间运转。

(2) 因积雪等原因，雨刮中途停止运转时，请将车辆停放在安全地点，关闭雨刮，然后清除积雪等杂物，以便雨刮能够正常工作。

(3) 下雪天雪花有时会触碰到雨量光线传感器，造成传感器不能正常感知，致使雨刮也不能正常工作。

3.2.6　自动空调系统

自动空调系统的控制面板如图 3-8 所示。

操作提示：

（1）自动模式　按压自动模式按钮，指示灯点亮，空调进入自动模式，将自动调节出风模式和风量，以达到设定温度。将温度设定到最低值（LO）或最高值（HI）时，系统只能按照全制冷或全暖气模式运行，无法控制车内温度。

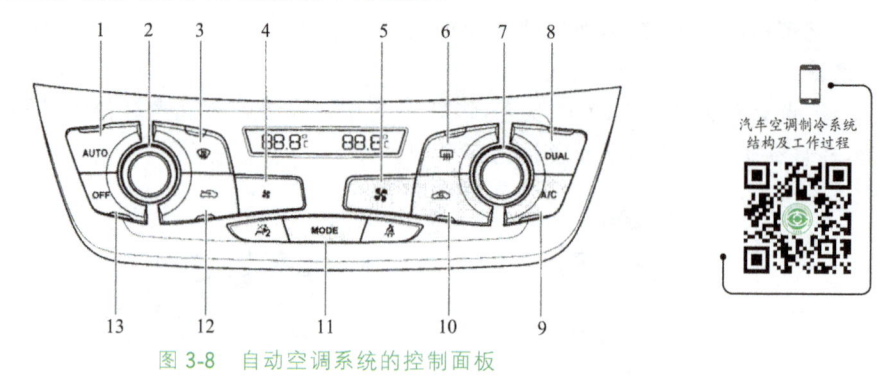

图 3-8　自动空调系统的控制面板

1—自动模式（AUTO）按钮；2—驾驶员侧温度调节旋钮；3—前除霜按钮；4—风量按钮（减）；5—风量按钮（加）；6—后除霜按钮；7—副驾驶员侧温度调节旋钮；8—双温区控制（DUAL）按钮；9—空调（A/C）按钮；10—内循环按钮；11—模式（MODE）按钮；12—外循环按钮；13—关闭（OFF）按钮

（2）前风窗除霜　前风挡玻璃、侧门玻璃结霜、起雾时，按压前除霜按钮，指示灯点亮，系统将自动切换至外循环模式并且启动空调和风扇。若欲快速除霜，应将风扇转速手动设定至最高挡。

（3）双温区控制　按压双温区控制按钮，指示灯点亮，可通过温度调节旋钮分别设置驾驶员侧和副驾驶员侧的温度。指示灯熄灭，利用驾驶员侧温度调节旋钮可将两侧温度调节到同一水平。若欲将副驾驶员侧温度设定到与驾驶员侧温度不同的水平，转动副驾驶员侧温度调节旋钮即可。不必先按压双温区控制按钮，即可调节副驾驶员侧温度。

（4）模式按钮　按压模式按钮，可以调节吹风模式在吹脚除霜、吹面吹脚、吹脚、吹面之间切换。

（5）空调按钮　按压空调按钮可以打开和关闭空调器。当空调器运转时，显示屏将显示"压缩机启动"界面。

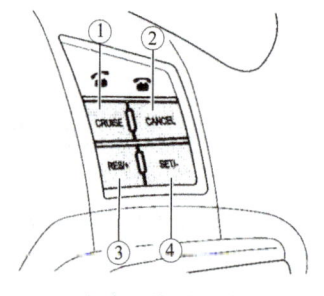

3.2.7　定速巡航系统

定速巡航系统的操作界面如图 3-9 所示。

操作提示：

（1）启用定速巡航系统　启用定速巡航系统的操作方法如下：

①按下转向盘上的定速巡航按钮，组合仪表上的定速巡航主指示灯点亮（定速巡航系统即使在未使用时也会处于开启状态）。

②将车速提高到所希望的巡航车速。

③点按转向盘上的设定/减速按钮，组合仪表上的定速巡航控制（CRUISE CONTROL）指示灯点亮，表示定速巡航系统已经启动。

图 3-9　定速巡航系统的操作界面

①—定速巡航（CRUISE）按钮；
②—定速巡航取消（CANCEL）按钮；
③—设定/减速（SET/－）按钮；
④—复位/加速（RES/＋）按钮

(2)改变设定的巡航车速 可用以下任何一种方法提高(降低)设定的巡航车速:

①按住复位/加速按钮(设定/减速按钮),当达到希望的巡航速度后,松开按钮即可。

②踩踏加速踏板(制动踏板或离合器踏板),当车辆加速(减速)至希望的巡航速度后,按压设定/减速按钮。

③若要稍微提高(降低)巡航车速,可轻按复位/加速按钮(设定/减速按钮),每按一次,车辆速度大约提高(降低)1.6 km/h。

(3)取消定速巡航控制 以下两种方法均可取消定速巡航控制状态:

①轻踩制动踏板或离合器踏板。

②按压定速巡航取消按钮。

(4)恢复定速巡航控制 如果不是使用定速巡航按钮退出的巡航车速,可先加速到 45 km/h 以上,然后点按复位/加速按钮,车速将加速到退出前设定的巡航速度。

(5)关闭定速巡航控制 按压定速巡航按钮,将关闭定速巡航系统,并取消先前设定的定速巡航车速。

3.3 汽车结构参数

汽车类型不同,其质量参数和外形几何尺寸会相差很大,这些差别从一个侧面反映各类汽车的质量、容量、通过性和机动性的不同。国家标准《汽车、挂车及汽车列车外廓尺寸、轴荷及质量限值》(GB 1589—2016)对汽车结构参数的极限值都做了详细规定,汽车结构参数常用于表征汽车的结构特点。

3.3.1 质量参数

汽车的质量参数主要包括整车装备质量、最大装载质量、最大总质量、最大轴荷质量、质量利用系数等。

1. 整车装备质量

整车装备质量又称为整车整备质量,是指汽车完全装备好时的质量,包括燃油(燃油箱至少要加注至制造厂家设计容量的 90%)、润滑剂、冷却液(如果需要时)、清洗液、备胎、灭火器、标准备件、标准工具箱和三角垫木等。

2. 最大装载质量

最大装载质量又称为满载质量,是指汽车在硬质良好路面上行驶时的额定装载质量。当汽车在碎石路面上行驶时,最大装载质量应有所减少(约为良好路面时的 75%~80%)。轿车的装载质量用座位数表示。城市客车的装载质量以座位数与站立乘客(员)数之和表示,其中站立乘客(员)数按每平方米 8~10 人计算。

3. 最大总质量

最大总质量是指汽车满载时的总质量,等于整车装备质量与最大装载质量之和。乘用车的最大允许总质量不得大于 4 500 kg,两轴货车的最大允许总质量不得大于 18 000 kg。

4. 最大轴荷质量

最大轴荷质量是指汽车满载时各车轴所承受的最大垂直载荷质量。单个车轴最大轴荷质量除应满足轴荷分配的技术要求外,还应遵循国家对公路运输车辆及其总质量的法规限制。轴荷分配不当,会导致各轴车轮轮胎磨损不均匀,对汽车的操纵稳定性产生不利影响。

5. 质量利用系数

质量利用系数等于最大装载质量与整车装备质量的比值,反映单位整备质量的承载能力。汽车质量利用系数越高,说明其设计和制造水平高,使用经济性好,它是反映汽车技术水平的一个重要指标。我国轻型汽车质量利用系数一般约为1.1,中型车约为1.35,重型车为1.3~1.7。

3.3.2 尺寸参数

汽车的尺寸参数主要包括车辆长度、车辆宽度、车辆高度、轴距、轮距、前悬、后悬等,如图3-10所示。

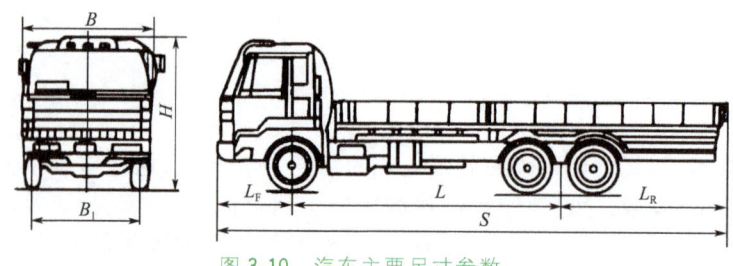

图 3-10 汽车主要尺寸参数

S—车辆长度;B—车辆宽度;H—车辆高度;L—轴距;B_1—前轮距;L_F—前悬;L_R—后悬

1. 车辆长度

车辆长度是指分别与汽车前、后最外端点相切,同时也与水平面和汽车纵向对称面垂直的两个平面之间的距离,其中水平面是指测量汽车尺寸时,支承车轮的平坦、坚实的水平面。

2. 车辆宽度

车辆宽度是指分别与汽车两侧固定凸出部位最外侧点相切,且平行于汽车纵向对称面的两个平面之间的距离。其中,汽车两侧固定凸出部位不包括后视镜、侧面标志灯、示位灯、转向指示灯、挠性挡泥板、折叠式踏板、防滑链,以及轮胎与地面接触变形的部分等。

3. 车辆高度

车辆高度是指汽车空载时最高点至水平面的距离。

4. 轴距

轴距是指汽车前轴中心至后轴中心的距离。轴距适当长些,有利于提高汽车的乘坐舒适性、行驶平顺性和操纵稳定性;轴距稍短些,有利于提高汽车的机动性。

5. 轮距

轮距是指同一车轴两侧车轮轮胎胎面中心线之间的距离。轮距稍长些,有利于改善汽车的横向稳定性;轮距稍短些,有利于提高汽车的机动性。

6. 前悬

前悬是指汽车最前端点至前轴中心的距离。

7. 后悬

后悬是指汽车最后端点至后轴中心的距离。

3.3.3 通过性参数

汽车的通过性参数主要包括最小离地间隙、接近角、离去角、纵向通过角、转弯半径等。

1. 最小离地间隙

最小离地间隙是指满载时,汽车中间区域内的最低点至水平面的距离(图3-11)。汽车中间区域是指平行于汽车纵向对称面且与其等距离的两平面之间所包含的部分,两平面之间的距离为同一车轴上两侧车轮内缘最小距离的80%。最小离地间隙越大,汽车的通过性越好。

2. 接近角

接近角是指切于静载时前轮轮胎外缘,且垂直于汽车纵向对称面的平面与水平面之间形成的最大锐角(图3-11)。其中,前轴前方任何固定在车辆上的刚性部件均在此平面的上方。接近角越大,汽车接近障碍物(如台阶、小丘、沟洼地等)时不发生碰撞(触头)的能力就越强。

3. 离去角

离去角是指切于静载时车辆最后车轮轮胎外缘的平面与水平面之间形成的最大锐角(图3-11)。其中,位于最后车轴后方的任何固定在车辆上的刚性部件均在此平面的上方。离去角越大,汽车离开障碍物时不发生碰撞(托尾)的能力就越强。

4. 纵向通过角

汽车满载、静止时,垂直于汽车纵向中心平面,分别与前、后车轮轮胎相切、相交,并与车轮底盘刚性部件(除车轮)接触的两个平面形成的最小锐角(图3-11)。它决定了车辆所能通过的最陡坡道。纵向通过角越大,汽车通过性越好。

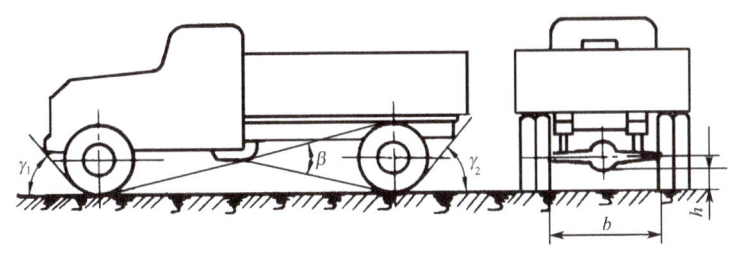

图 3-11 汽车通过性参数

h—最小离地间隙;b—两侧车轮内缘间距;γ_1—接近角;γ_2—离去角;β—纵向通过角

5. 转弯半径

转弯半径是指汽车转向时,汽车外侧转向轮的中心平面在水平面上的轨迹圆半径(图3-12)。转向盘转到极限位置时的转弯半径为最小转弯半径。汽车的最小转弯半径越小,其机动性也越好。

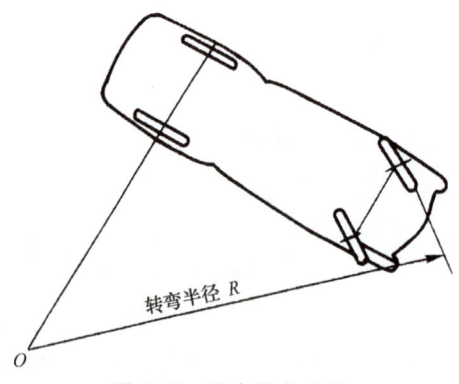

图 3-12 汽车转弯半径

3.4 汽车技术性能评价

整车技术性能是衡量一辆汽车质量好坏的重要依据。汽车技术性能评价指标包括动力性、燃油经济性、制动性、操纵稳定性、操纵轻便性、行驶平顺性、通过性等。

3.4.1 汽车动力性

汽车动力性是指汽车克服各种行驶阻力进行加速,以足够高的平均速度行驶的能力,它是汽车使用性能中最基本、也是最重要的性能。汽车动力性指标一般用最高车速、加速性能和爬坡能力来表示。

1. 最高车速

最高车速是指在无风条件下,在水平、良好的沥青或水泥路面上,汽车满载时所能达到的最大行驶速度。目前普通轿车最高车速一般为 150~200 km/h。

2. 加速性能

加速性能是指汽车在各种使用条件下迅速增加行驶速度的能力,通常用加速时间和加速距离来表示。增加速度时所用加速时间和加速距离越短的汽车,其加速性能就越好。汽车加速性能主要通过两个方面来表征,即原地起步加速性和超车加速性。

汽车加速时间与驾驶员的换挡技术、路面状况、行车环境、气候条件等密切相关,汽车使用手册上给出的参数往往是样车所能达到的最佳值,对于一般客户来说,该参数仅可作为参考。

3. 爬坡能力

爬坡能力是指汽车满载时,在坚硬路面上,以 1 挡等速行驶期间所能爬行的最大坡度,它反映汽车的最大驱动力。一般来说,要求普通汽车有不小于 30% 的爬坡能力,越野汽车的要求更高。

3.4.2 汽车燃油经济性

汽车燃油经济性是指在一定的使用条件下,汽车以最少的燃油消耗(简称油耗)量完成单位运输工作量的能力。汽车燃油经济性是衡量汽车性能的一个重要技术指标,也是汽车使用者最关心的指标之一。评价汽车燃油经济性的指标为耗油量和油行程。

在实际使用过程中,汽车的燃油经济性与发动机的技术状况、汽车自重、车速、各种行驶阻力(如空气阻力、滚动阻力和坡度阻力等)、传动效率、减速比等因素直接相关,因而实际的耗油量往往比使用手册上标称的大些。

3.4.3 汽车制动性

汽车制动性是指汽车按驾驶员的操作意图安全地减速直至停车的能力。具有良好的制动性是汽车安全行驶的保证,也是汽车动力性得以充分发挥的前提。汽车的制动性主要由制动效能、制动效能的恒定性和制动时行驶方向稳定性三个方面来评价。

3.4.4 汽车操纵稳定性

汽车操纵稳定性反映汽车的两个相互紧密联系的性能,即汽车的操纵性和稳定性。汽车的操纵稳定性直接影响着汽车在转向或受到各种意外干扰时的行车安全。

3.4.5 汽车操纵轻便性

汽车操纵轻便性是指对汽车进行操作或驾驶时的难易、方便程度,可用操作次数、操作时所需要的力、操作时的难易程度,以及视野、照明、信号效果等来评价。具有良好操纵轻便性的汽车,不但可以减轻驾驶员的劳动强度和紧张程度,也是安全行驶的保证。采用动力转向、倒车雷达、电动门窗、中控门锁、制动助力装置、自动空调和自动变速器等,都能够显著改善汽车的操纵轻便性。

3.4.6 汽车行驶平顺性

汽车行驶平顺性是指汽车在行驶过程中对路面不平度引起振动的抑制能力。评价汽车行驶平顺性的主要指标为汽车的振动频率和幅值。由于路面不平整的冲击,汽车行驶时将发生振动,这会使乘员感到疲劳和不舒适,损坏运载的货物。振动引起的附加动载荷加剧零部件的磨损,影响汽车的使用寿命。车轮载荷的波动将会降低车轮的地面附着性,这对汽车的操纵稳定性十分不利。

3.4.7 汽车通过性

汽车通过性是指汽车在一定的载荷质量下,能以较高的平均速度通过各种不平路段和无路地带,克服各种障碍(陡坡、侧坡、台阶、壕沟等)的运行能力。各种汽车的通过能力是不一样的。轿车和客车由于经常在市内行驶,通过能力要求较低。而越野汽车、军用车辆、自卸汽车和载货汽车,就必须有较强的通过能力。

采用宽断面轮胎、多轮胎可以提高汽车在松软土壤、雪地、冰面、沙漠、光滑路面上的运行能力;较深的轮胎花纹可以增加附着系数而不容易打滑,全轮驱动方式可使汽车的动力性得以充分发挥;结构参数的合理选择,可以使汽车具有良好的克服障碍运行能力,如较大的最小离地间隙、接近角、离去角和车轮半径等,都可提高汽车的通过性。

3.5 汽车发动机结构与发动机新技术

3.5.1 发动机基本术语

汽车发动机构造复杂,零部件成千上万,但其基本结构均由多个单缸机组成。发动机基本术语如图 3-13 所示。

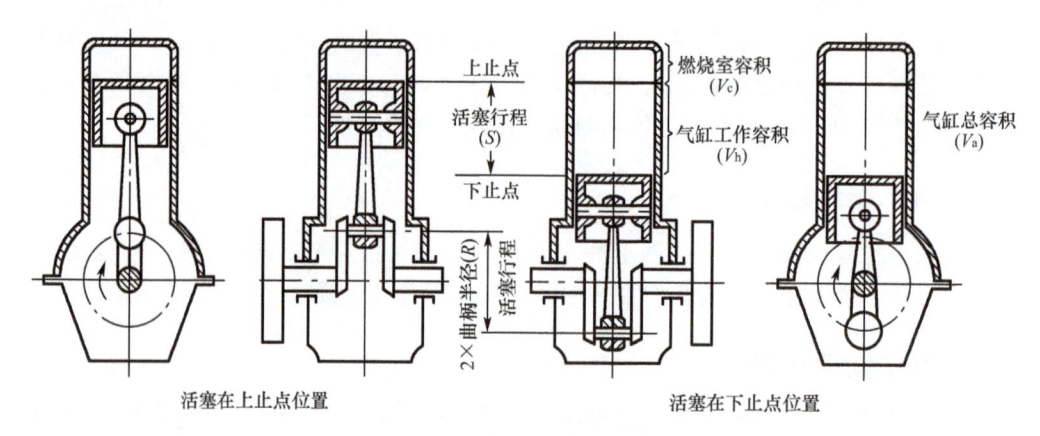

图 3-13 发动机基本术语示意图

1. 止点与活塞行程

(1) 上止点　活塞顶距离曲轴旋转中心最远的位置。

(2) 下止点　活塞顶距离曲轴旋转中心最近的位置。

(3) 活塞行程　上、下止点间的距离,用 S 表示。

曲轴每转动半周(180°),相当于一个活塞行程,若用 R 表示曲柄半径(由曲轴旋转中心到曲柄销中心的距离),则

$$S = 2R$$

即曲轴每转一周,活塞完成两个行程。

2. 气缸容积

(1) 燃烧室容积　活塞在气缸内做往复直线运动,当活塞位于上止点时,活塞顶以上气缸盖底面以下的空间,用 V_c 表示。

(2) 气缸工作容积　活塞从一个止点运动到另一个止点所扫过的容积称为气缸工作容积或气缸排量,一般用 V_h 表示,单位为 L,即

$$V_h = \frac{\pi D^2 S}{4} \times 10^{-6}$$

式中　D——气缸直径,mm;
　　　S——活塞行程,mm。

(3) 气缸总容积　气缸工作容积与燃烧室容积之和,用 V_a 表示,即

$$V_a = V_c + V_h$$

(4) 发动机工作容积　多缸发动机所有气缸工作容积之和,也称为发动机排量,用

V_L 表示,即
$$V_L = iV_h$$
式中 i——发动机的气缸数目。

3. 压缩比

气缸总容积与燃烧室容积之比称为压缩比,用 ε 表示,即
$$\varepsilon = \frac{V_a}{V_c} = \frac{V_c + V_h}{V_c} = 1 + \frac{V_h}{V_c}$$

压缩比表示活塞从下止点运动到上止点时,气缸内气体被压缩的程度。现代汽车发动机压缩比:汽油发动机一般为 6~9(有的轿车可达 9~11),柴油发动机一般为 16~22。

4. 发动机工作循环

(1) 四冲程发动机　活塞在气缸内移动四个行程即曲轴转两周完成一个工作循环的发动机,称为四冲程发动机。四冲程发动机将进气、压缩、做功和排气四个过程在活塞上下运动的四个行程内完成。其工作循环原理是由德国工程师尼古拉斯·奥托奠定的,故又称为奥托循环,具体包括:

①进气行程[图 3-14(a)]。活塞从上止点向下运动,此时进气门开启,排气门关闭,可燃混合气从进气管经过进气门被吸入气缸中。当活塞到达下止点时,进气门关闭,进气行程结束。

②压缩行程[图 3-14(b)]。随着曲轴旋转,活塞又从下止点运动到上止点,此时进、排气门均关闭,将封闭在活塞上方的可燃混合气逐渐压缩。可燃混合气体积缩小的倍数就是前面提到的压缩比。

③做功行程[图 3-14(c)]。当压缩行程结束,活塞处于上止点时,气缸顶部的火花塞发出电火花把气缸内的可燃混合气点燃,气缸内温度升高,压力上升,推动活塞向下运动,通过连杆使曲轴旋转,将机械能输出。同时,一部分能量储存在飞轮内,作为其他行程中带动发动机各种机构的动力。在做功行程全部时间内,进、排气门均关闭。

④排气行程[图 3-14(d)]。当做功行程结束,活塞从下止点开始向上运动时,排气门开启,逐渐上升的活塞将燃烧后的废气经排气门至排气管压出。

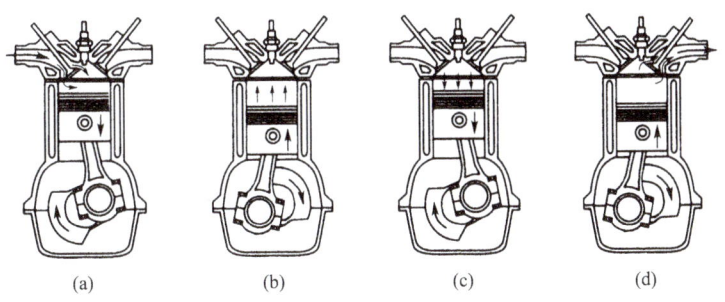

图 3-14　四冲程汽油发动机的工作循环

进气、压缩、做功、排气四个过程组成了发动机的一个工作循环。当排气行程结束,发动机完成了一个工作循环。随着曲轴继续转动,下一个工作循环开始,即继续重复上述行程。在一个工作循环中,曲轴转动两周(720°),活塞在气缸内往复四个行程。

(2)二冲程发动机　活塞在气缸内移动两个行程即曲轴旋转一周完成一个工作循环的发动机,称为二冲程发动机。二冲程发动机将进气、压缩、做功和排气四个过程在活塞上下运动的两个行程内完成。其中,活塞自下止点向上移动时完成进气、压缩行程,活塞自上止点向下移动时完成做功、排气行程。摩托车大部分采用的是二冲程发动机。

5. 发动机型号编制规则

发动机均按采用的燃料命名,如汽油发动机、柴油发动机、压缩天然气发动机和双燃料发动机等。国内发动机型号编制大多按现行国家标准《内燃机产品名称和型号编制规则》(GB/T 725—2008)来执行,由阿拉伯数字和汉语拼音字母组成。发动机制造厂家商标一般打刻(或铸出)在发动机气缸体外表面上,在产品铭牌上也有说明。下面为典型的发动机型号代码解读示例:

(1)1E65F　表示单缸、二冲程、缸径 65 mm、风冷、通用型。
(2)4100Q　表示四缸、四冲程、缸径 100 mm、水冷、车用。
(3)8V100　表示八缸、四冲程、缸径 100 mm、V 形、水冷、通用型。
(4)CA6110　表示六缸、四冲程、缸径 110 mm、水冷,CA 为一汽的代表符号。

6. 发动机类型

发动机类型是指按冲程数(二冲程发动机、四冲程发动机)、冷却方式(水冷式发动机、风冷式发动机)、进气状态(非增压发动机、增压发动机)、着火方式(点燃式发动机、压燃式发动机)、气缸数目(单缸发动机、多缸发动机)、燃料(液体燃料发动机、气体燃料发动机、多种燃料发动机)、气缸排列形式(直列式发动机、V 形发动机、对置式发动机)、气门数(2 气门发动机、多气门发动机)等不同对发动机进行的分类。

3.5.2　发动机基本结构

发动机是汽车的动力来源,是一部由许多机构和系统组成的复杂机器,工作原理和结构形式多种多样。现代汽车发动机主要采用往复活塞式内燃机,具有功率大、热效率高、体积小、重量轻、操作简单、便于移动与启动性好等优点。内燃机是一种热力机器,通过使液体或气体燃料在机器内部燃烧产生热能,并转变为发动机的输出转矩驱动汽车行驶。水冷式多缸四冲程汽油发动机和柴油发动机在车用发动机上最具代表性,一般由曲柄连杆机构、配气机构、燃料供给系统、冷却系统、润滑系统、启动系统和点火系统(柴油发动机无此系统)等组成。

1. 曲柄连杆机构

曲柄连杆机构是发动机实现热能与机械能相互转换的主要机构。曲柄连杆机构的功用是将活塞的直线运动转变为曲轴的旋转运动而输出动力。曲柄连杆机构分为机体组(图 3-15)、活塞连杆组(图 3-16)和曲轴飞轮组(图 3-17)三部分。

模块 3　汽车的动力与行驶

图 3-15　机体组

1—气缸盖；2—气缸垫；3—气缸体；4—油底壳

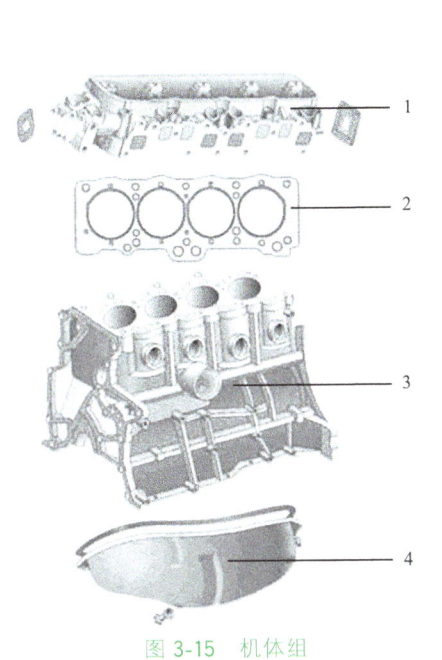

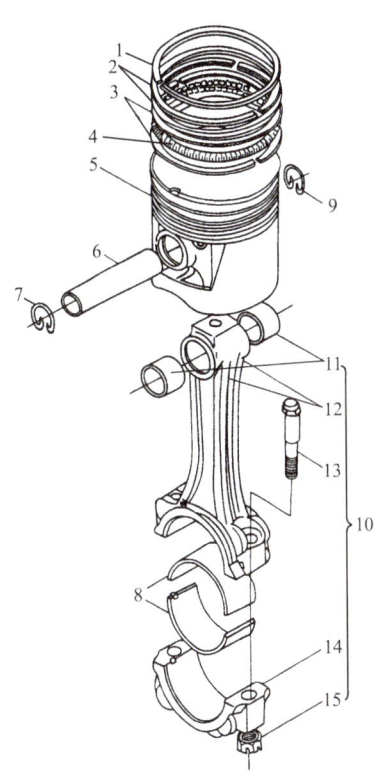

图 3-16　活塞连杆组

1、2—气环；3—油环刮片；4—油环衬簧；5—活塞；6—活塞销；7、9—活塞销卡环；8—连杆轴承；10—连杆组；11—连杆衬套；12—连杆；13—连杆螺栓；14—连杆盖；15—连杆螺母

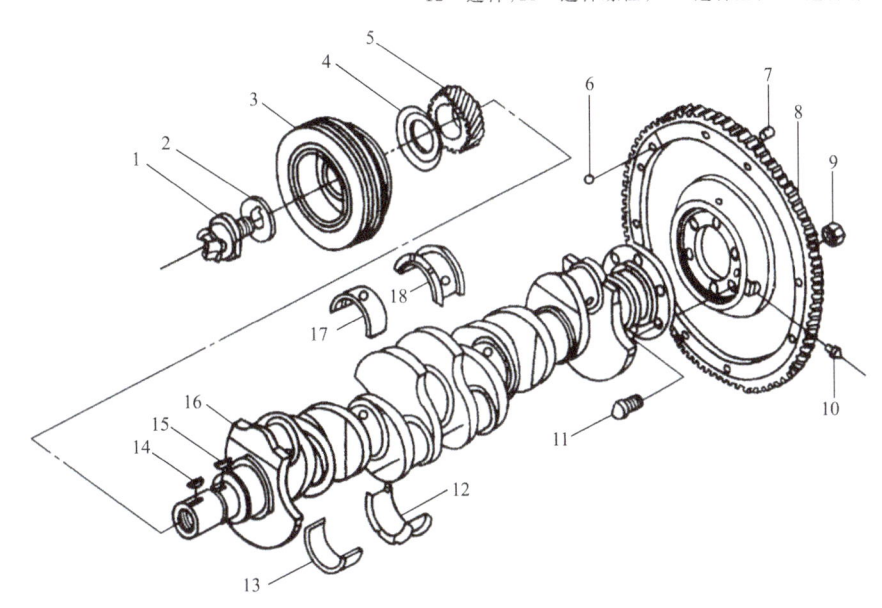

图 3-17　曲轴飞轮组

1—启动爪；2—启动爪锁紧垫片；3—扭转减振器、带轮；4—挡油片；5—正时齿轮；6—上止点记号；7—圆柱销；8—飞轮；9—螺母；10—润滑脂嘴；11—连接螺栓；12、18—带轴向止推片的主轴承；13、17—主轴承；14、15—半圆键；16—曲轴

61

2. 配气机构

配气机构的作用是按照发动机每一气缸内所进行的工作循环和点火次序的要求,定时开启和关闭各缸进、排气门,使新鲜可燃混合气(汽油发动机)或空气(柴油发动机)得以及时进入气缸,废气得以及时从气缸排出。凸轮轴在发动机上的布置方式有下置、中置和顶置三种形式。现代发动机上常采用顶置式,凸轮轴位于气缸盖上。按凸轮轴数目的多少,可分为单顶置凸轮轴(SOHC)和双顶置凸轮轴(DOHC)两种。凸轮轴由曲轴驱动,一般采用齿轮传动、链传动或带传动方式。双顶置凸轮轴齿形带传动式配气机构如图 3-18 所示,配气机构由气门组零件和气门传动组零件组成。

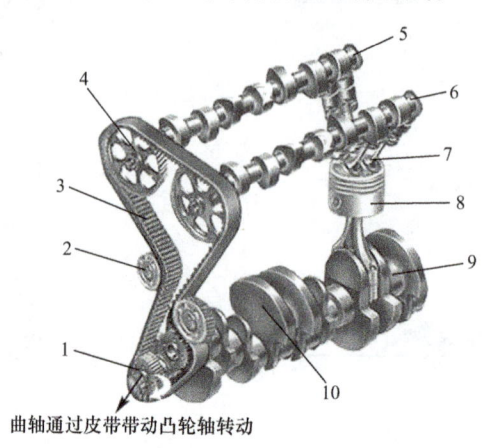

曲轴通过皮带带动凸轮轴转动

图 3-18 双顶置凸轮轴齿形带传动式配气机构
1—曲轴带轮;2—皮带张紧轮;3—正时皮带;4—进气凸轮轴带轮;5—进气凸轮轴;
6—排气凸轮轴;7—排气门;8—活塞;9—曲轴;10—曲轴平衡块

3. 燃料供给系统

燃料供给系统的作用是把燃油和空气送入发动机,以适当的比例相互混合形成可燃混合气,燃烧后再将废气排出发动机。汽油与柴油相比沸点低、容易汽化。而柴油黏度大、蒸发性差、自燃温度低,因此柴油发动机不是利用电火花在气缸内将柴油点燃,而是通过压缩气缸内的空气,使空气温度超过柴油的自燃温度,再及时喷入高压柴油,雾化的柴油与空气混合的同时自燃。汽油发动机燃料供给系统和柴油发动机燃料供给系统的组成分别如图 3-19、图 3-20 所示。

4. 冷却系统

冷却系统的作用是使工作中的发动机得到适度的冷却,从而保持在最适宜的温度范围内工作。发动机的冷却必须适度,冷却过度或不足,会造成气缸充气量减少、燃烧不正常、功率下降、油耗增加、润滑不良、加剧磨损等。发动机的冷却系统按冷却介质的不同可分为风冷式和水冷式。风冷式主要用于摩托车发动机,而汽车均采用水冷式(图 3-21)。冷却系统按循环方式不同可分为大循环、小循环和混合循环三种方式。

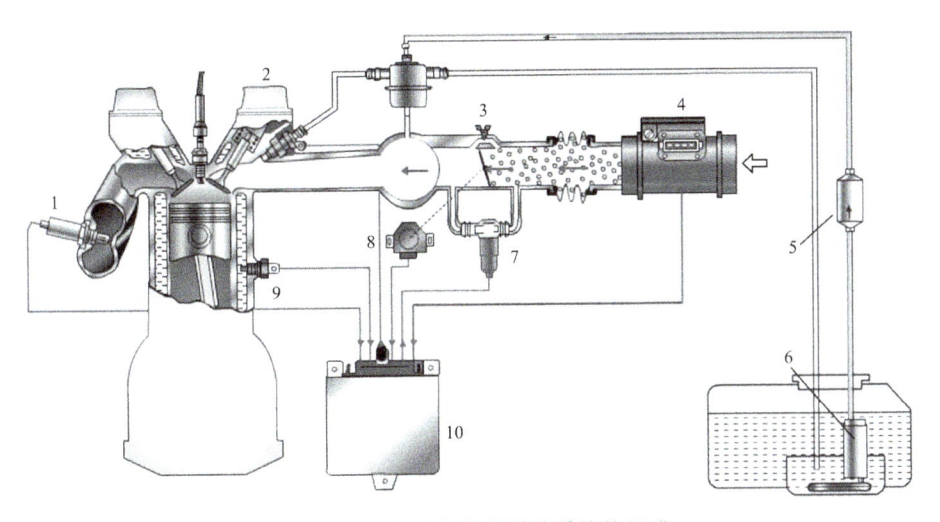

图 3-19　汽油发动机燃料供给系统的组成

1—氧传感器；2—喷油器；3—油压调节器；4—空气流量计；5—燃油滤清器；
6—电动燃油泵；7—怠速执行器；8—节气门位置传感器；9—水温传感器；10—电子控制单元

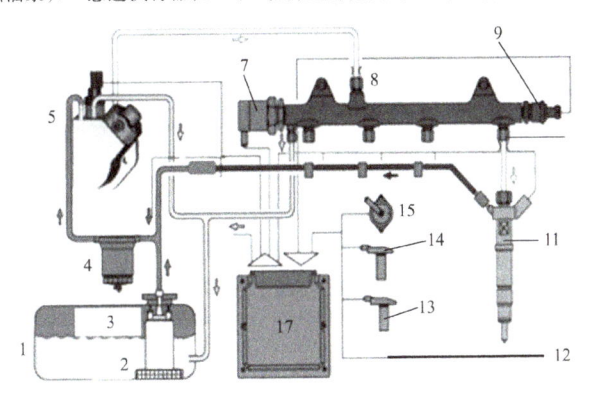

图 3-20　柴油发动机燃料供给系统的组成

1—油箱；2—滤网；3—输油泵；4—燃油滤清器；5—高压油泵；6—燃油计量单元；7—调压阀；
8、10、16—节流阀；9—轨压传感器；11—喷油器；12—其他传感器；13—凸轮轴位置传感器；
14—曲轴位置传感器；15—加速踏板；17—电子控制单元

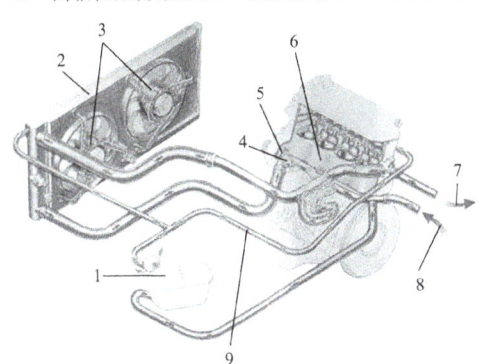

图 3-21　发动机水冷系统

1—膨胀水箱；2—散热器；3—电动风扇；4—节温器；5—水泵；
6—气缸体水套；7—接暖风装置热交换器；8—接暖风装置；9—发动机水套排气管

5. 润滑系统

润滑系统(图 3-22)的作用是不断地把润滑油送到各运动零件的相对运动表面,形成油膜,减少零件表面的摩擦和磨损,使发动机平稳运转。流动的润滑油还能够冷却摩擦表面,带走摩擦表面上磨下的磨屑等杂质,使零件的运动阻力减小,磨损减慢,润滑油流经的零件表面也不易生锈。在气缸壁和活塞环之间形成的油膜,还可起到密封气缸的作用。如果零件的运动表面得不到润滑,不但会消耗功率,而且使零件表面的磨损加剧,甚至会出现烧蚀熔化,使发动机无法继续运转。发动机润滑系统的润滑方式有压力润滑、飞溅润滑和定期润滑三种。

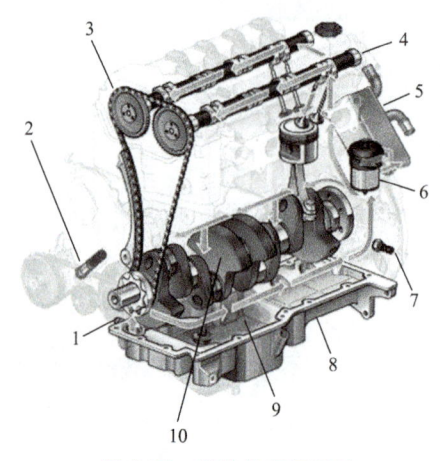

图 3-22 发动机润滑系统

1—放油螺栓;2—润滑油泄压阀;3—正时链条;4—凸轮轴;5—润滑油冷却器;
6—机油滤清器;7—油压传感器;8—油底壳;9—发动机润滑油;10—曲轴

6. 启动系统

启动系统(图 3-23)的作用是供给发动机曲轴足够的启动转矩,以便使发动机曲轴达到必需的启动转速,使发动机进入自行运转状态,当发动机进入自行运转状态后,便结束任务立即停止工作。现代汽车一般采用电力启动机启动,具有操作简单、启动迅速可靠、重复启动能力强等优点。

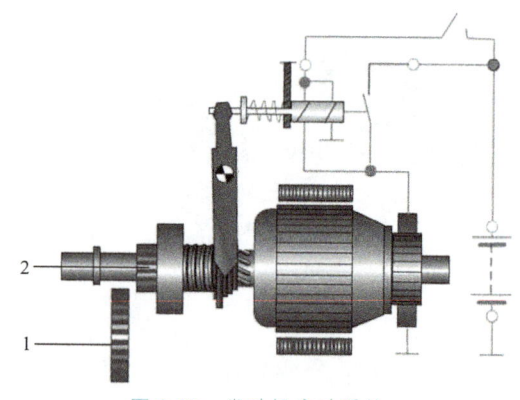

图 3-23 发动机启动系统

1—飞轮齿圈;2—启动机驱动齿轮

7. 点火系统

点火系统的作用是将电源提供的低电压(一般为 12 V)升高为产生电火花所需的高电压(10 000～15 000 V),再按发动机点火顺序分配给各气缸的火花塞,以产生电火花点燃可燃混合气。只有汽油发动机需要点火系统,柴油发动机则不需要。汽油发动机启动时,由蓄电池向点火系统供电,而在发动机正常工作时,则由发电机供电。汽油发动机点火系统如图 3-24 所示。

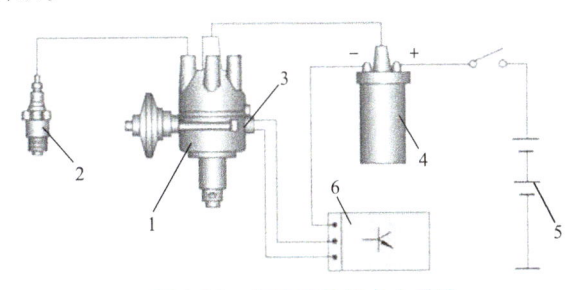

图 3-24 汽油发动机点火系统

1—分电器;2—火花塞;3—点火信号发生器;4—点火线圈;5—蓄电池;6—电子点火器

3.5.3 发动机新技术

1. 双增压中冷(TSI)发动机

双增压中冷(TSI)发动机是近年来推出的高性能强化发动机。顾名思义,它具有两个增压器,即涡轮增压器(Turbocharger)和机械增压器(Supercharger),另外还有一个中间冷却器(Inter-cooler)。注意,双增压中冷发动机(TSI Engine)不要与双涡轮增压器发动机(Twin-turbo Engine)相混淆。

(1)涡轮增压器 由于燃烧后的废气仍然有较大的余压,在排气门开启时可以利用其驱动涡轮旋转,带动进气管内与之同轴的压缩机叶轮,增加进气管的空气密度,从而提高充气量。涡轮增压器的安装位置如图 3-25 所示,工作原理如图 3-26 所示。

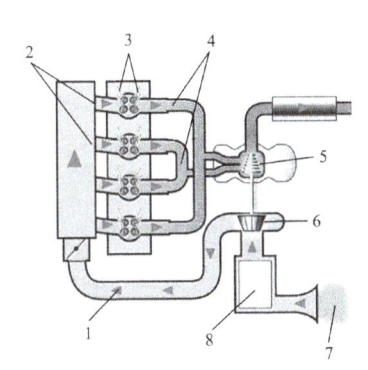

图 3-25 涡轮增压器的安装位置

1—气体流向提示;2—进气歧管;3—气门;4—排气歧管;5—涡轮叶片;6—压缩机叶片;7—新鲜空气;8—空气滤清器

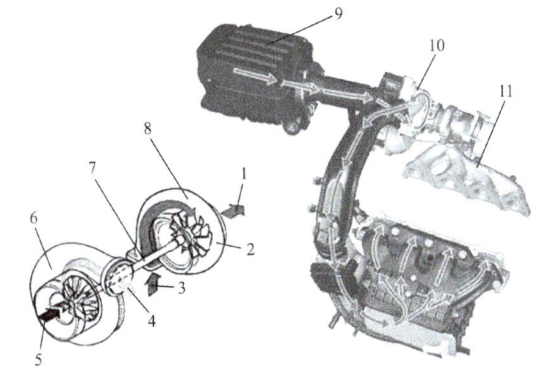

图 3-26 涡轮增压器的工作原理

1—涡轮废气出口;2—涡轮;3—涡轮废气入口;4—压缩机排气口;5—压缩机进气口;6—压缩机壳体;7—转轴;8—涡轮壳体;9—空气滤清器;10—涡轮增压器;11—排气歧管

(2)中间冷却器 中间冷却器安装在进气管内,利用冷却水降低气体的温度,增大进气密度,以进一步提高充气量。中间冷却器有独立的水泵、散热器和循环回路,结构并不复杂。

（3）机械增压器　伊顿罗茨式增压器（Eaton-Roots Supercharger）因结构简单和效能好而得到广泛应用。其叶轮具有麻花状叶片,排出的气体沿轴向流动。这种增压器用来补偿涡轮增压器在发动机低速运转时效能不佳的缺点,以提高发动机低速运转时的功率和转矩,使汽车迅速起步,加速性能更佳。机械增压发动机进气示意图如图3-27所示。

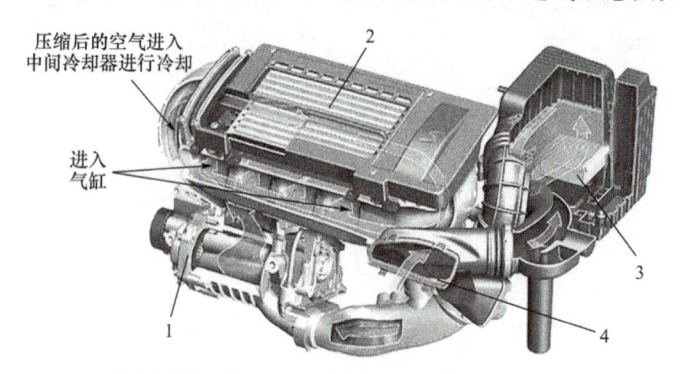

空气从进气口进入→空气滤清器→机械增压器→中冷器→进入气缸

图3-27　机械增压发动机进气示意图

1—机械增压器；2—中间冷却器；3—空气滤清器；4—进气管口

机械增压器由发动机带动,要消耗发动机能量,这点与涡轮增压器不同。在不需要该增压器时（例如发动机怠速、汽车高速行驶等工况）,另有旁路使其短路,以节省燃料。

（4）综合效能　双增压中冷发动机工作过程如图3-28所示。TSI发动机与自然进气（Naturally Aspirated,NA）发动机相比,可提高功率40%以上,一台1.5 L TSI发动机比一台2.0 L NA发动机的性能还要好。当然,这种发动机还有相匹配的多气门（Multi Valve,MV）、顶置凸轮轴（Overhead Camshaft,OHC）、可变气门正时（Variable Valve Timing,VVT）等新结构。双增压中冷发动机具有平缓的转矩曲线,在道路阻力增加、汽车速度降低时,不需要频繁地换入低速挡,大大提高了汽车的动力性和燃油经济性。

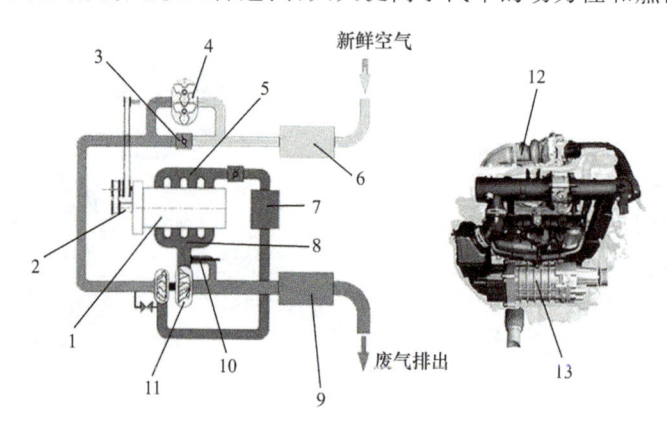

图3-28　双增压中冷发动机工作过程

1—发动机；2—曲轴；3—节流阀；4、13—机械增压器；5—进气歧管；6—空气滤清器；7—中间冷却器；8—排气歧管；9—三元催化转化器；10—废气节流阀；11、12—涡轮增压器

2. 车用发动机可变技术

可变技术(Variable Technology,VT)是近几年出现的一种新技术,是指随着使用工况及要求的变化,或者为了解决矛盾及避免发动机不正常工作现象的出现,使相关系统的结构或参数做相应的变化,从而使发动机在各种工况下,综合性能指标都能大幅度提高。

(1)可变排量(工作气缸数)技术　可变排量(工作气缸数)即在低负荷运行时,关闭部分气缸,停止对其供油,以便使其他工作气缸在较高的负荷下工作,这样可以提高低负荷时的热效率和经济性。大众 TSI EA211 发动机采用了可变排量(工作气缸数)技术,主要是通过电磁阀驱动器和安装在凸轮轴上的螺旋沟槽来实现气门的关闭与开启,如图 3-29 所示。

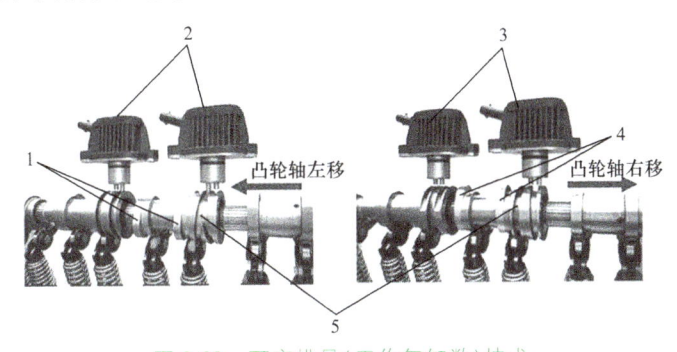

图 3-29　可变排量(工作气缸数)技术
1、4—凸轮;2、3—电磁阀驱动器;5—螺旋沟槽

发动机低负荷运转时,在电磁阀驱动器和螺旋沟槽的作用下,凸轮轴向左偏移,凸轮脱离气门推杆,同时停止喷油,该气缸停止工作;发动机高负荷运转时,在电磁阀驱动器和螺旋沟槽的作用下,凸轮轴向右偏移,凸轮与气门推杆啮合,喷油器喷油,该气缸恢复工作。

(2)可变配气相位　配气相位为进、排气门的开闭时刻及开启的持续时间,如果用曲轴转角来表示,则称之为配气相位图,如图 3-30 所示。传统发动机配气相位在发动机运转过程中是固定不变的,不能同时兼顾各种转速的要求,也就很难达到真正的最佳配气相位。而采用可变配气相位,则可以在发动机的整个工作范围内,提供合适的气门开启、关闭时刻或升程,从而改善发动机进、排气性能,较好地满足高转速和低转速,大负荷和小负荷时的动力性、经济性及排放特性的要求。

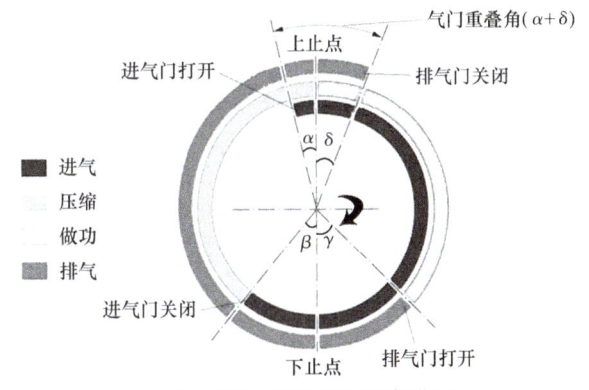

图 3-30　发动机配气相位图
α—进气提前角;β—进气延迟角;γ—排气提前角;δ—排气延迟角

目前有两类可变配气相位机构,一类为可变气门相位,这类方法能提高中、低速转矩,改善低速稳定性,但由于最大气门升程保持不变,所以对燃油经济性改善不大。另一类为在低速和高速时应用不同的凸轮来同时调节气门正时和气门升程,并对高速凸轮和低速凸轮及工况转换点同时进行优化,使发动机在整个转速范围内获得良好的性能。

①丰田 VVT-i 可变气门正时系统　丰田 VVT-i 可变气门正时系统现已广泛应用,主要的原理是在凸轮轴上加装一套液力机构,通过 ECU 的控制,在一定角度范围内对气门开启、关闭的时间进行调节,或提前、或延迟、或保持不变,如图 3-31 所示。凸轮轴正时齿轮的外转子与正时链条(皮带)相连,内转子与凸轮轴相连。外转子可以通过液压油间接带动内转子,从而实现一定范围内的角度提前或延迟。

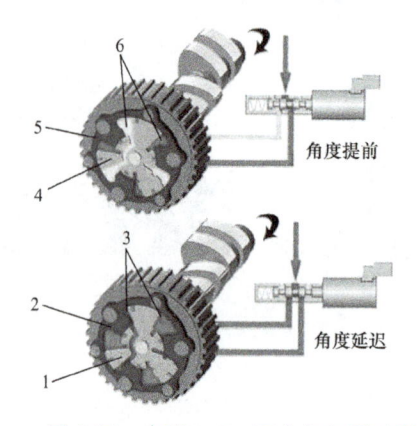

图 3-31　丰田 VVT-i 可变气门正时系统

1、4—内转子;2、5—外转子;3、6—液压油

②本田 i-VTEC 可变气门升程系统　本田 i-VTEC 可变气门升程系统的结构和工作原理并不复杂,可以看作在原来的基础上加了第三根摇臂和第三根凸轮轴。通过三根摇臂的分离与接合,来实现高低角度凸轮轴的切换,从而改变气门的升程,如图 3-32 所示。当发动机处于低负荷时,三根摇臂处于分离状态,低角度凸轮两边的摇臂来控制气门的开闭,气门升程量小;当发动机处于高负荷时,三根摇臂接合为一体,由高角度凸轮驱动中间摇臂,气门升程量大。

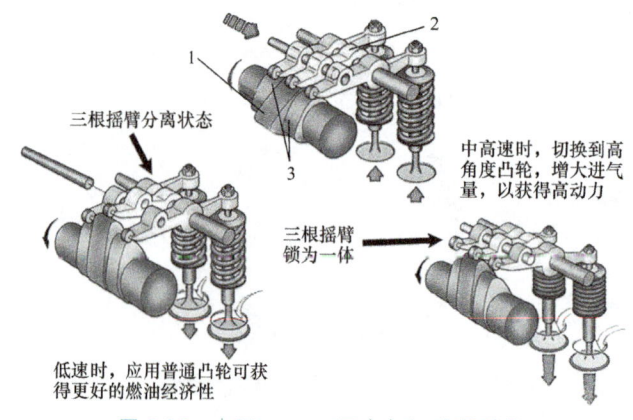

图 3-32　本田 i-VTEC 可变气门升程系统

1—高角度凸轮;2—中间摇臂;3—普通凸轮

(3)可变进气歧管长度 为了提高发动机在不同转速时的进气效率,从而提升发动机在各个转速下的动力性能,在进气歧管内安装控制阀,通过它的打开和关闭,可以将进气歧管分为两段,从而改变它的有效长度,如图 3-33 所示。当发动机低速运转时,黑色控制阀关闭,气流被迫从长进气歧管流入气缸,可以增加进气的气流速度和气压,使汽油和空气更好地混合,燃烧更充分;当发动机转速升高时,黑色控制阀打开,气流绕开下端管道通过短进气歧管直接进入气缸,这时能更快地吸入更多的空气,增大发动机在高转速下的进气量。

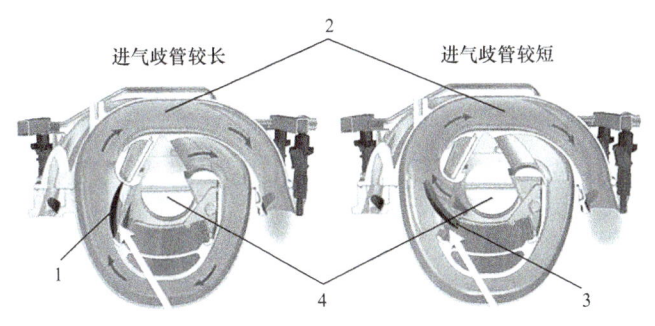

图 3-33 可变进气管长度

1、3—黑色控制阀;2—进气歧管;4—节气门

(4)可变压缩比 可变压缩比的目的在于提高增压发动机的燃油经济性。在增压发动机中,为了防止爆燃,其压缩比低于自然吸气式发动机。在增压压力低时热效率降低,使燃油经济性下降。特别是在涡轮增压发动机中,由于增压度上升缓慢,在低压缩比条件下转矩上升也很缓慢,形成所谓的增压滞后现象。也就是说,发动机在低速运转时,增压作用滞后,要等到发动机加速至一定转速后增压系统才能起作用。可变压缩比就是为了解决这个问题而提出的。在增压压力低的低负荷工况,使压缩比提高到与自然吸气式发动机压缩比相同或更高;在增压压力高的高负荷工况下,适当降低压缩比。换言之,随着负荷的变化连续调节压缩比,以便能够在从低负荷到高负荷的整个工况范围内有效提高热效率。

绅宝(Saab)开发的可变压缩比(Saab Variable Compression,SVC)发动机通过改变压缩比来控制发动机的燃油消耗量。它的核心技术就是在缸体与缸盖之间安装楔形滑块,缸体可以沿滑块的斜面运动,使得燃烧室与活塞顶面的相对位置发生变化,改变燃烧室的容积,从而改变压缩比,如图 3-34 所示。其压缩比可在 8:1 至 14:1 之间变化。在发动机小负荷时,采用高压缩比以节约燃油;在发动机大负荷时,采用低压缩比并辅以机械增压器,以实现大功率和高转矩输出。Saab SVC 发动机是 1.6 L 5 缸发动机,每缸缸径 68 mm,活塞行程 88 mm,最大功率 166 kW,最大转矩 305 N·m,综合油耗比常规发动机降低了 30%,并且满足欧洲Ⅳ号排放标准。

(5)可变涡轮增压技术 为了保证发动机在低速运转时具有较高的增压压力和较高的转矩,同时保证发动机在高速运转时增压压力不致过高,防止发动机热负荷过高和涡轮增压器超速，采用了可变涡轮增压技术，如图 3-35 所示。由图 3-35 可知，涡轮的外侧增加了可由电子系统控制角度的导流叶片，导流叶片的相对位置是固定的，但是叶片角度可以调整。在系统工作时，废气会顺着导流叶片送至涡轮叶片上，通过调整导流叶片的角度，控制流过涡轮叶片的气体的流量和流速，从而控制涡轮的转速。当发动机转速较低时，排气压力较低，导流叶片打开的角度较小。根据流体力学原理，此时导入涡轮处的空气流速就会加快，增大涡轮处的压力，从而可以更容易地推动涡轮转动，进而有效减轻涡轮迟滞的现象，改善发动机低转速时的响应时间和加速能力。随着转速的提升和排气压力的增加，导流叶片也逐渐增大打开的角度，在全负荷状态下，导流叶片则保持全开的状态，减小了排气背压，从而达到一般大涡轮的增压效果。

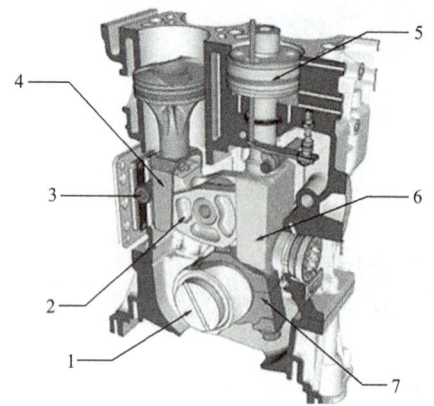

图 3-34　Saab 可变压缩比发动机
1—曲轴；2—齿轮；3—同步轮；4—活塞连杆；
5—控制顶杆；6—控制架；7—连接环；

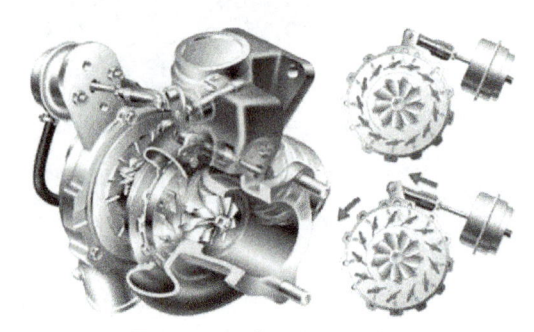

图 3-35　可变涡轮增压技术

3. 汽油发动机缸内直喷和分层燃烧技术

（1）汽油发动机缸内直喷技术　汽油发动机缸内直喷（Gasoline Direct Injection，GDI）技术是直接将燃油喷射在缸内，使之在气缸内直接与空气混合，如图 3-36 所示。ECU 可以根据吸入的空气量精确地控制燃油的喷射量和喷射时间，高压的燃油喷射系统不但可以使油气的雾化和混合效率更佳，而且使符合理论空燃比的混合气体燃烧更充分，从而降低油耗，提高发动机的动力性能。

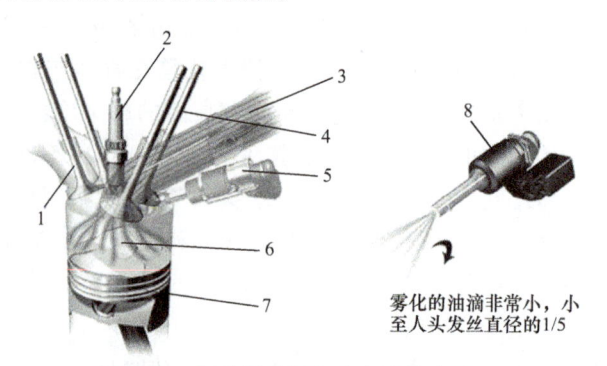

雾化的油滴非常小，小至人头发丝直径的1/5

图 3-36　汽油发动机缸内直喷技术原理
1—排气门；2—火花塞；3—空气；4—进气门；5、8—喷油器；6—燃烧室；7—活塞

汽油发动机缸内直喷系统结构如图 3-37 所示。这套由柴油发动机衍生而来的科技目前已经大量使用在大众(含奥迪)、宝马、梅赛德斯-奔驰、通用等车系上。

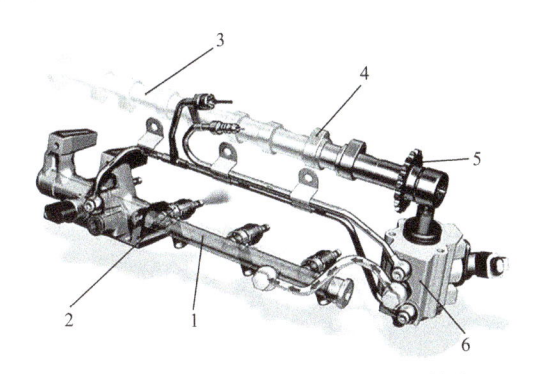

图 3-37 汽油发动机缸内直喷系统结构

1—燃油喷射管道；2—喷油器；3—凸轮轴；4—凸轮；5—凸轮轴链轮；6—高压油泵

（2）汽油发动机分层燃烧技术　分层燃烧技术是指整个燃烧室内混合气的空燃比是不同的，火花塞附近的混合气浓度比其他地方的要高，因此在火花塞周围的混合气可以迅速燃烧，从而带动较远处较稀混合气的燃烧。均质燃烧的目的是在高速行驶、加速时获得大功率；而分层燃烧是为了在低转速、低负荷时节省燃油。

汽油发动机分层燃烧技术如图 3-38 所示。发动机在进气行程活塞移至下止点时，ECU 控制喷油器进行一次少量的喷油，使气缸内形成稀薄混合气。在活塞压缩行程末端时再进行第二次喷油，这样在火花塞附近形成混合气相对浓度较高的区域（利用活塞顶的特殊结构），然后利用这部分较浓的混合气引燃气缸内的稀薄混合气，从而使气缸内的稀薄混合气燃烧。这样可以用更少的燃油达到同样的燃烧效果，进一步降低发动机的油耗。

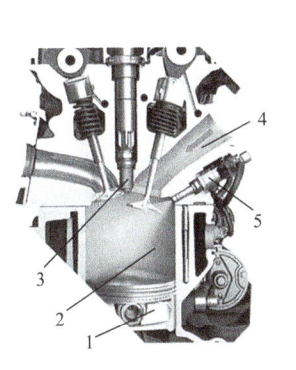

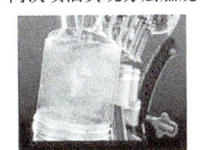

图 3-38 汽油发动机分层燃烧技术

1—活塞；2—气缸；3—火花塞；4—进气管；5—喷油器

3.6 汽车底盘结构与底盘新技术

3.6.1 底盘基本结构

汽车底盘是整个汽车的基体,支承着发动机、车身等各种零部件,同时将发动机的动力进行传递和分配,并按驾驶员的意图行驶(加速、减速、转向、制动等)。它一般由传动系统、行驶系统、转向系统和制动系统组成。

1. 传动系统

传动系统的作用是将发动机的输出动力传递给驱动轮。传动系统一般由离合器、变速器、万向传动装置、驱动桥(含主减速器、差速器及半轴等)等组成,如图3-39所示。

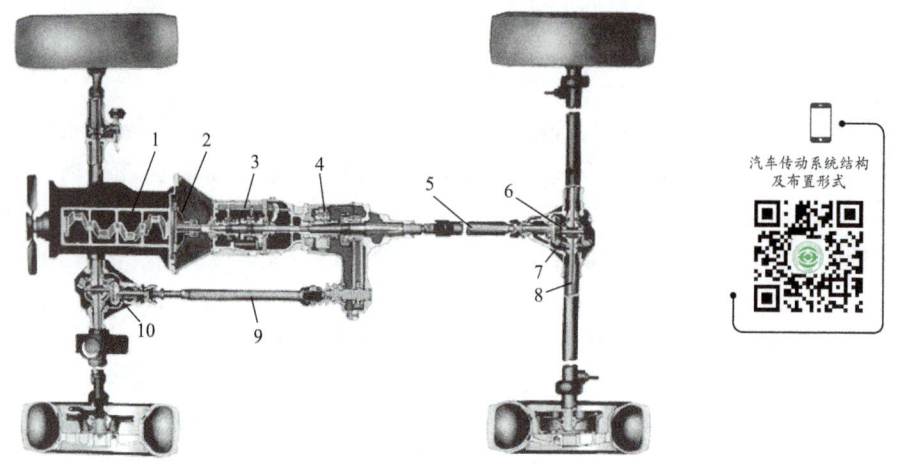

图3-39 传动系统基本结构

1—发动机;2—离合器;3—变速器;4—分动器;5、9—传动轴;6—主减速器;7—差速器;8—半轴;10—驱动桥

(1)离合器 离合器安装在发动机与变速器之间,用来使发动机的动力与变速器平稳地接合或暂时地分离,以便使汽车平稳起步或停车,并按照驾驶员的意图中断传给传动系统的动力,配合换挡,防止传动系统过载。现代汽车广泛采用的是摩擦离合器,如图3-40所示。

离合器工作原理如图3-41所示。在没踩下离合器踏板前,从动盘是紧压在飞轮端面上的,发动机的动力可以传递到变速器。当踩下离合器踏板后,通过操作机构将力传递到分离叉和分离轴承,分离轴承前移将膜片弹簧往飞轮端压紧,膜片弹簧以支承圈为支点向相反的方向移动,压盘离开从动盘,这时发动机动力传输中断;当松开离合器踏板后,膜片弹簧重新回位,离合器重新接合,发动机动力继续传递。

(2)变速器 变速器的作用是改变传动比,获得不同行驶条件下的最佳驱动力,使发动机工作在合适的工况下,满足驾驶员期望的行驶速度要求;通过倒车挡实现倒车行驶,满足汽车倒退行驶的需要;在发动机启动、怠速运转、汽车换挡或需要停车时,中断向驱动轮的动力传递。汽车变速器按照操控方式可分为手动变速器和自动变速器。常见的自动变速器主要有三种,分别是液力自动变速器、机械无级自动变速器和双离合器变速器。

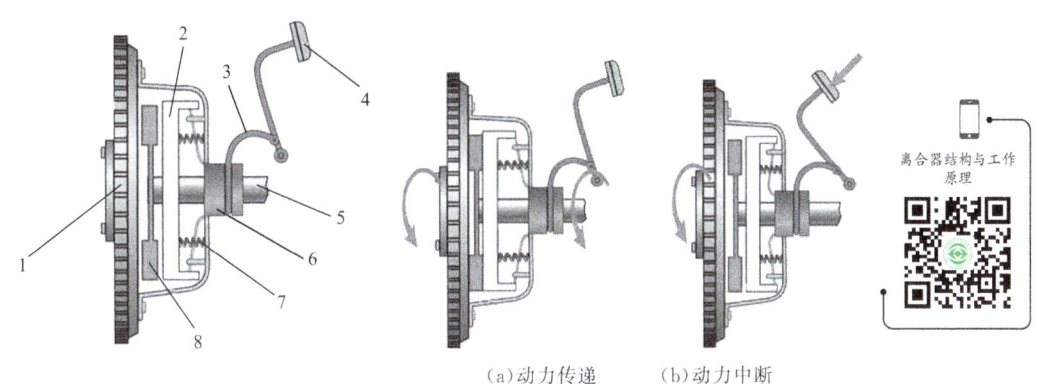

图 3-40　摩擦离合器结构　　　　图 3-41　离合器工作原理

1—飞轮；2—压盘；3—分离叉；4—离合器踏板；
5—变速器输入轴；6—分离轴承；7—膜片弹簧；8—从动盘

①手动变速器。手动变速器（Manual Transmission，MT）靠驾驶员直接操纵变速杆进行换挡，换挡机构简单，工作可靠，但操作复杂。为了保证变速器都能挂挡准确、可靠，防止变速器自行挂挡、挂挡后自行脱挡、同时挂入两个挡或误挂入倒挡，在变速器操纵机构中设置了自锁装置、互锁装置和倒挡锁装置。手动变速器工作原理如图 3-42 所示。

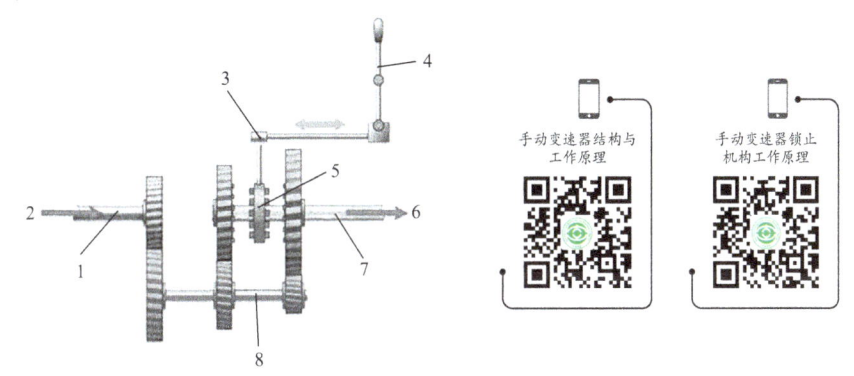

图 3-42　手动变速器工作原理

1—动力输入轴；2—发动机；3—换挡拨叉；4—变速杆；5—同步器；6—差速器；7—动力输出轴；8—中间轴

②自动变速器。现代汽车自动变速器（Automatic Transmission，AT）一般都是液力变矩器式自动变速器，简称液力自动变速器，其结构如图 3-43 所示。

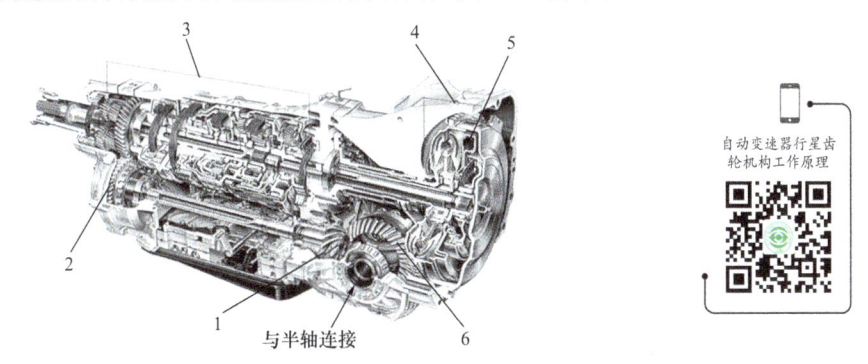

图 3-43　液力自动变速器结构

1—动力输出主动齿轮；2—中间传动从动齿轮；3—变速机构；4—液力变矩器；5—锁止离合器；6—动力输出从动齿轮

液力变矩器一般由泵轮、定叶轮、涡轮及锁止离合器等组成,如图3-44所示。锁止离合器的作用是当车速超过一定值时,将发动机与变速机构直接连接,这样可以减少燃油消耗。液力变矩器的作用是将发动机的动力输出传递到变速机构。其内部充满了传动油,当与动力输入轴相连接的泵轮转动时,它会通过传动油带动与输出轴相连的涡轮一起转动,从而将发动机动力传递出去,如图3-45所示。

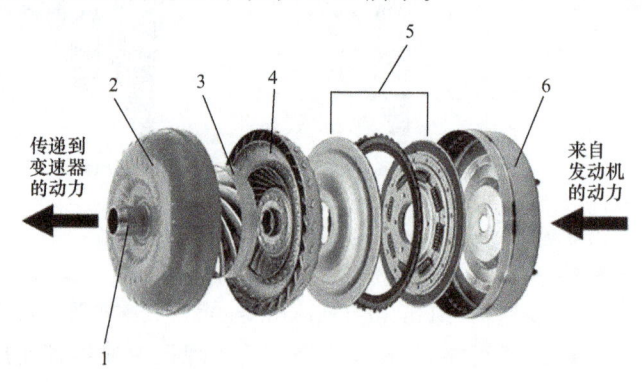

图3-44 液力变矩器结构

1—驱动接口;2—泵轮;3—定叶轮;4—涡轮;5—锁止离合器;6—壳体

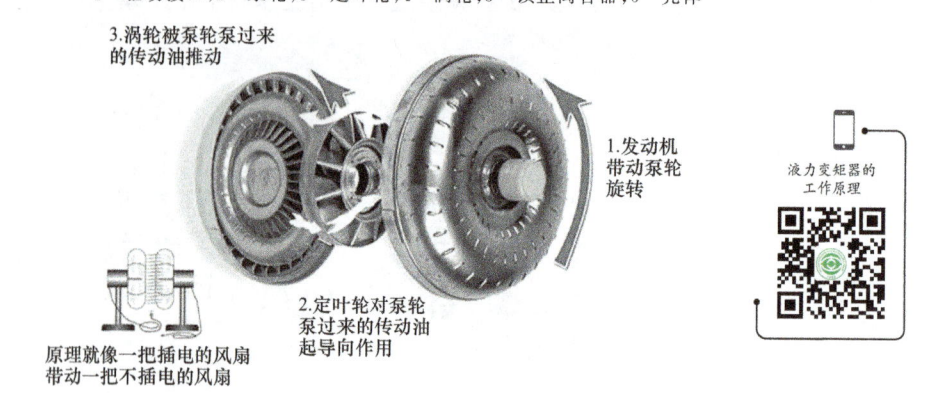

图3-45 液力变矩器工作原理

自动变速器的每个挡位都由一组离合片控制,从而实现变速功能。现在的自动变速器采用电磁阀对离合片进行控制,使得系统更简单,可靠性更好。自动变速器采用行星齿轮组实现转矩的转换。

③机械无级自动变速器 机械无级自动变速器(Continuously Variable Transmission,CVT)的主要部件是两个滑轮和一条金属带,金属带套在两个滑轮上,如图3-46所示。滑轮由两片轮盘组成,这两片轮盘中间的凹槽形成一个V形,其中一边的轮盘由液压控制机构控制,可以视不同的发动机转速,进行分开与拉近的动作,V形凹槽也随之变宽或变窄,将金属带升高或降低,从而改变金属带与滑轮接触的直径,相当于齿轮变速中切换不同直径的齿轮。两个滑轮呈反向调节,即其中一个带轮凹槽逐渐变宽时,另一个带轮凹槽就会逐渐变窄,从而迅速加大传动比的变化。

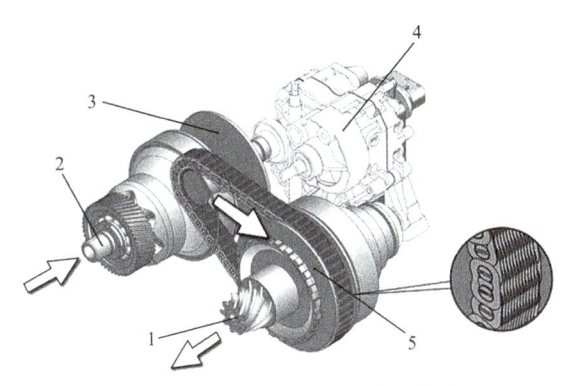

图 3-46 机械无级自动变速器结构

1—动力输出轴；2—动力输入轴；3—主动滑轮；4—滑轮控制模块；5—从动滑轮

当汽车慢速行驶时，可以令主动滑轮的凹槽宽度大于被动滑轮的凹槽宽度，主动滑轮的金属带圆周半径小于被动滑轮的金属带圆周半径，即小圆带大圆，因此能传递较大的转矩；当汽车行驶速度逐渐升高时，主动滑轮一边的轮盘向内靠拢，凹槽宽度变小，迫使金属带升起，直至达到最顶端，而被动滑轮一边的轮盘刚好相反，其向外移动拉大凹槽宽度，迫使金属带降下，即主动滑轮金属带的圆周半径大于被动滑轮金属带的圆周半径，变成大圆带小圆，因此能保证汽车高速行驶时的速度要求，如图 3-47 所示。

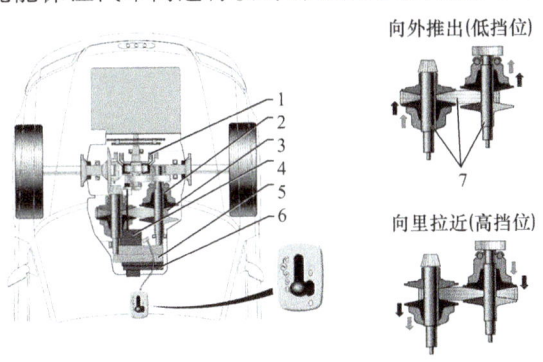

图 3-47 机械无级自动变速器的工作原理

1—启动离合器；2—滑轮机构；3—金属带；4—液压油泵；
5—液压控制；6—电子控制；7—使用链板、链条的变速器

④双离合器变速器。双离合器变速器（Direct Shift Gearbox，DSG）结构如图 3-48 所示。双离合器变速器能够消除换挡时动力传递的中断现象，缩短换挡时间，同时使换挡更加平顺。图 3-49 所示为大众 6 速 DSG 双离合器变速器的工作原理。两个离合器与变速器装配在同一机构内，其中，离合器 1 负责挂 1、3、5 挡和倒挡；另一个离合器 2 负责挂 2、4、6 挡。当驾驶员挂上 1 挡起步时，换挡拨叉同时挂上 1 挡和 2 挡，离合器 1 接合，离合器 2 分离，动力通过 1 挡的齿轮输出动力，2 挡齿轮空转。当驾驶员换到 2 挡时，换挡拨叉同时挂上 2 挡和 3 挡，离合器 1 分离的同时离合器 2 接合，动力通过 2 挡齿轮输出，3 挡齿轮空转。其余各挡位的切换方式均与此类似。双离合器变速器解决了换挡过程中动力传输中断的问题。

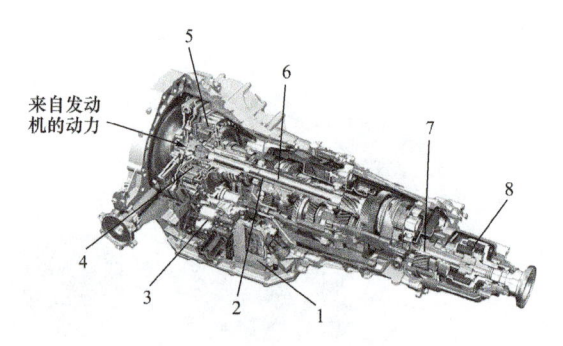

图 3-48 双离合器变速器结构

1—变速器 ECU；2—输入轴 2；3—换挡电磁阀；4—离合器 2；5—离合器 1；6—输入轴 1；7—变速器输出轴；8—差速器

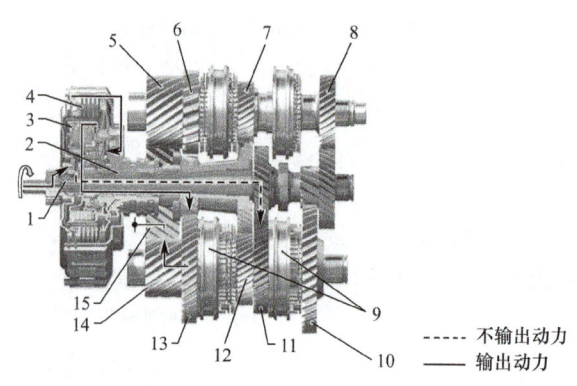

图 3-49 双离合器变速器工作原理

1—输入轴 1；2—输入轴 2；3—离合器 2（接合）；4—离合器 1（分离）；
5—动力输出（奇数挡）齿轮；6—倒挡齿轮；7—6 挡齿轮；8—5 挡齿轮；9—齿轮同步器；10—1 挡齿轮；
11—3 挡（预选挡）齿轮；12—4 挡齿轮；13—2 挡（工作中）齿轮；14—动力输出（偶数挡）齿轮；15—差速器

（3）万向传动装置　万向传动装置的作用是在轴线相交且相对位置经常变化的两个轴之间传递转矩，它一般由万向节、传动轴和中间支承等组成。汽车行驶时，车轮跳动会使驱动桥与变速器的相对位置（距离、夹角）不断变化，导致变速器的输出轴与驱动桥的输入轴不能刚性连接，必须通过万向传动装置来连接。万向传动装置的安装位置如图 3-50 所示。如果前轮既是转向轮又是驱动轮，作为转向轮，要求在转向时能够在规定范围内偏转一定角度，而作为驱动轮，要求在车轮偏转时半轴能够将动力从主减速器传到车轮，所以半轴不能制成整体的，必须制成分段的，各段之间就需用等角速万向节相连。

图 3-50 万向传动装置的安装位置

1—万向节；2—差速器；3—传动轴

(4) 驱动桥 驱动桥由主减速器、差速器、半轴等组成。

① 主减速器。主减速器是传动系统中减小转速、增大转矩的主要部件。汽车正常行驶时，发动机的转速约为 3 000 r/min，这么高的转速如果只靠变速器来降低，变速器内齿轮副的传动比将很大，而齿轮副的传动比越大，两齿轮的半径比也就越大，造成变速器的尺寸很大。另外，降低转速，转矩必然增加，将加大变速器和其后传动机构的传动负荷。因此，在动力向左、右驱动轮分流的差速器之前设置一个主减速器，可使主减速器前面的传动部件如变速器、万向传动装置等传递的转矩减小。主减速器大多由一对强度较大的准双曲面齿轮组成，其正确的安装与调整，可减小齿轮啮合冲击噪声，延长使用寿命。

② 差速器。汽车转弯行驶时，内、外两侧车轮在同一时间内要移动不同的距离，外侧车轮移动的距离比内侧车轮大。差速器的作用就是将主减速器传来的动力传给左、右两半轴，并在转弯行驶时允许左、右半轴以不同转速旋转（差速）。如图 3-51 所示，如果不采用差速器，驱动轮用一根整轴刚性连接，则两轮只能以相同的角速度转动。当汽车转向行驶时，由于外侧车轮要比内侧车轮辗过的距离大，将使外侧车轮在滚动的同时产生滑拖，而内侧车轮在滚动的同时产生滑转。车轮滑动不仅加剧轮胎磨损，增加燃油消耗，还会使汽车转向困难，制动性变差。

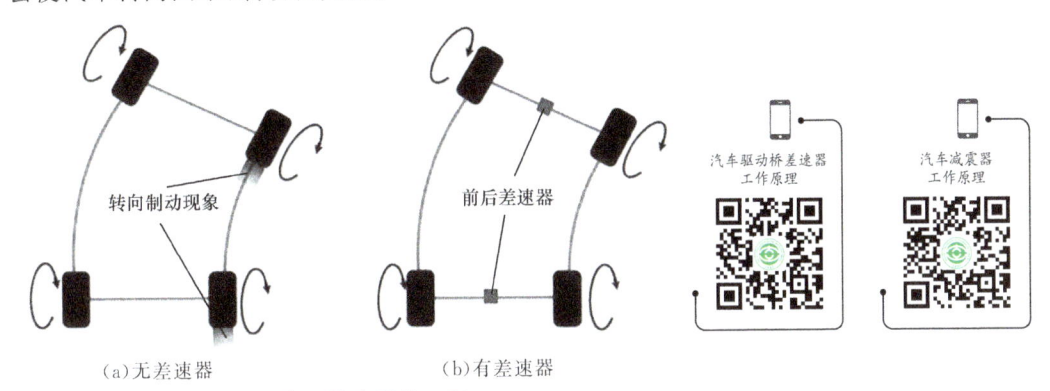

图 3-51 有无差速器的区别

如图 3-52 所示，当车辆直线行驶时，左右两个车轮受到的阻力一样，行星齿轮不自转，把动力传递到两个半轴上，这时左右车轮转速一样（相当于刚性连接）；当车辆转弯时，左右车轮受到的阻力不一样，行星齿轮绕着半轴转动的同时自转，从而吸收阻力差，使车轮能够以不同的速度旋转，保证汽车顺利转弯。

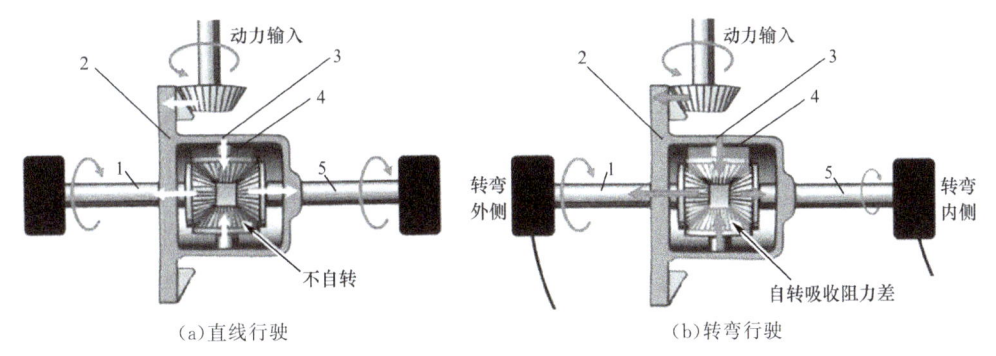

图 3-52 差速器的工作原理

1、5—半轴；2—环形齿轮；3—差速器外壳；4—行星齿轮

③半轴。半轴是轮间差速器与驱动轮之间传递转矩的实心轴,其内端与差速器连接,外端与车轮轮毂连接。现代汽车常用的半轴,根据其支承形式不同分为全浮式和半浮式两种。全浮式半轴只传递转矩,不承受任何反力和弯矩,因而广泛应用于各类汽车上;半浮式半轴既传递转矩,又承受全部反力和弯矩,它的支承结构简单、成本低,因而广泛应用于反力和弯矩较小的各类轿车上。

2. 行驶系统

行驶系统的作用是接受由发动机经传动系统传来的转矩,并通过驱动轮与路面间的附着作用,产生路面对驱动轮的驱动力,以保证汽车正常行驶;传递并承受路面作用于车轮上的各向反力及其所形成的力矩;尽可能缓和不平路面对车身造成的冲击,并衰减其振动,以保证汽车行驶平顺性;与汽车转向系统协调地配合工作,实现汽车行驶方向的正确控制,以保证汽车操纵稳定性。

行驶系统一般由车架、车桥、悬架和车轮组成,如图 3-53 所示。

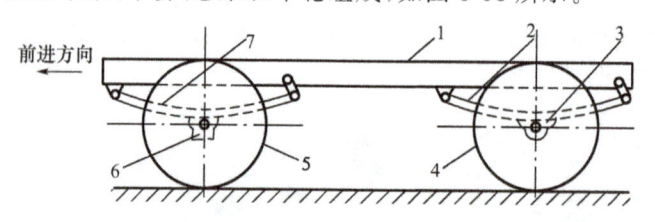

图 3-53 行驶系统基本结构(后轮驱动)
1—车架;2—后悬架;3—驱动桥;4—后轮;5—前轮;6—从动桥;7—前悬架

(1)车架 车架是整个汽车的装配基体,其作用主要是支承连接汽车的各零部件,承受来自车内和车外的各种载荷。汽车绝大多数部件(总成)都是固定安装在车架上或通过车架连接来实现安装的。另外,车架设计还要考虑其抗冲撞性能。通过撞击力分散设计及车架的折曲变形设计,可以将撞击力分散到车架的各个部位,那些在撞击时受力最大的地方都增加了加固件,发生的折曲变形可以确保车厢结构损坏有限,这对于车内乘员的脱险和抢救,减轻车内乘员承受的冲击力,避免车体或发动机凸入车厢内都至关重要。轿车和客车的车架与车身常制成一个整体结构,称作承载式车身。

(2)车桥 车桥通过悬架与车架(或承载式车身)相连,两端安装着汽车车轮,也是安装主减速器、差速器、半轴和轮毂的基础部件。其功能是固定两端车轮的轴向相对位置,承受汽车质量,传递车架(承载式车身)与车轮之间各方向的作用力及其力矩。车桥分为整体式和断开式两种。整体式车桥中部是刚性的实心或空心梁,两端通过悬架支承着车架,因此常与非独立悬架配用;断开式车桥采用活动关节式结构,中间部分固定在车架上,两端则像两把雨伞插在车架两侧,所以断开式车桥与独立悬架配用。根据车桥上车轮的作用,车桥可分成转向桥、驱动桥、转向驱动桥和支持桥四种。其中,转向桥和支持桥都属于从动桥。大多数汽车以前桥为转向桥,后桥为驱动桥;轿车的前桥一般为转向驱动桥,后桥为支持桥。

(3)悬架 悬架是车架(或车身)与车桥(或车轮)之间的一切传力连接装置的总称。其作用是把路面作用于车轮上的垂直反力、纵向反力(驱动力和制动力)和侧向反力,以及这些反力所产生的转矩传递到车架(或车身)上,减少汽车振动,以保证汽车的正常行驶。如图 3-54 所示，汽车悬架一般由弹性元件（起缓冲作用）、减振器（起减振作用）和导向机构（起传力和稳定作用）三部分组成，弹性元件有钢板弹簧、空气弹簧、螺旋弹簧以及扭杆弹簧等形式，而现代轿车悬架系统多采用螺旋弹簧和扭杆弹簧，个别高级轿车则使用空气弹簧。

悬架有非独立悬架（图 3-55）和独立悬架（图 3-56）之分。在非独立悬架中，两侧车轮安装于一根整体式车桥上，车桥通过悬架与车架相连，这种悬架结构简单，传力可靠，但两侧车轮受冲击振动时会互相影响；在独立悬架中，每个车轮单独通过一套悬架安装于车身或者车桥上，车桥采用断开式，中间一段固定于车架或者车身上，此种悬架两侧车轮受冲击时互不影响，提高了汽车的平稳性和舒适性。

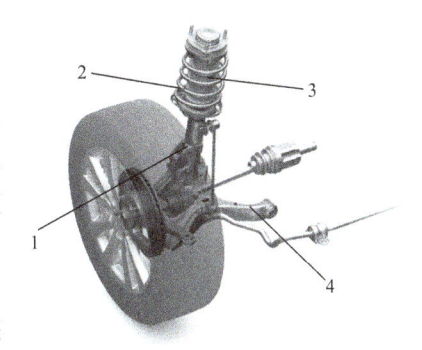

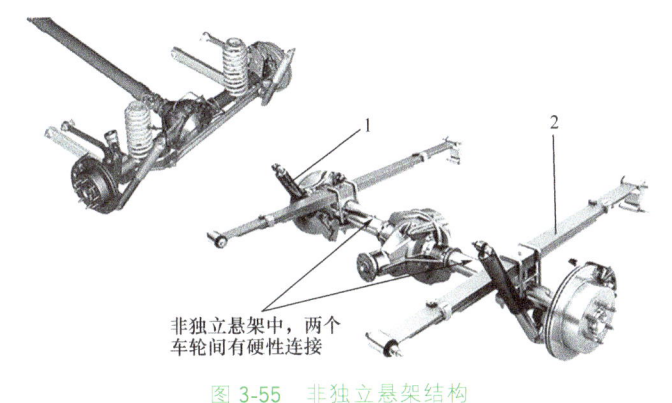

图 3-54 汽车悬架结构
1—摆动轴承；2—螺旋弹簧；
3—减振器；4—下摆臂

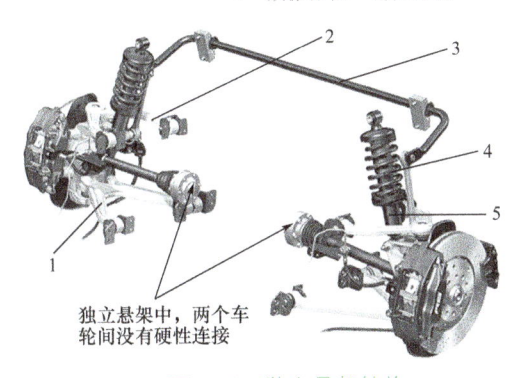

图 3-55 非独立悬架结构
1—减振器；2—钢板弹簧

图 3-56 独立悬架结构
1—下摆臂；2—上摆臂；3—稳定杆；4—螺旋弹簧；5—减振器

（4）车轮　车轮与轮胎组成车轮总成，习惯上简称为车轮，通常由轮胎、轮辋和轮辐组成（图3-57）。车轮包括驱动轮和转向轮，其作用是支承汽车的质量、传递汽车与路面之间的力和力矩，吸收不平路面引起的振动，并确定汽车的行驶方向。为了确保汽车直线行驶的稳定性和操纵轻便性,减少轮胎的磨损,转向轮及其主销(或转向轴线)的空间位置包含着车轮定位(或前轮定位)的四大要素,即主销后倾、主销内倾、前轮外倾及前轮前束四个定位参数。前轮一般均为转向轮,因此车轮定位又称为前轮定位。

3. 转向系统

转向系统的作用是保证汽车能够按驾驶员的意图改变或恢复行驶方向。尽管现代汽车转向系统的结构形式多种多样,但都由转向操纵机构(转向盘、转向轴、转向管柱等)、转向器(将转向操纵机构的旋转运动转变为转向传动机构的直线运动)和转向传动机构(转向摇臂、转向直拉杆、转向节臂、转向梯形臂和转向横拉杆等)三大部分组成。

图 3-57 车轮结构
1—轮辐;2—轮辋;3—轮胎

转向系统按转向能源的不同,分为机械转向系统和动力转向系统两大类。机械转向系统以驾驶员的体力作为转向能源,传力件都是机械的。动力转向系统利用转向助力装置进行动力放大,以减小驾驶员转向操纵力。现代汽车广泛采用动力转向系统。根据助力动力的来源不同,动力转向系统可分为液压助力转向系统和电动助力转向系统两类。其中,液压助力转向系统又分为机械式液压助力转向系统和电子式液压助力转向系统两种。

机械式液压助力转向系统结构如图 3-58 所示,它主要包括齿轮齿条转向机构和液压系统(液压助力泵、液压缸、活塞等)两部分。工作原理是通过液压助力泵(由发动机皮带带动)提供油压推动活塞,进而产生辅助力推动转向横拉杆,辅助车轮转向。

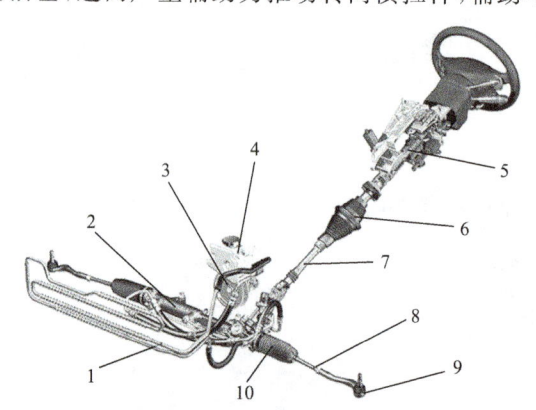

图 3-58 机械式液压助力转向系统结构
1—回油管;2—动力缸;3—液压助力泵;4—储油罐;5—转向管柱;6、10—护罩;7—转向轴;8—转向横拉杆;9—球头

电子式液压助力转向系统结构如图 3-59 所示。其结构原理与机械式液压助力转向系统大体相同,最大的区别在于提供液压的助力泵的驱动方式不同。机械式液压助力转向系统的液压助力泵是直接通过发动机皮带驱动的,而电子式液压助力转向系统采用的是电力驱动的电子助力泵。它不用消耗发动机本身的动力,并且由电子系统控制,不需要转向时,电子助力泵关闭,以进一步减少能源消耗。电子式液压助力转向系统的电子控制单元,利用对车速传感器、转向角度传感器等传感器的信息处理,改变电子助力泵的

流量,进而改变转向助力的力度大小。

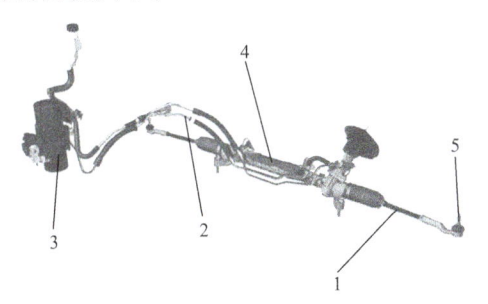

图 3-59 电子式液压助力转向系统结构
1—转向横拉杆;2—助力油管;3—电子助力泵;4—转向器;5—球头

电动助力转向系统结构如图 3-60 所示,它主要由传感器、控制单元和助力电动机构成,取消了液压助力转向系统的液压助力泵、液压管路、转向管柱阀体等结构。在转向盘转动时,位于转向管柱位置的转矩传感器将转动信号传到控制器,控制器通过运算修正给电动机提供适当的电压,驱动电动机转动。电动机输出的转矩经减速机构放大后推动转向管柱或转向横拉杆,从而提供转向助力。电动助力转向系统可以根据速度改变助力的大小,能够让转向盘在低速时更轻盈,在高速时更稳定。

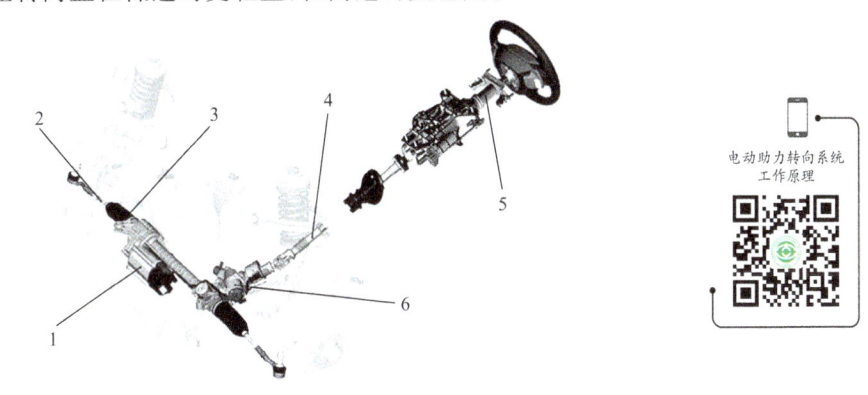

图 3-60 电动助力转向系统结构
1—助力电动机;2—转向横拉杆;3—护罩;4—转向轴;5—转向管柱;6—转向器

4.制动系统

制动系统的作用是让汽车按照驾驶员的意图减速或在最短的距离内停车,以保证行车安全,并保证驾驶员离开后汽车能可靠地在原地(包括在坡道上)停驻,所以每辆汽车一般都装备有行车制动系统和驻车制动系统两套独立的制动系统。经常在山区行驶的汽车一般还装备有辅助制动系统,用以在下坡时稳定车速。汽车制动系统主要由供能装置、控制装置、传动装置和制动器等部分组成,如图 3-61 所示。常见的制动器主要有鼓式制动器和盘式制动器两种。

鼓式制动器结构如图 3-62 所示,主要包括制动轮缸、制动蹄、制动鼓、摩擦片、回位弹簧等部分。它主要是通过液压装置使摩擦片与随车轮转动的制动鼓内侧面发生摩擦,从而起到制动的效果。鼓式制动器的工作原理如图 3-63 所示,在踩下制动踏板时,推动制动总泵的活塞运动,进而在油路中产生压力,制动液将压力传递到车轮的制动分泵,使其推动活塞,活塞推动制动蹄向外运动,进而使得摩擦片与制动鼓发生摩擦,从而产生制动力。从鼓式制动器结构中可以看出,鼓式制动器工作在一个相对封闭的环境,制动过程中产生的热量不易散出,频繁制动影响制动效果。不过鼓式制动器可提供很高的制动力,被广泛应用于重型车上。

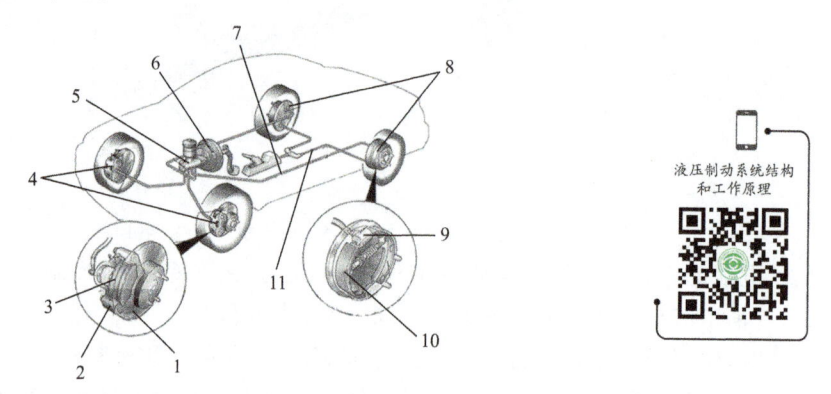

图 3-61　制动系统基本结构

1—制动盘;2、9—制动分泵;3—制动片;4—盘式制动器;5—制动总泵;6—真空助力器;
7—制动油管;8—鼓式制动器;10—摩擦片;11—手制动线

图 3-62　鼓式制动器结构

1—摩擦片;2—制动轮缸;3—制动鼓;4—制动蹄;5—回位弹簧

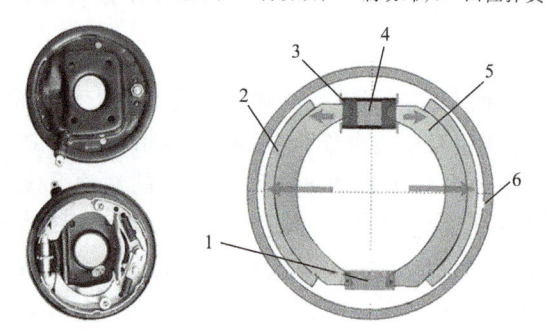

图 3-63　鼓式制动器的工作原理

1—顶杆;2—摩擦片;3—活塞;4—制动轮缸;5—制动蹄;6—制动鼓

盘式制动器也称作碟式制动器,其结构如图 3-64 所示,主要由制动盘、制动钳、摩擦片、制动分泵、制动油管等部分构成。盘式制动器的工作原理如图 3-65 所示,它通过液压系统把压力施加到制动钳上,使摩擦片与随车轮转动的制动盘发生摩擦,从而达到制动的目的。与封闭式的鼓式制动器不同,盘式制动器是敞开式的,制动过程中产生的热量可以很快散去,拥有很好的制动效能,现在已广泛应用于轿车上。

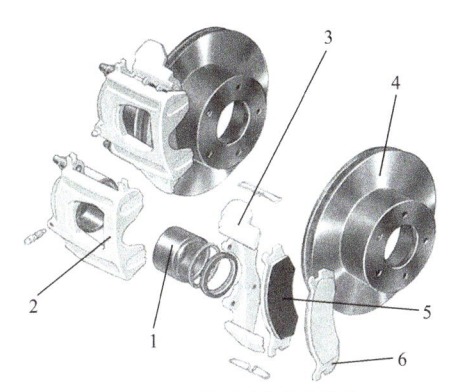

图 3-64 盘式制动器结构

1—制动钳活塞;2—制动钳;3—制动钳安装支架;4—制动盘;5—摩擦片;6—制动衬块

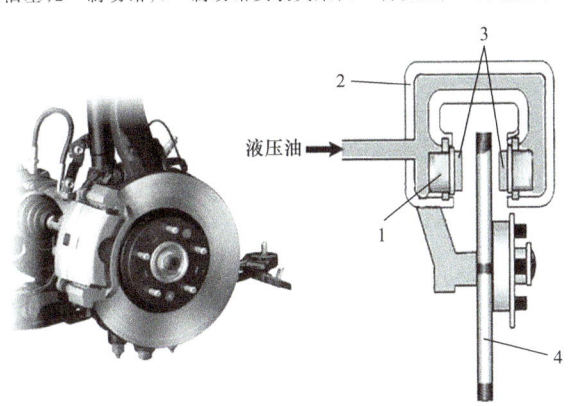

图 3-65 盘式制动器的工作原理

1—活塞;2—制动钳;3—摩擦片;4—制动盘

3.6.2 底盘新技术

1. 四轮驱动汽车

四轮驱动,顾名思义就是采用四个车轮作为驱动轮,简称四驱(4 Wheels Drive,4WD),其结构如图 3-66 所示。四轮驱动汽车有两大优势,一是提高通过性,二是提高主动安全性。由于四轮驱动汽车的四个车轮都可以驱动汽车,如果在一些复杂路段出现前轮或后轮打滑时,另外两个车轮还可以继续驱动汽车行驶,不至于无法动弹。特别是在冰雪或湿滑路面行驶时,更不容易出现打滑现象,比一般的两轮驱动汽车更稳定。

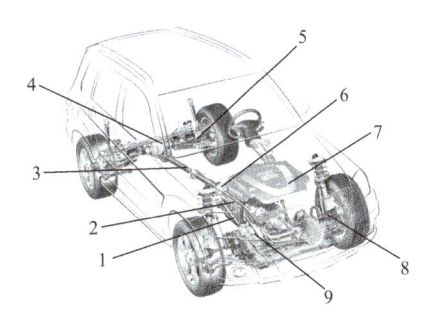

图 3-66 四轮驱动汽车结构

1—前传动轴;2—变速器;3—后传动轴;
4—后差速器;5—后半轴;6—分动器;
7—发动机;8—前半轴;9—前差速器

(1)分时四驱汽车　分时四驱汽车结构如图3-67所示,可以简单理解为根据不同路况,驾驶员可以手动切换两驱或四驱模式。如在湿滑草地、泥泞、沙漠等复杂路况行驶时,可切换至四驱模式,提高车辆通过性;如在公路上行驶,可切换至两驱模式,避免车辆转向时发生干涉现象,降低油耗。

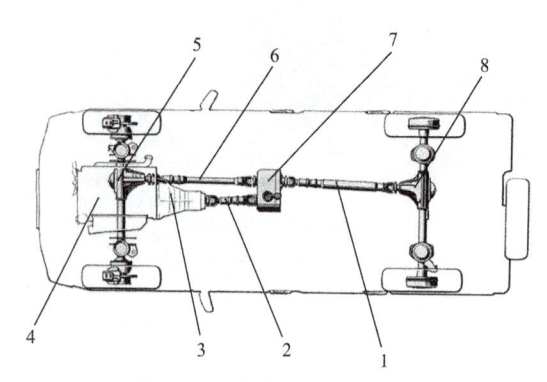

图3-67　分时四驱汽车结构

1—后传动轴;2—传动轴;3—变速器;4—发动机;5—前差速器;
6—前传动轴;7—可切换式分动器;8—后差速器

(2)适时四驱汽车　所谓适时四驱,就是根据车辆的行驶路况,系统自动切换为两驱或四驱模式,这是不需要人为控制的。驾驶适时四驱汽车其实跟驾驶两驱汽车没有太大的区别,操控简便,而且油耗相对较低,广泛应用于一些城市SUV或轿车上。适时四驱汽车结构如图3-68所示,在其传动系统中,只需从前驱动桥引一根传动轴,并通过一个多片耦合器连接到后桥。当主驱动轮失去附着力(打滑)后,另外的驱动轮才会被动介入,所以它的响应速度较慢。相对来说,适时四驱汽车的主动安全性不如全时四驱汽车高。

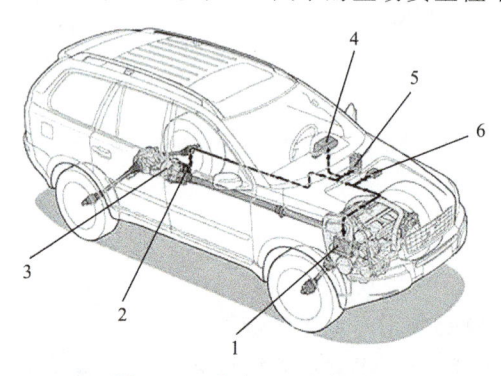

图3-68　适时四驱汽车结构

1—发动机控制模块;2—差速器电子模块;3—电子控制耦合差速器;
4—驾驶信息模块;5—中央电子处理模块;6—制动控制模块

(3)全时四驱汽车　所谓全时四驱,就是指汽车的四个车轮一直都能提供驱动力。因为是全时四驱,没有了两驱和四驱之间切换的响应时间,主动安全性更好。不过相对于适时四驱来说,全时四驱油耗较高。全时四驱汽车结构如图3-69所示,在其传动系统中设置了一个中央差速器,发动机动力先传递到中央差速器,之后再将其分配到前、后驱动桥。

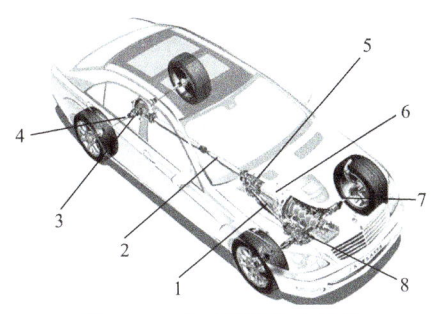

图 3-69 全时四驱汽车结构

1—前传动轴；2—后传动轴；3—后差速器；4—后半轴；
5—分动器(含中央差速器)；6—变速器；7—前半轴；8—前差速器

2. 新型转向系统

(1) 随速助力转向系统 随速助力转向(Electronic Power Steering, EPS)系统是指转向助力的大小可随着车速的变化而改变的助力转向系统,其结构如图 3-70 所示,电子控制单元能够通过对车速传感器、转向角度传感器等传感器信息的处理,实时改变电动泵的流量,进而改变转向助力力度的大小。当汽车低速行驶时,它可以提供大的助力,保证转向盘转动轻盈和灵活;当车速较高时,它提供的助力相对较小,以增强行车的安全性和稳定性。

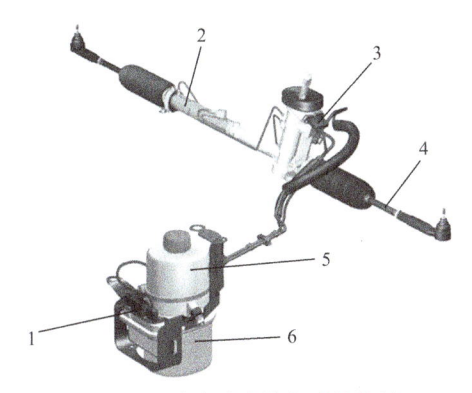

图 3-70 随速助力转向系统结构

1—助力转向控制单元；2—转向传动装置；3—助力转向传感器；
4—转向横拉杆；5—储油罐；6—电动泵

(2) 主动转向系统 主动转向系统(Active Steering System, ASS)也称为可变转向比(转向盘转动的角度与对应的车轮转动角度的比值)转向系统,其结构如图 3-71 所示。在主动转向系统中,在转向盘和转向轮之间安装了一个电子控制的机械机构,车轮整体转向的角度不再仅仅是驾驶员输入的转向盘角度,而是在此基础上叠加上蜗轮蜗杆调节机构附加的角度。主动转向系统的工作原理如图 3-72 所示,高速时,通过伺服电动机的作用使蜗轮蜗杆调节机构与驾驶员转动转向盘的方向相反,车轮转动角度比转向盘转动角度小,提高转向稳定性;低速时,通过伺服电动机的作用使蜗轮蜗杆调节机构与驾驶员转动转向盘的方向相同,车轮转动角度比转向盘转动角度大,以提高转向的灵活性。

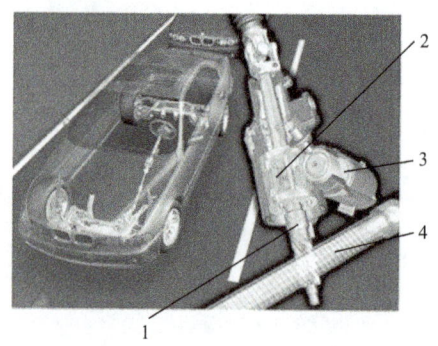

图 3-71 主动转向系统结构

1—转向齿轮；2—蜗轮蜗杆调节机构；3—伺服电动机；4—转动齿条

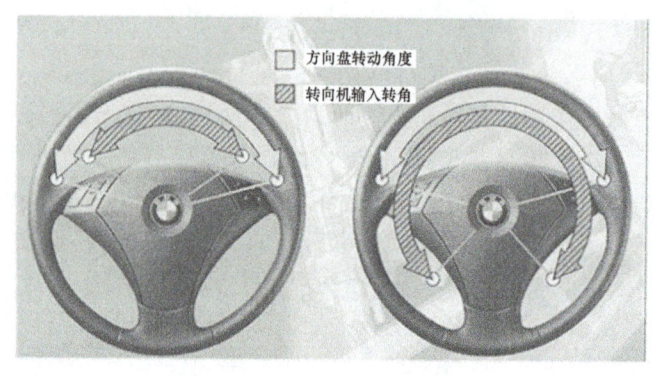

(a)高速时　　　(b)低速时

图 3-72 主动转向系统的工作原理

（3）四轮转向系统　四轮转向(Four Wheel Steering,4WS)系统是指后轮也和前轮相似,具有一定的转向功能,不仅可以与前轮同方向转向,也可以与前轮反方向转向,其结构如图 3-73 所示。四轮转向系统的主要作用是提高汽车在高速行驶或在侧向风力作用时的操作稳定性；能在整个车速范围内提高车辆对转向输入的响应速度；改善低速时的操纵轻便性,并能减小汽车转弯半径,改善机动性。4WS 汽车在低速转弯时,前后车轮逆相位转向,可减小车辆的转弯半径；在高速转弯时,前后车轮同相位转向,能减少车辆的质心侧偏角,降低车辆横摆率的稳态超调量,进一步提高车辆的操纵稳定性。

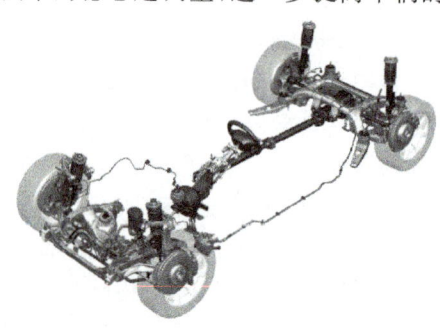

图 3-73 四轮转向系统结构

3.7 汽车车身

汽车车身是供驾驶员操作以及容纳乘客和货物的场所。其主要作用是为乘员提供安全、舒适的乘坐环境，隔绝振动和噪声，不受外界恶劣气候的影响。同时车身也是一件精致的艺术品，给人以美感享受，反映时代风貌、民族传统及独特的企业形象。车身外形应具有良好的空气动力学特性，以便汽车行驶时车身能够最佳地引导周围的气流，这不但有助于减小空气阻力，从而减少燃油消耗，还有助于提高汽车的行驶稳定性，改善发动机的冷却条件，确保车身内良好的通风。汽车车身按照车身壳体承载情况可分为非承载式车身和承载式车身。

3.7.1 非承载式车身

非承载式车身结构如图 3-74 所示。非承载式车身的汽车有刚性车架，车身本体悬置于车架上，用弹性元件连接。车架的振动通过弹性元件传到车身上，大部分振动被减弱或消除，发生碰撞时车架能吸收大部分冲击力。在坏路面上行驶时对车身起到保护作用，因此车厢变形小，平稳性和安全性好，而且车内噪声低。但这种非承载式车身比较笨重，质量大，汽车质心高，高速行驶稳定性较差。

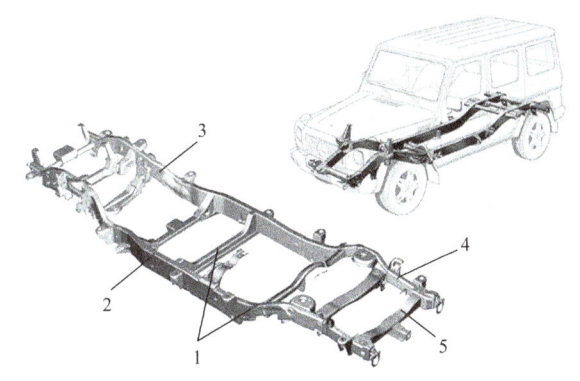

图 3-74 非承载式车身结构

1—中横梁；2—纵梁；3—前边梁；4—后边梁；5—后横梁

3.7.2 承载式车身

承载式车身结构如图 3-75 所示。承载式车身取消了车架，车身兼作车架的作用，作为安装汽车各总成和承受各种载荷的基体。承载式车身具有较大的抗弯曲和抗扭转的刚度，质量小，高度低，汽车质心低，装配简单，高速行驶稳定性较好。但由于道路负载会通过悬架装置直接传给车身本体，因此噪声和振动较大。

为了减小整车质量和节约材料，大多数中级、普通级、微型轿车和部分客车车身常采用结构紧凑的承载式结构。为了提高乘坐舒适性，减轻发动机及底盘各总成工作时传来的振动，缓冲汽车行驶时由路面通过车轮和悬架传给车身的冲击，高级轿车车身多会采用非承载式结构。

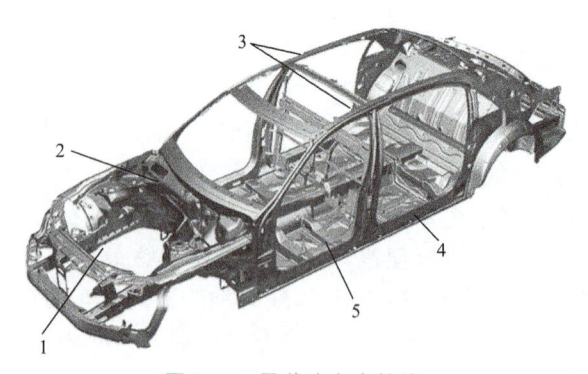

图 3-75 承载式车身结构

1—发动机固定架；2—发动机挡板；3—车顶纵梁；4—门槛；5—底盘加强梁

3.8 汽车电气设备

汽车电气设备由电器设备与电子装置组成。我国汽车电气系统的电压等级为 12 V 或 24 V，负极搭铁。

3.8.1 电器设备

电器设备包括电源组（蓄电池、发电机）、发动机启动系统和点火系统、照明和信号装置、仪表、空调、刮水器、音像设备、门窗玻璃电动升降设备等，用于发动机的启动、点火、照明、灯光信号及仪表等监控装置。

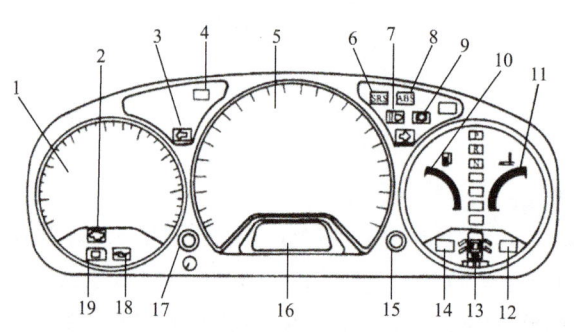

1. 指示仪表和报警装置

(1) 指示仪表和报警装置作用与组成　指示仪表和报警装置（图 3-76）安装在汽车仪表板上，用来反映汽车的一些重要运行状态参数，必要时发出警示，保证汽车可靠而安全地行驶，驾驶员行车时应该给予关注。

图 3-76 指示仪表和报警装置

1—转速表；2—故障指示灯；3—转向信号灯；4—巡航控制指示灯；5—车速表；6—SRS 指示灯；7—远光指示灯；8—ABS 制动指示灯；9—驻车制动与制动系统指示灯；10—燃油表；11—冷却液温度表；12—座椅安全带提示灯；13—车门和制动灯监视器；14—低燃油指示灯；15—行程选择/复位按钮；16—里程表；17—亮度调节旋钮；18—低润滑油压力指示灯；19—充电系统指示灯

汽车常用指示仪表和报警装置见表 3-1。

表 3-1　　　　　　　　　　　汽车常用指示仪表和报警装置

指示仪表和报警装置		功用
车速里程显示装置	车速表	指示汽车行驶速度
	里程表	指示汽车累计行驶里程
	转速表	指示发动机转速的高低
燃油量显示装置	燃油表	指示汽车燃油箱内储存燃油量的多少
	液面报警灯	燃油箱内燃油量过少时报警
冷却液温度显示装置	冷却液温度表	指示发动机水套中冷却液温度的高低
	冷却液温度报警灯或蜂鸣器	冷却液温度过高时报警
润滑油压力显示装置	润滑油压力表	指示发动机主油道中润滑油压力大小
	润滑油压力报警灯或蜂鸣器	润滑油压力过低时报警
充放电显示装置	电流表	指示蓄电池充电或放电的电流值
	电压表	指示蓄电池充电或放电的电压值
	充电系统指示灯	指示蓄电池充电或放电

(2)仪表板常见符号　仪表板上常见符号的含义如图 3-77 所示。

远光　近光　转向　危急　刮水器　清洗

刮水器与清洗　风扇　停车灯　前盖　后盖　阻风门

喇叭　油量　冷却液温度　蓄电池充电　机油　安全带

点烟器　后窗刮水器　后窗清洗　驻车制动　制动故障　除霜、除雾

图 3-77　仪表板上常见符号的含义

2.汽车照明和信号装置

(1)照明和信号装置的作用　照明和信号装置用以保证汽车在夜间及能见度较低的情况下安全、高速行驶,改善车内驾乘环境,便于交通安全管理和车辆使用、检修。在转弯、制动和倒车等情况下,通过灯光和音响等手段,向行人和车辆发出警告,以保障行车安全。

(2)照明和信号装置的组成　常见的照明和信号装置包括前大灯(远光灯、近光灯)、前小灯、雾灯、转向信号灯、转向信号闪光器、侧灯、制动灯、高位制动灯、倒车灯、尾灯(牌照灯)和车内照明灯等。车内照明灯特别注重造型美观、光线柔和悦目,包括驾驶室顶灯、车厢照明灯、各种警示和指示灯、门控灯和行李厢灯等。为了便于夜间检修发动机,还设有发动机盖下灯。为满足夜间在路上检修汽车的需要,车上还应备有带足够长灯线的工作灯,使用时临时将其插头接入专用的插座中。驾驶室的仪表板上有仪表板照明灯。

雾灯用于在雨雾天气行车时照明道路与安全警示,安装在汽车前部,其灯光为黄色亮光。转向信号灯分装在车身前端和后端的左、右两侧,为了在白天也能引人注目,转向信号灯的亮度很强,有时在转向信号灯中装有转向信号闪光器,借以使转向信号灯闪烁。制动灯又称为刹车灯,安装在车尾两边,发出红色的灯光。当驾驶员踩下制动踏板时,制动灯即亮起,提醒后面的汽车驾驶员注意保持适当的车距,以免前面的汽车突然制动时与其发生追尾碰撞事故;当驾驶员松开制动踏板时制动灯即熄灭。高位制动灯一般装在车尾上部,以便后方车辆能及时发现前方车辆而实施制动,防止发生追尾事故。由于汽车已有左、右两个制动灯,因此,人们习惯上把装在车尾上部的高位制动灯称为第三制动灯。牌照灯用于照明汽车牌照,它应保证夜间在车后 20 m 处能看清牌照号码。

3.8.2 电子装置

此外,现代汽车上普遍应用了各种各样的电子装置,一类是与车上的机械系统配合使用的汽车电子控制装置,包括发动机、底盘、车身电子控制装置,如电子控制燃油喷射系统,进气与增压控制、空燃比控制、点火控制、爆燃控制、废气再循环控制、怠速控制、防抱死制动控制、防滑驱动控制、电子悬架控制、巡航控制、电子动力转向、汽车照明灯控制、电动刮水器(洗涤器和除霜器)控制装置以及电子控制自动变速器、电动门窗、自动空调系统、电动座椅等;另一类是车载汽车电子装置,它们是在汽车环境下能够独立使用的电子装置,与汽车本身的性能无直接关系,一般可根据需要来选配。例如,汽车信息系统、导航系统、汽车音响及电视娱乐系统、车载通信系统、上网设备等。

知识梳理与项目小结

1. 汽车主要操纵机构包括点火开关、转向盘、电动座椅、灯光控制组合开关、雨刮控制组合开关、自动空调系统和定速巡航系统等。

2. 汽车结构参数包括质量参数(整车装备质量、最大装载质量、最大总质量、最大轴荷质量、质量利用系数等)、尺寸参数(车辆长度、车辆宽度、车辆高度、轴距、轮距、前悬、后悬等)、通过性参数(最小离地间隙、接近角、离去角、纵向通过角、转弯半径等)。

3. 整车技术性能是衡量一辆汽车质量好坏的重要依据。汽车技术性能评价指标包括动力性、燃油经济性、制动性、操纵稳定性、操纵轻便性、行驶平顺性、通过性等。

4. 车用往复活塞式内燃机一般由曲柄连杆机构、配气机构、燃料供给系统、冷却系统、润滑系统、启动系统和点火系统(柴油发动机无此系统)等组成。常见的发动机新技术有双增压中冷(TSI)发动机、车用发动机可变技术、汽油发动机缸内直喷和分层燃烧技术等。

5. 汽车底盘由传动系统、行驶系统、转向系统和制动系统组成。常见的底盘新技术有四轮驱动汽车、新型转向系统等。

6. 汽车车身按照车身壳体承载情况可分为非承载式车身和承载式车身。
7. 汽车电气设备由电器设备与电子装置组成。

知识测评

1. 汽车的结构参数有哪些？
2. 汽车性能如何评价？
3. 汽车发动机基本术语有哪些？
4. 汽车发动机由哪几部分组成？
5. 汽车发动机新技术有哪些？
6. 汽车底盘由哪几部分组成？
7. 汽车底盘新技术有哪些？
8. 汽车车身如何分类？
9. 汽车指示仪表和报警装置有哪些？
10. 汽车照明和信号装置有哪些？
11. 简述汽车电气设备的组成及作用。

技能测评

1. 任选一款汽车，说出其内外部结构各部分的名称和作用。
2. 任选一款汽车，说明其各主要操纵机构的正确使用方法。
3. 利用网络资源，收集汽车发动机和底盘的最新发展技术，分组进行汇报。
4. 查询长城汽车官网，了解哈弗 H9 这款 SUV 车的相关信息，并介绍哈弗 H9 这款 SUV 车（包括参数配置、安全技术、性能特点等）。

模块 4

汽车与社会

汽车诞生一百多年来,极大地推动了世界经济的发展和人类文明的进步,但同时也给人类带来了一些负面影响。交通安全、环境污染和能源消耗,已成为制约汽车工业乃至人类社会可持续发展的主要障碍。汽车发展的过程也是人类不断地认识和解决这些问题的过程,安全、环保和节能成为未来汽车发展的方向。

教学导读

- 能够从人、汽车、道路和交通环境等方面剖析交通事故的成因。
- 能够正确叙述汽车安全技术的类型及功用。
- 掌握汽车主动安全技术和汽车被动安全技术,了解汽车安全性的评价方法。
- 正确认识汽车排放污染对环境的影响及对人体的危害。
- 正确认识汽车噪声对环境的影响及对人体的危害。
- 了解汽车能源消耗的分类,熟悉常用的汽车节能技术。
- 能够正确叙述新型汽车的种类及特点。

4.1 汽车与交通安全

随着社会的发展和人们生活水平的提高,越来越多的汽车走进了千家万户。随之而来的是交通事故的频频出现,这不仅给人们带来了严重的灾难,也给国家带来了巨大的经济损失。因此,汽车的安全性能越来越受到人们的关注。寻找交通事故发生的原因,进而找到最大限度预防交通事故发生的方法,不仅是全社会共同关注的问题,也是关系到国家和人民利益的重要课题。

4.1.1 交通事故成因分析

交通事故是指车辆在道路上因过错或者意外造成人身伤亡或者财产损失的事件。交通事故不仅仅是由特定的人员违反交通管理法规造成的;也可以是由于地震、台风、山洪、雷击等不可抗拒的自然灾害造成的。

影响道路交通安全的主要因素包括人(交通参与者)、汽车、道路和交通环境等,如图4-1所示。交通事故是在特定的交通环境条件下因人、汽车、道路、环境构成的动态交通系统的某个环节上的失调所引起的。交通事故成因包括主观原因和客观原因两个方面。主观原因是驾驶员和行人等交通参与者行为的因素;客观原因是车辆技术状况、道路状况和环境因素的影响等。

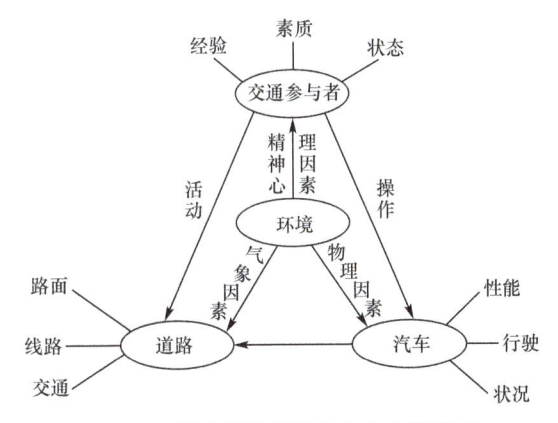

图 4-1 影响道路交通安全的主要因素

4.1.2 减少交通事故及降低事故伤害的措施

通过上述分析,要减少道路交通事故,就要从提高交通参与者素质、提高汽车安全技术、完善路网结构、优化道路交通安全环境等方面来建立预防道路交通事故的措施。

1. 针对人的因素采取的措施

针对驾驶员和行人等交通参与者,预防道路交通事故的办法是规范他们的行为,例如,训练驾驶员,教育和提醒道路使用者,以及执行法规去限制他们的行为。可是由于社会地位、年龄、体质、职业和文化背景的不同,人与人的素质和能力也不相同。受外在因素的影响,道路使用者表现出复杂而多样的行为方式。也就是说,不可能指望每一个道路使用者在复杂和紧急的情况下都能做到理智和不犯错误。许多专家相信,采用某些工程建筑去限制道路使用者的行为比单纯的训练和提醒更为有效。例如,建造隔离护栏、过街天桥(图 4-2)或地下通道去防止行人横穿马路,建造立交桥(图 4-3)去引导交通流,把行人和汽车分开等。

图 4-2　过街天桥

图 4-3　立交桥

2. 针对汽车的因素采取的措施

汽车安全技术分为主动安全技术和被动安全技术两个方面。

(1)主动安全技术　主动安全技术就是尽量自如地操纵控制汽车,提高汽车的行驶稳定性,防止事故发生。

①防抱死制动系统。目前大多数轿车都装有防抱死制动系统(Anti-lock Braking System,ABS)。在遇到紧急制动时,大力制动容易发生车轮抱死的情况,如前轮抱死引起汽车失去转向能力,后轮抱死容易发生甩尾事故等(图 4-4)。ABS 能在紧急制动情况下,保持车辆车轮不被抱死而失控,维持转向能力,避开障碍物。

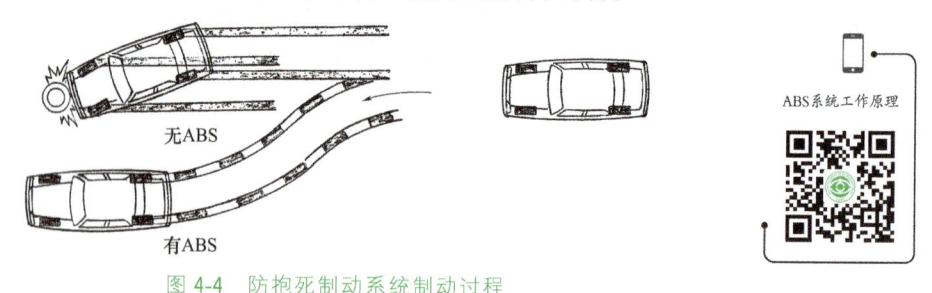

图 4-4　防抱死制动系统制动过程

ABS 由普通制动系统和电子控制系统两大部分组成。普通制动系统的组成和工作原理与传统制动系统相同,而电子控制系统由传感器、电子控制单元(Electronic Control Unit,ECU)和制动压力调节器等组成(图 4-5)。在汽车制动时,ECU 根据传感器传递来的汽车行驶和制动信号,经过计算、比较和判断后,向执行器(制动压力调节器)发出控制指令(图 4-6),使车轮制动时的滑移率保持在最佳范围内,即始终处于理想的运动状态,以有效防止制动时汽车侧滑、甩尾、失去转向能力等现象发生。

在制动过程中,ABS 只在车速超过一定值时才起作用。ABS 具有自诊断功能,并能确保系统出现故障时,常规制动系统仍能正常工作。

②牵引力控制系统。牵引力控制系统(Traction Control System,TCS 或 TRC)也称驱动防滑系统(Acceleration Slip Regulation System,ASR)。汽车在光滑路面制动时,车轮会打滑,甚至使方向失控。同样,汽车在起步或急加速时,驱动轮也有可能打滑,在冰雪等光滑路面上还会使方向失控而发生危险(图 4-7)。TCS 依靠电子传感器探测车轮驱动情况,不断调节动力的输出,从而使车轮不再打滑,提高加速性与爬坡能力。

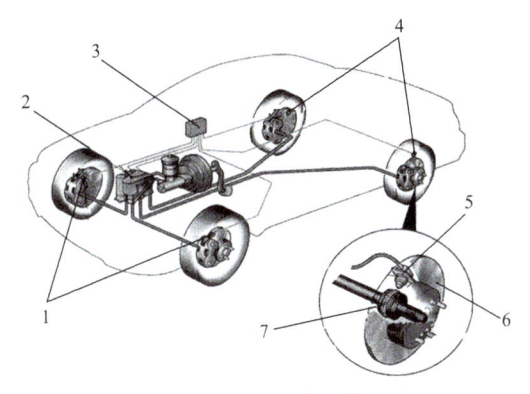

图 4-5　防抱死制动系统组成

1—前轮速度传感器；2—制动压力调节器；3—电子控制单元；
4—后轮速度传感器；5—传感器；6—制动盘；7—脉冲发生器

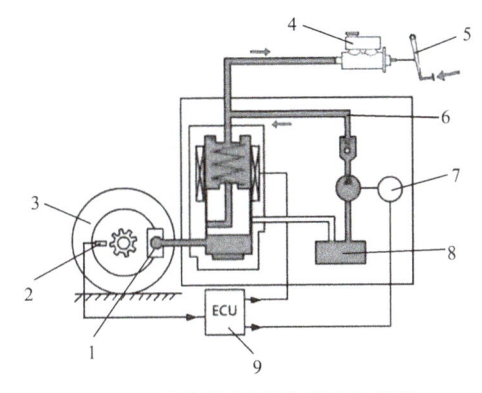

图 4-6　防抱死制动系统工作原理

1—制动分泵；2—车轮速度传感器；3—车轮；4—制动总泵；5—制动踏板；
6—制动管路；7—电动机；8—储液罐；9—电子控制单元

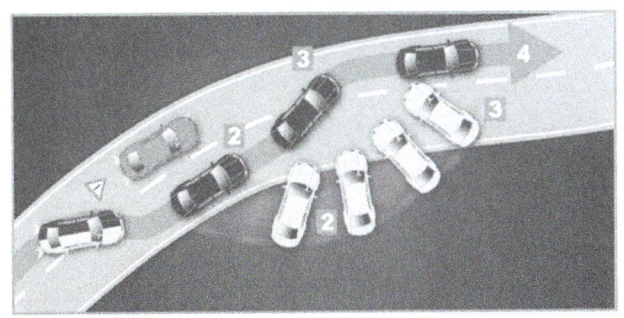

③电子制动力分配系统。电子制动力分配系统（Electronic Brake-force Distribution System，EBD）必须与 ABS 配合使用。EBD 能够在汽车制动时自动调节前、后轴的制动力分配比例，并配合 ABS 提高制动稳定性。汽车在制动时，四个轮胎与地面的摩擦力不一样，容易造成打滑、倾斜和车辆侧翻事故（图 4-8）。EBD 用高速计算机分别对四个轮胎附着的不同地面进行感应与计算，根据不同的情况用不同的方式和力量制动，并不断调整，保证车辆的平稳、安全。

图 4-7　牵引力控制系统

图 4-8　电子制动力分配系统

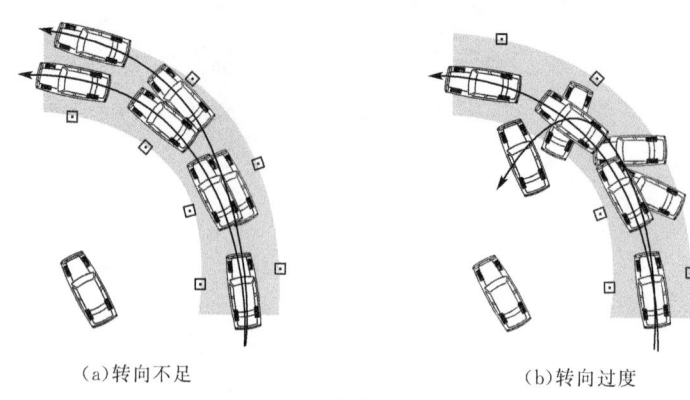

④车身电子稳定程序。车身电子稳定程序(Electronic Stability Program,ESP)是一种牵引力控制系统,不但控制驱动轮,而且可以控制从动轮。如后轮驱动汽车常出现的转向过度的情况,此时后轮会失控而甩尾,ESP 便会通过对外侧前轮的适度制动来稳定车辆。转向不足时,为了校正循迹方向,ESP 则会对内侧后轮制动,从而校正行驶方向(图 4-9)。

(a)转向不足　　　　　　　　(b)转向过度

图 4-9　车身电子稳定程序

⑤上坡辅助控制系统。上坡辅助控制系统(Hill-start Assist Control System,HAC)是在 ESP 基础上衍生开发出来的一种功能,它可让车辆在不适用驻车制动的情况下在坡道上起步时,右脚离开制动踏板后车辆仍能短时间继续保持制动(图 4-10),以便驾驶员轻松地将脚由制动踏板移向加速踏板,防止溜车而造成事故,并且还不会让驾驶员感到手忙脚乱。

⑥下坡辅助控制系统。下坡辅助控制系统(Down-hill Assist Control System,DAC)设置的目的是避免制动系统负荷过大,减轻驾驶员负担。在车速低于设定车速(一般为 30 km/h)且位于坡度大于 10% 的坡道上时,此功能才会被激活。一旦启动,系统会进行自动制动,在不踩加速或制动踏板的情况下,使车辆保持设定车速驶下坡道,驾驶者只需控制转向盘即可(图 4-11)。下坡辅助控制系统工作时停车灯会自动点亮。

图 4-10　上坡辅助控制系统　　　　图 4-11　下坡辅助控制系统

⑦行车辅助系统。行车辅助系统包括紧急制动辅助系统、自适应巡航控制系统、预碰撞安全系统、车道保持辅助系统、车道偏离预警系统、车道变更辅助系统和侧盲区预警系统等。

a.紧急制动辅助系统(图 4-12)。紧急制动辅助系统(Electronic Control Brake Assist System,EBA)的作用是当 ECU 发现驾驶员进行紧急制动时,可在瞬间自动加大制动力,以防止因为驾驶员制动力不足而发生险情。当传感器接收到的松加速踏板踩制动

踏板的时间、踩制动踏板的速率和力度都符合要求时,ECU会马上启动紧急制动辅助系统,在短短几毫秒之内把制动力全部发挥出来,这比驾驶员把制动踏板踩到底的时间要快得多,这样可以缩短在紧急制动情况下的制动距离。

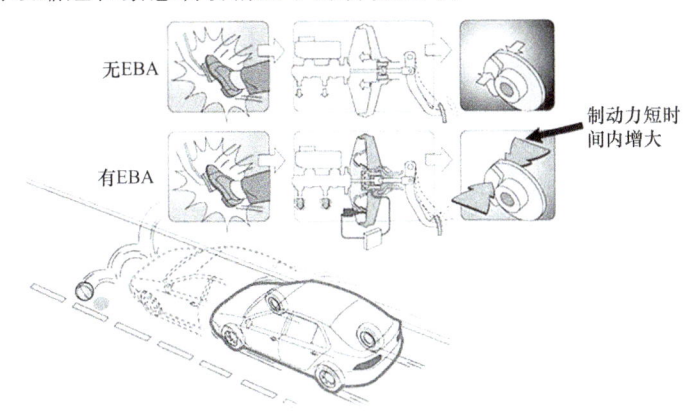

图 4-12 紧急制动辅助系统

b. 自适应巡航控制系统(图 4-13)。自适应巡航控制系统(Adaptive Cruise Control System,ACC)是一个允许车辆巡航控制系统通过调整速度以适应交通状况的汽车功能。安装在车辆前方的雷达用于检测在本车前进道路上是否存在速度更慢的车辆。若存在速度更慢的车辆,ACC会降低车速并控制与前方车辆的距离或时间间隙;若系统检测到前方车辆并不在本车行驶道路上时,将加快本车速度使之回到之前所设定的速度。此操作实现了在无驾驶员干预下的自主减速或加速。ACC控制车速的主要方式是通过发动机加速踏板控制和适当的制动。

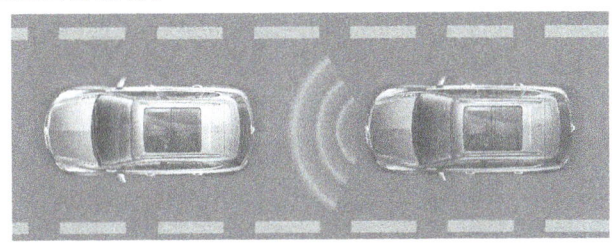

图 4-13 自适应巡航控制系统

c. 预碰撞安全系统(图 4-14)。预碰撞安全系统(Pre-Collision System,PCS)能自动探测前方障碍物,测算出发生碰撞的可能性。若系统判断碰撞的可能性很大,则会发出警报声。该系统还可通过自动调节一系列安全系统:预碰撞制动辅助系统、紧急转向辅助系统、汽车动态综合管理系统来尽可能避免碰撞。若系统判断碰撞不可避免,则会预先收紧前座安全带、启动制动来最大限度地减小损伤。

图 4-14 预碰撞安全系统

d. 车道保持辅助系统和车道偏离预警系统。车辆行驶时,车道保持辅助系统(Lane Keeping Assist System,LKAS)借助一个摄像头识别行驶车道的标识线将车辆保持在固定车道上。当车辆速度为80~180 km/h时,如果车辆靠近已探测到的车道线却没有使用相应方向的转向灯,则其会缓缓地转动转向盘加以辅助(图4-15)。车道偏离预警系统(Lane Departure Warning System,LDWS)会在车辆越过车道线时发出车道偏离警告(警报音或转向盘振动)(图4-16)。

图 4-15　车道保持辅助系统

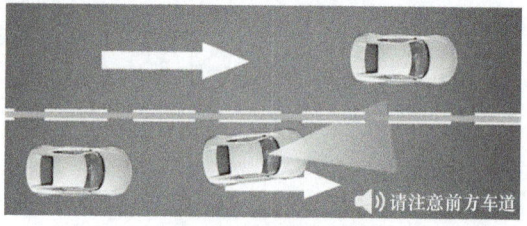

图 4-16　车道偏离预警系统

e. 车道变更辅助系统和侧盲区预警系统(图4-17)。当车道变更辅助系统(Lane Change Assistant System,LCAS)在左右盲区内探测到车辆,或左右两侧车道后方70 m距离内有车辆快速接近时,则左侧或右侧后视镜显示器将点亮。如果转向信号被激活且也在同侧探测到车辆,侧盲区预警系统(Side Blind Zone Alert System,SBZA)将使显示器闪烁,作为不要变换车道的额外警告。

图 4-17　车道变更辅助系统和侧盲区预警系统

⑧泊车辅助系统。泊车辅助系统能帮助驾驶员在拥挤的停车场轻松停车入位,避免发生刮擦和碰撞。

a. 倒车雷达(图4-18)。倒车雷达能以声音或者更为直观的显示告知驾驶员周围障碍物的情况,解除驾驶员倒车时左右探视所引起的困扰,并帮助驾驶员扫除视野死角和视线模糊的缺陷,提高倒车安全性。

b. 可视化倒车辅助系统(图4-19)。可视化倒车辅助系统是在汽车的保险杠上加装摄像头,摄像头在汽车切换到倒挡后自动工作,切换到前进挡后关闭。该摄像头将倒车时车后的环境拍摄下来,经处理后传输到中央控制台上的显示器,可视角度达到130°,提供清晰的后方10 m内视野,并配合动态牵引线功能,智能引导倒车轨迹。

图 4-18　倒车雷达

图 4-19　可视化倒车辅助系统

c. 全景视觉泊车辅助装置(图4-20)。车身的鸟瞰视野由分布于车前、左右外后视镜和车尾的四个广角摄像头来提供,这四个摄像头分别采集汽车车身前、后、左、右四个区域的实时画面,然后通过全景视觉泊车辅助装置合成为一个虚拟的鸟瞰全景图像,显示在屏幕上。全景视觉泊车辅助装置为驾驶员泊车提供所需要的汽车全景图像,消除了汽车四周的视觉盲区,帮助驾驶员实现更精确的泊车目标。

d.泊车预警系统(图 4-21)。通过车体后方的短距雷达,监测将从车辆后方通过的车辆,避免车辆在倒车时发生碰撞。

图 4-20　全景视觉泊车辅助装置　　　　图 4-21　泊车预警系统

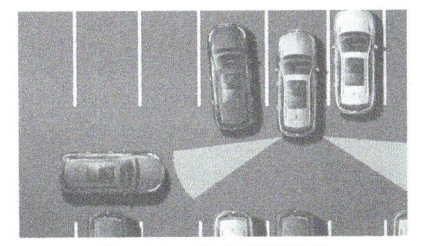

e.自动泊车系统(图 4-22)。在 30 km/h 以下车速测算合适的停车位,找到后会提示驾驶员停车并切换成 R 挡。系统可以自动计算停车轨迹,驾驶员控制制动和挡位,转向系统将自动工作。当驾驶员成功泊车后会弹出图像及声音提示。

⑨智能大灯系统(图 4-23)。智能大灯系统可根据当前车况及前方路况自动调整光束的长度或高度,大灯随动转向技术自动调整纵向照射距离及横向的照射范围,智能远光灯切换技术可在迎面来车的同时自动控制远光灯切换,以此提高驾驶的安全性。

图 4-22　自动泊车系统　　　　图 4-23　智能大灯系统

此外,高位制动灯(图 4-24)、电子防眩目内后视镜(图 4-25)、电子制动(图 4-26)、智能胎压监测系统(图 4-27)、自动感应大灯、自动感应雨刷、前后雾灯、后窗除雾等,作为汽车上的主动安全技术被广泛应用。随着科学技术的进一步发展,更多的汽车主动安全技术将被开发并得到应用。

图 4-24　高位制动灯　　　　图 4-25　电子防眩目内后视镜

图 4-26 电子制动　　　　　　图 4-27 智能胎压监测系统

（2）被动安全技术　被动安全技术是指汽车在发生事故以后对车内乘员和行人的保护，降低交通事故造成的伤害程度。

①安全带（图 4-28）。当汽车发生碰撞时，巨大的惯性力会使车内乘员与转向盘、挡风玻璃等发生二次碰撞，从而对车内乘员造成更严重的伤害。安全带的作用就是当汽车发生碰撞时，将车内乘员束缚在座椅上，以缓冲、吸收大量的动能，极大地减轻对车内乘员的伤害，有效保护车内乘员的安全。

图 4-28　安全带

②安全气囊（图 4-29）。安全气囊设置在车内前方（正副驾驶位）、侧方（车内前排和后排）和车顶三个方位。在装有安全气囊系统的容器外部都印有"SRS"的字样，直译成中文，应为"辅助可充气约束系统（Supplemental Inflatable Restraint System）"。安全气囊的功能是当车辆发生碰撞事故时减轻车内乘员的伤害程度，避免车内乘员发生二次碰撞，或车辆发生翻滚等危险情况下被抛离座位。安全气囊与座椅安全带配合使用，可以为车内乘员提供有效的防撞保护。

如果发生碰撞，充气系统可在不到 0.1 s 的时间内迅速充气，安全气囊在膨胀时将冲出转向盘或仪表板，从而使车内人员免受正向碰撞所产生的冲击。安全气囊上有许多小孔，大约在 1 s 后，安全气囊会自动收缩，以免对车内乘员造成伤害。日常维修保养时，不要重度碰撞安全气囊的各传感器，以免引起误触发，造成不必要的损失。

③儿童安全座椅（图 4-30）。儿童安全座椅也称儿童约束系统（Child Restraint System，CRS），是一种专为不同年龄（或体重）儿童设计，安装在汽车内能有效提高儿童乘车安全性的座椅。欧洲法规 ECE R44/03 对儿童安全座椅的定义是：能够固定到机动车辆上，由带有卡扣的安全带组件或柔韧性部件、调节机构、附件等组成的儿童安全防护系统。可与附加装置如可携式童床、婴儿提篮、辅助性座椅或碰撞防护物等组合而成。在汽车发生碰撞或突然减速的情况下，减缓对儿童的冲击力和限制儿童的身体移动来减小对他们的伤害，确保儿童的乘车安全。

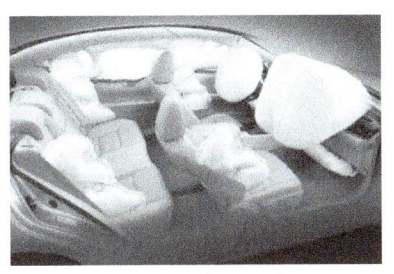

图 4-29 安全气囊　　图 4-30 儿童安全座椅

④头颈保护系统(图 4-31)。头颈保护系统一般设置于前排座椅。当汽车受到后部的撞击时,头颈保护系统会迅速充气膨胀起来,其整个靠背都会随乘坐者一起后倾,乘坐者的整个背部和靠背安稳地贴近在一起,靠背则会后倾,以最大限度地降低乘坐者头部向后甩的力量。座椅的椅背和头枕会向后水平移动,使乘坐者身体的上部和头部得到轻柔、均衡的支承与保护,以减轻脊椎以及颈部所承受的冲击力,并防止头部向后甩所带来的伤害。

图 4-31 头颈保护系统

⑤安全玻璃。汽车上广泛采用安全玻璃来防止汽车正面或侧面碰撞时,玻璃碎片对乘员面部和眼睛的伤害。汽车用安全玻璃有钢化玻璃与夹层玻璃两种。钢化玻璃(图 4-32)是在玻璃处于炽热状态下使之迅速冷却而产生预应力的强度较高的玻璃,钢化玻璃破碎时分裂成许多无锐边的小块,不易伤人。夹层玻璃(图 4-33)共有 3 层,中间层韧性强并有黏合作用,被撞击破坏时内层和外层仍黏附在中间层上。

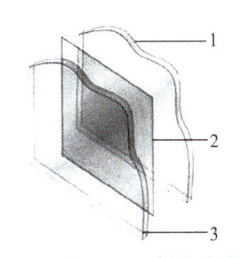

图 4-32 钢化玻璃　　图 4-33 夹层玻璃
1、3—玻璃;2—中间膜

⑥安全车身(图 4-34)。安全车身是指为了减轻汽车碰撞时车内乘员的伤亡,在设计车身时着重加固乘客舱部分,削弱汽车头部(发动机舱)和尾部(行李舱)。当汽车发生意外的正面碰撞时,发动机舱会折曲变形以吸收碰撞产生的巨大能量,减少碰撞对车内乘员的猛烈冲击,起到保护车内乘员的作用。与发动机舱相反,乘客舱结构应坚固、刚性大,遇到碰撞或翻滚的冲击时车厢变形小,以防止车门在运动中自行打开甩出乘员,减小

乘员因车厢变形挤压致伤的危险,并有利于车祸后乘员顺利地打开车门逃生。行李舱也肩负着降低后车追尾所致伤害的功能。

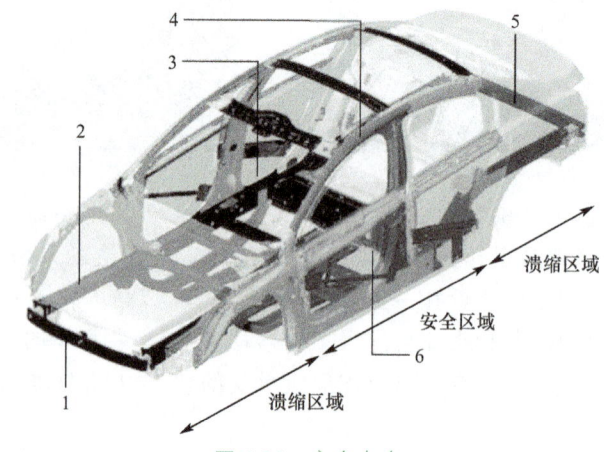

图 4-34　安全车身

1—高强度铝合金防撞横梁;2—梯形框架(应对斜向碰撞);3—球笼式立体防撞座舱;
4—高强度双面镀锌钢板;5—车尾防撞横梁;6—耐冲击车身底盘设计

另外,现代轿车一般设置有车门防撞梁(图 4-35),其平时可减少路面引起的振动和噪声,在发生侧面撞击或翻车事故时,则可防止异物侵入乘客舱,减轻汽车撞击对车内乘员的伤害。

图 4-35　车门防撞梁

⑦行人安全保护装置(图 4-36)。汽车安全不仅是针对车内的驾乘人员而言的,同时也要保护行人的安全,因此车辆碰撞防护技术也开始将保护行人安全列为它的重点发展目标。目前行人安全保护装置主要有:

a. 发动机罩机械系统。发动机罩机械系统能够在汽车发生碰撞时迅速鼓起,使得撞击而来的人体不是硬碰硬,而是碰撞在柔性与圆滑的表面上,减少了被撞人受伤的可能或程度。

b. 行人安全气囊系统。行人安全气囊系统进一步避免人体撞击汽车的前挡风玻璃,以免在猛烈地碰撞下使行人受到更大的伤害。

⑧可溃缩转向管柱(图 4-37)。在汽车发生剧烈的正面撞击时,驾驶者往往会因为强烈的惯性作用而向前冲击,人体的胸部会和转向盘发生碰撞,为了使遭到转向管柱冲击的驾驶者胸部所承受的冲击力减小,把转向管柱设计成在撞击时因遭到外界挤压而发生

二到三段的溃缩折叠,可以分散一些因撞击由转向管柱传递到人体的冲击力。一般只在强烈撞击发生时转向管柱才会发生溃缩变形。

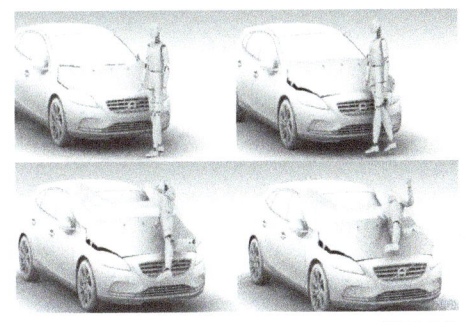

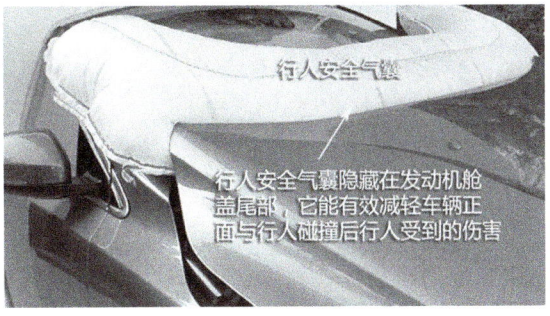

图 4-36　行人安全保护装置

⑨保险杠(图 4-38)。汽车保险杠是吸收和减缓外界冲击力、防护车身前后部的安全装置。随着汽车工业的发展和工程塑料在汽车工业上的大量应用,汽车保险杠作为一种重要的安全装置也走向了革新的道路。今天的轿车前后保险杠除了保持原有的保护功能外,还要追求与车体造型的和谐与统一,追求本身的轻量化。轿车的前后保险杠都是塑料制成的,人们称为塑料保险杠。一般汽车的塑料保险杠由外板、缓冲材料和横梁三部分组成。其中外板和缓冲材料用塑料制成,横梁用冷轧薄板冲压而成 U 形槽,外板和缓冲材料附着在横梁上。

图 4-37　可溃缩转向管柱　　　　图 4-38　保险杠

(3)新车安全性能评价　主要介绍欧洲新车安全性能评价与中国新车安全性能评价。

①欧洲新车安全性能评价。新车碰撞测试(New Car Assessment Program,NCAP)是最能考验汽车安全性能的测试。美国、欧洲和日本都有成熟的相关法规,定期对本国生产及进口的新车进行正面碰撞、侧面碰撞安全性能测试,以检查汽车内驾驶员及乘客在碰撞时所受的伤害程度。

欧盟实施的 EURO-NCAP 测试最为严格,汽车的碰撞测试包括正面碰撞测试和侧面碰撞测试。

a. 正面可变形碰撞测试(图 4-39)。车辆以速度 64 km/h、40% 重叠撞向宽 1 m、厚度 0.54 m 的可变形蔽障。

b. 侧面可变形碰撞测试(图 4-40)。宽 1.5 m、厚 0.5 m 的可变形壁障以 50 km/h 的速度撞向车辆侧面。

c. 行人保护碰撞测试(图 4-41)。车辆以 40 km/h 的速度撞向测试用的假人,通过一系列的反复测试,得出车辆正面哪些部位保护到位,哪些部位会对行人造成伤害。

图 4-39 正面可变形碰撞测试 　　　　图 4-40 侧面可变形碰撞测试

d. 驾驶员头部保护安全测试(图 4-42)。带有 254 mm 坚硬杆件的测试车以 29 km/h 的速度撞击驾驶员侧车体。

图 4-41 行人保护碰撞测试 　　　　图 4-42 驾驶员头部保护安全测试

e. NCAP 测试评价。NCAP 的碰撞测试成绩用星级"★"表示,共有五个星级,星级越高,表示该车的碰撞安全性能越好(表 4-1)。

表 4-1　　　　　　　　　　　　NCAP 星级表

星级	说明
5 星级(★★★★★)	乘员严重伤害的概率小于或等于 10%
4 星级(★★★★)	乘员严重伤害的概率为 11%～20%
3 星级(★★★)	乘员严重伤害的概率为 21%～35%
2 星级(★★)	乘员严重伤害的概率为 36%～45%
1 星级(★)	乘员严重伤害的概率等于或大于 46%

② 中国新车安全性能评价。中国汽车技术研究中心在深入研究和分析国外 NCAP 的基础上,结合我国的汽车标准法规、道路交通实际情况和车型特征,并进行了广泛的国内外技术交流和实际测试,最终确定了 C-NCAP 的测试和评分规则。它与我国现有汽车正面和侧面碰撞的强制性国家标准相比,不仅增加了偏置正面碰撞测试,还在两种正面碰撞测试中增加汽车第二排座椅的假人放置空间以及更为细致严格的测试项目,技术要求也非常全面。C-NCAP 对测试假人及传感器的标定、测试设备、测试环境条件、测试车辆状态调整和测试过程控制的规定都要比国家标准更为严谨和苛刻,与国际水平一致。

a. 正面 100% 重叠刚性壁障碰撞测试(图 4-43)。测试车辆以速度 50 km/h、100% 重叠正面冲击固定刚性壁障。

b. 正面 40% 重叠可变形壁障碰撞测试(图 4-44)。测试车辆以速度 64 km/h、40% 重叠正面冲击固定可变形吸能壁障。

c. 可变形移动壁障侧面碰撞测试(图 4-45)。移动台车前端加装可变形吸能壁障,以速度 50 km/h 冲击测试车辆驾驶员侧。

图 4-43　正面 100% 重叠刚性壁障碰撞测试 　　图 4-44　正面 40% 重叠可变形壁障碰撞测试

图 4-45　可变形移动壁障侧面碰撞测试

d. 低速后碰撞颈部保护测试(简称鞭打测试)。将测试车辆驾驶员侧座椅及约束系统仿照原车结构,固定安装在移动滑车上,滑车以特定加速度波形发射,模拟后碰撞过程。

e. C-NCAP 测试评价。C-NCAP 测试总分为 61 分。其中,前三项测试每项测试满分为 18 分,三项测试总得分满分为 54 分。鞭打测试满分为 4 分。对前排乘员侧安全带提醒装置、侧气帘(及侧气囊)、电子稳定控制系统分别有 1 分的加分。将以上三项碰撞测试和鞭打测试的得分及加分项得分之和(四舍五入至小数点后一位)记为总分,并按以下条件确定评价星级(表 4-2)。

表 4-2　　　　　　　　　　C-NCAP 评分与星级对照表

总　分	星　级
≥60 分	5+(★★★★★☆)
≥54 分且<60 分	5(★★★★★)
≥48 分且<54 分	4(★★★★)
≥36 分且<48 分	3(★★★)
≥24 分且<36 分	2(★★)
<24 分	1(★)

3. 针对道路的因素采取的措施

完善道路安全设施,不断改善道路条件,加强道路交通管理,优化道路交通安全环境,整改不符合要求的道路交通标志(交通标志分为主标志和辅助标志两大类。主标志又分为警告标志、禁令标志、指示标志、指路标志、旅游区标志、道路施工安全标志和辅助标志)、交通标线(禁止标线、指示标线和警告标线)以及各种交通安全设施;改善和提高道路通行环境,夜间易出事的路段应增设"凸起路

图 4-46　事故易发路段

标"和照明设备。在事故易发路段(图 4-46)以及在桥梁、急转弯、立交桥、匝道等路面复杂地点和积水地点设置警告牌。

4. 针对环境的因素采取的措施

在雨、雾、雪天等灾害气候条件下应制订交通管制预案,合理控制交通流量,疏导好车辆通行;在城市道路,应实现人车分流,进行合理的交通渠化,科学地控制道路的进、出口;在交通量超过道路通行能力的路段,可以通过限制交通流量的方法来保证交通安全,同时该路段的管理者在流量调整阶段,应向车辆发布分流信息,提供最佳绕行路线。

4.2 汽车与环境保护

随着生活节奏的加快,人们要求越来越高的出行效率,于是汽车产业应运而生,并以惊人的速度发展。然而,随着汽车数量增多,它所带来的负面影响却是不容忽视的,汽车排放和汽车噪声给环境和人们的日常生活带来了极为不利的影响。

4.2.1 汽车排放污染

汽车排放污染(图 4-47)是城市污染的主要原因,因此控制汽车排放对治理城市大气污染至关重要。

1. 汽车主要排放物

汽车排放物中包含的有害成分多达十几种。其中,排放物中的一氧化碳(CO)、碳氢化合物(HC)、氮氧化合物(NO_x)和炭烟微粒(PM)四种有害成分已成为各国重点限制的对象。

图 4-47 汽车排放污染

(1)一氧化碳(CO) CO 无色、无味。人吸入 CO 后,与人体的血红蛋白相结合会形成一氧化碳血红蛋白,而当这种一氧化碳血红蛋白在人体内的含量增加到一定限值时,就会致人死亡。CO 在低速行驶和急速时产生得最多;加速、减速时较少;高速行驶时产生得最少。

(2)碳氢化合物(HC) HC 是汽油不完全燃烧分解的剩余物,如果含量不大,对人体没有影响,但对植物伤害很大,是植物的大敌。HC 是产生光化学烟雾的重要成分,它与 NO_x 在紫外线的照射下会发生化学反应,形成光化学烟雾。汽车减速时产生的 HC 最多;急速和加速时产生的 HC 最少。

(3)氮氧化合物(NO_x) NO_x 是汽油燃烧的产物。汽油在高温燃烧时,能氧化空气中的氮气,生成 NO_2。NO_2 与 HC 一样,如果浓度不大,对人体没有影响,但如果再与 HC 结合成一体排入到大气中,且受到强烈日光的照射,就会发生光化学反应,形成光化学烟雾。

(4)炭烟微粒(PM) PM 主要是柴油发动机对大气环境的污染物,它在空中可浮游数小时甚至数年,危害人们的健康。直径 2 μm 以下的炭烟微粒被吸入肺部后会沉积下来;直径为 0.1~0.5 μm 的炭烟微粒危害更大,这种炭烟微粒被吸入肺部后,会导致皮肤病以及变态性疾病。

2. 汽车排放物对环境的破坏

(1) 温室效应　温室效应是指透射阳光的密闭空间由于与外界缺乏热交换而形成的保温效应，就是太阳短波辐射可以透过大气射入地面，而地面增暖后放出的长波辐射却被大气中的二氧化碳等物质所吸收，从而产生大气变暖的效应。

随着汽车保有量的增加，汽车排放的二氧化碳也在增加。科学家预测，如果二氧化碳含量增加一倍，全球气温将升高 1.5～4.5 ℃，两极地区可能升高 10 ℃，气候将明显变暖。气温升高将导致某些地区雨量增加，某些地区出现干旱，飓风力量增强，出现频率也将提高，自然灾害加剧。更令人担忧的是，由于气温升高，将使两极地区冰川融化，海平面升高，许多沿海城市、岛屿或低洼地区将面临海水上涨的威胁，甚至被海水吞没。温室效应和全球气候变暖已经引起了世界各国的普遍关注。目前正在推进制定国际气候变化公约，减少二氧化碳的排放已经成为大势所趋。

(2) 光化学烟雾　汽车、工厂等排入大气的碳氢化合物（HC）和氮氧化合物（NO_x）等一次污染物在阳光（紫外线）作用下发生光化学反应生成二次污染物，参与光化学反应过程的一次污染物和二次污染物的混合物所形成的烟雾即为光化学烟雾。光化学烟雾可随气流漂移数百公里，使远离城市的农作物也受到损害。光化学烟雾多发生在阳光强烈的夏秋季节，随着光化学反应的不断进行，反应生成物不断蓄积，光化学烟雾的浓度不断升高，在 3～4 h 后达到最大值。光化学烟雾对大气的污染造成很多不良影响，危害动植物，甚至对建筑材料也有影响，并且大大降低能见度，影响人们出行。

从 1940 年初开始，洛杉矶每年从夏季至早秋，只要是晴朗的日子，城市上空就会出现一种弥漫天空的浅蓝色烟雾，使整座城市上空变得浑浊不清。这种烟雾使人眼睛发红、咽喉疼痛、呼吸憋闷、头昏头痛。1943 年以后，烟雾更加肆虐，以致远离城市 100 km 以外的海拔 2 000 m 的高山上的大片松林也因此枯死，柑橘减产。1950 年以来，光化学烟雾污染事件在美国其他城市和世界各地相继出现，如日本、加拿大、德意志联邦共和国（西德，1990 年 10 月 3 日与东德合并后称为德国）、澳大利亚、荷兰等国的一些大城市都发生过。

(3) 酸雨　酸雨是指 pH 值小于 5.6 的雨、雪或其他形式的降水。雨、雪等在形成和降落过程中，吸收并溶解了空气中的二氧化硫、氮氧化合物等物质形成酸性降水。酸雨主要是人为地向大气中排放大量酸性物质所造成的，汽车排放是形成酸雨的主要原因，酸雨可导致土壤酸化、破坏森林植物、使非金属建筑材料表面硬化、水泥溶解等。

3. 汽车排放污染的控制

汽车排放污染控制技术可分为三类：以改进发动机燃烧过程为核心的机内净化技术（汽油发动机的排气再循环、恒温进气装置、提高燃油品质和改善发动机的燃烧状况等；柴油发动机的优化进气系统、优化喷油系统、改进燃烧系统和采用新的燃烧方式等）；在排气系统中采用化学或物理的方法对已生成的有害排放物进行净化的排放后处理技术（汽油发动机的三元催化转换器和二次空气供给系统等；柴油发动机的氧化催化转换器、NO_x 还原催化转换器、微粒捕集器和四元催化转换器等）；控制曲轴箱和燃油系统有害排放物的控制技术（汽油发动机的燃油蒸发排放控制系统和曲轴箱强制通风系统等）。后两类也通称为机外净化技术。

4.2.2 汽车噪声

汽车噪声是指汽车行驶或怠速时产生的人们不喜欢的声音。近年来，汽车作为一种主要的交通工具日益普及和增长，伴随而来的交通噪声污染环境现象也日益突出，汽车噪声严重影响乘员和行人的身体健康。汽车噪声的大小成为衡量汽车质量水平的一个重要指标。

1.汽车噪声的种类

(1)发动机噪声　发动机噪声是汽车噪声的主要来源，产生噪声的主要原因是发动机的机械运动、可燃混合气的燃烧、进排气所形成的气流，而且发动机的噪声随着发动机的转速升高而增大。

(2)道路噪声　道路噪声是车辆高速行驶的时候风切入及行驶过程中带动底盘振动产生的，还有路上沙石冲击车辆底盘也会产生噪声，这是道路噪声的主要来源。

(3)轮胎噪声　轮胎噪声是车辆在高速行驶时，轮胎与路面摩擦所产生的，视路况与车况来决定轮胎噪声的大小，路况越差轮胎噪声越大，另外柏油路面与混凝土路面所产生的轮胎噪声有很大区别。

(4)气流噪声　气流噪声是因汽车在高速行驶时，迎面而来的风压力超过车门的密封阻力进入车内而产生的，行驶速度越快，气流噪声越大。

(5)传动噪声　在传动系统中，噪声主要来源于离合器、变速器、分动箱、传动轴、差速器及减速器的齿轮啮合传动及其他部分的旋转运动。

2.汽车噪声的危害

在城市中，交通噪声约占各种声源的70%左右。长期生活在这样的噪声环境下，就会得"噪声病"。专家指出："汽车对环保造成的最大危害之一是噪声污染，这一问题必须引起特殊关注。"

科学家认为，40 dB是正常的环境声音，在此值以上就是有害的噪声，噪声长期干扰睡眠会造成失眠、疲劳无力、记忆力衰退，甚至导致产生神经衰弱症等。在高噪声环境里，这种病的发病率可达60%以上。

噪声会损伤听力。人短期处于噪声环境时，即使离开噪声环境后耳朵也会发生短期的听力下降，但当回到安静环境时，经过较短的时间即可以恢复。一般情况下，85 dB以下的噪声不至于危害听觉，而处于85 dB以上的噪声环境中则可能发生危险。统计表明，长期工作在90 dB以上的噪声环境中，耳聋发病率明显增加。

除了损伤听力以外，噪声还会引起其他人身损害。噪声可以引起心绪不宁、心情紧张、心跳加快和血压升高，还会使人的唾液、胃液分泌减少，胃酸降低，从而易患胃溃疡和十二指肠溃疡。在强噪声下，高血压的人也多。长期在噪声环境下工作，对神经功能也会造成障碍。实验证明，在噪声影响下，人脑电波可发生变化。噪声可引起大脑皮层兴奋和抑制平衡失调，从而导致条件反射的异常。有的患者会引起顽固性头痛、神经衰弱和脑神经机能不全等。症状表现与接触的噪声强度有很大关系。

3. 汽车噪声的控制

汽车噪声通过辐射的方式传到外界,同时也经传声结构和空洞传到车内。为了达到环保法规标准,需对车外噪声加以控制;为了提高汽车乘坐的舒适性,也需降低车内噪声。汽车噪声控制可分为被动控制和主动控制两种方式。车内噪声被动控制可从两个方面考虑:一是减弱、消除噪声源;二是隔绝振源与车身间的振动传递关系(隔声、防振、吸声等)。用被动控制方式来减小车内噪声,往往受到技术上和经济上的限制。而主动控制方式则利用重叠声场相互干涉这一现象,即重叠声场振动的增强或削弱取决于它们的相位关系和它们相应的幅值。别克昂科威汽车配备了主动降噪技术(Active Noise Cancellation,ANC),如图4-48所示,由车内三处麦克风监测乘员实际感受到的发动机噪声,根据其波形特点运算出反向波形,通过扬声器发出反向声波与其相互抵消,营造安静的驾乘环境。

图 4-48 主动降噪技术

4.3 汽车与能源节约

4.3.1 汽车能源消耗

1. 直接能源消耗

汽车上的直接能源消耗(简称能耗)主要是指用于驱动车辆的石油消耗。影响其使用效率的因素包括车辆的特性,如车型、载重量、车龄、发动机排量,以及公路几何特性与状况,如坡度、曲率、路面维护状况、交通状况等。公路车辆燃油消耗与车速呈曲线关系,即在低速和高速时,油耗都较高,对于大多数车型而言,最低油耗率对应于一定的行驶速度。根据单位出行能耗、交通构成以及交通总量,可以计算出交通运输系统的能耗总量。

城市交通以客运为主,公共汽车、私人汽车、出租车是能耗主体,动力以汽油和柴油等一次性能源为主。随着汽车保有量的日益增加,城市交通耗能比例呈现不断上升的趋势。城市交通的燃油消耗占全国燃油消耗总量的17.2%,其中私人机动车的能耗占据城市交通总能耗的64.9%。在将来较长一段时期内,伴随我国经济的稳定发展,机动车销售量及总保有量还将继续增加,城市交通能耗将持续快速增长。

目前,世界石油资源面临枯竭,从长远来看,汽车用能源必须换代。但就目前而言,如何降低汽车的能耗,节约宝贵的石油资源,争取寻求可靠代用燃料的时间是当务之急。

2. 间接能源消耗

间接能源消耗主要包括建设、维护、运营交通运输系统所需要的能源消耗。其中,最主要的是制造与维修运输车辆的能源消耗和修筑与养护道路的能源消耗两部分,前者是指在制造与维修车辆过程中的能源消耗;后者则依照道路等级与铺面类型而定。一般来说,高等级公路年度能耗比低等级公路要高,沥青混凝土路面年度能耗比水泥混凝土路面要高,城市道路年度能耗比公路要高。

4.3.2 汽车节能技术

1. 汽车的结构方面

(1)发动机 发动机的油耗对汽车的油耗有决定性的影响,而发动机的油耗决定于发动机的结构与性能。发动机对汽车油耗的影响主要有五个方面:

①发动机结构。发动机的压缩比高、有完善的供油系统及合理的燃烧室形状、采用电子点火系统等,都能降低发动机的比油耗。

②发动机类型。柴油发动机由于压缩比比汽油发动机高得多,因此柴油发动机比汽油发动机的油耗低。

③发动机负荷率。目前,汽车在平坦路面上正常行驶时,发动机的负荷率约为25%,发动机在比油耗较高的范围内工作。因此为了节约燃油,在行驶条件许可的情况下,不必追求汽车装备大功率的发动机以增加负荷率。

④混合动力汽车。混合动力汽车在减速、制动过程中不但可以不消耗燃油,还能回收制动能量,在停车时也可以关闭发动机而不消耗燃油,从而大大提高了汽车的燃油经济性。

⑤高压共轨技术。柴油发动机采用高压共轨技术,使燃油喷射系统可对喷油时间、喷油持续期、喷油压力、喷油规律等进行柔性调节,可进一步提高柴油发动机的燃油经济性。

(2)传动系统 汽车传动系统效率越高,传递动力的过程中能量损失越小,汽车的油耗就越低。对于机械齿轮变速器,其挡位设置增多,能增加发动机处于经济工况下工作的机会,有利于提高汽车的燃油经济性。挡数无限的无极变速器,在任何条件下都提供了使发动机在最经济工况下工作的可能性。若无级变速器能始终维持较高的机械效率,则汽车的燃油经济性将显著提高。

(3)汽车总质量 汽车总质量影响汽车的滚动阻力、坡度阻力和加速阻力,对汽车的燃油经济性影响很大。因此,要将汽车的车身轻型化:使用轻型材料,减轻汽车自重,采用轻型设计技术;使构成部件、附属品轻型化。

(4)汽车的外形 汽车行驶时为克服空气阻力而消耗的发动机功率与汽车行驶速度的三次方成正比。当汽车行驶速度不高时,空气阻力对汽车的燃油消耗影响不大;当汽车行驶速度超过 50 km/h 时,空气阻力对汽车燃油经济性的影响逐渐明显。降低空气阻力是节约燃油的有效途径,而降低空气阻力主要是通过合理设计汽车外形,以减小汽车的空气阻力系数来实现的。

(5)轮胎　轮胎结构对滚动阻力影响很大,改善轮胎结构,可以减小汽车的油耗。目前降低滚动阻力的最好办法是使用子午线轮胎。子午线轮胎与普通斜交轮胎相比,滚动阻力一般要下降20%~30%。另外,轮胎的花纹及胎压对汽车的油耗也有较大的影响。

2. 汽车的使用方面

汽车的使用对汽车油耗的影响主要有四个方面:

(1)行驶速度　汽车中速行驶时燃油消耗量较低,高速行驶时,虽然发动机的负荷率较高,但汽车的行驶阻力增加很多,导致百公里燃油消耗量增加。

(2)挡位选择　在一定的道路上,汽车用不同排挡行驶,燃油消耗量是不一样的。显然,合理的挡位选择可使汽车在该道路上处于较经济的工作区域中。因此,通过选择挡位,使汽车发动机尽可能处在发动机万有特性中经济工作区域,可节约燃油消耗。

(3)挂车的选用　拖带挂车后,虽然汽车总的燃油消耗量增加了,但以100 t·km计的燃油消耗却下降了,即分摊到每吨货物上的油耗下降了。

(4)正确的保养与调整　汽车随着使用时间的增长,其技术状况和性能也逐渐变差,当感觉车辆有异常时,应立即对车辆进行检查。

3. 新能源技术方面

目前,已经研制出电能、太阳能、混合动力能源等新能源汽车。这些可再生能源的应用本身就能够起到节约石油能源的作用。为了进一步节能,对于使用这些新能源技术的汽车来说,同样也存在着自身能源的节能问题。即新能源汽车的传动系统的效率,机械、电器维护,使用中的节能问题等,同目前的燃油发动机汽车一样,存在类似的节能技术问题。

4.4　新型汽车

4.4.1　电动汽车

2019年,新能源汽车产销分别完成124.2万辆和120.6万辆,同比分别下降2.3%和4.0%。其中纯电动汽车生产完成102万辆,同比增长3.4%;销售完成97.2万辆,同比下降1.2%;插电式混合动力汽车产销分别完成22.0万辆和23.2万辆,同比分别下降22.5%和14.5%;燃料电池汽车产销分别完成2833辆和2737辆,同比分别增长85.5%和79.2%。

1. 电动汽车的特点

电动汽车是依靠电能驱动的车辆。与传统的燃油动力汽车相比,电动汽车具有污染少、噪声低、能源效率高、结构简单、使用维修方便等优点;但同时也具有价格和使用成本高、续驶里程短、充电时间长、充电不方便等缺点。

但从发展的角度看,随着科技的进步,电动汽车目前存在的问题会逐步得到解决,其价格和使用成本也必然会有所降低。

2. 电动汽车的类型

根据所使用的基本动力能源不同,电动汽车可分为如下类型:纯电动汽车(图4-49)、普通混合动力汽车(图 4-50)、插电式混合动力汽车(图 4-51)、增程式混合动力汽车(图 4-52)和燃料电池汽车(图 4-53)。

图 4-49　纯电动汽车

图 4-50　普通混合动力汽车

图 4-51　插电式混合动力汽车

图 4-52　增程式混合动力汽车

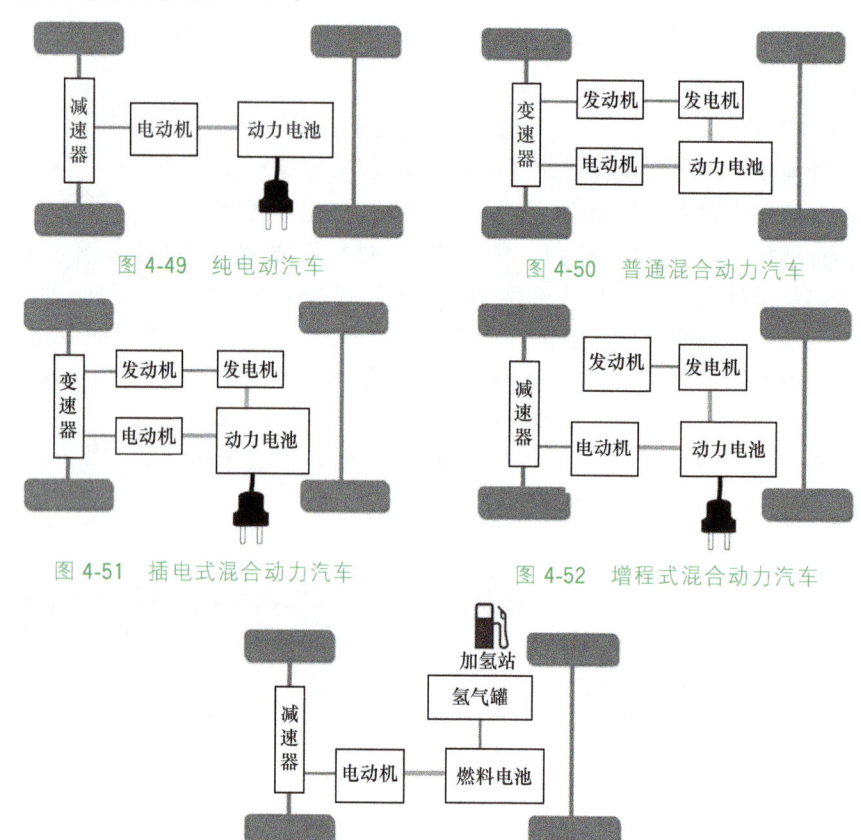

图 4-53　燃料电池汽车

不同类型电动汽车的特点见表 4-3。

表 4-3　　不同类型电动汽车的特点

种类	驱动装置	动力来源	驱动方式	外接充电
纯电动汽车	电动机	电池	电-电-动力	能
普通混合动力汽车	发动机、电动机	燃油	油-油/电-动力	不能
插电式混合动力汽车	发动机、电动机	燃油、电池	油/电-油/电-动力	能
增程式混合动力汽车	电动机	燃油、电池	油/电-电-动力	能
燃料电池汽车	电动机	氢气	氢-电-动力	不能

4.4.2　燃气汽车

燃气汽车主要有液化石油气汽车(Liquefied Petroleum Gas Vehicle,LPGV)和压缩天然气汽车(Compressed Natural Gas Vehicle,CNGV)。顾名思义,LPGV 是以液化石油气为燃料,CNGV 是以压缩天然气为燃料。液化石油气是指低压状态的液态石油气,储存于车载绝热气瓶中;压缩天然气是指压缩到 20.7~24.8 MPa 的天然气,储存在车载

高压气瓶中。

燃气汽车的有害气体排放低、热效率高、冷启动性能和低温运转性能良好、燃烧界限宽、稀燃特性优越,是目前较为实用的低排放汽车;燃气汽车的缺点是储运性能差,一次充气的续驶里程短,动力性与汽油车或柴油车相比有所下降等。

4.4.3 太阳能汽车

太阳能汽车是一种靠太阳能来驱动的汽车。相比传统热机驱动的汽车,太阳能汽车是真正的零排放。据估计,如果由太阳能汽车取代燃气车辆,每辆汽车的二氧化碳排放量可减少43%~54%。正因为其环保的特点,太阳能汽车被诸多国家所提倡,太阳能汽车产业的发展也日益蓬勃。太阳能汽车的缺点是要依赖天气,且能量转换效率低,造价高。

4.4.4 其他新型清洁燃料汽车

1. 二甲醚(DME)汽车

二甲醚既可作为甲醇燃料汽车的着火改善剂,又可单独作为柴油发动机的清洁燃料使用。作为柴油车的燃料,二甲醚燃烧时排气烟度及微粒排放很低,并可以使用废气再循环(Exhaust Gas Recirculation,EGR)降低NO_x,使用氧化催化剂时,CO及HC也很低,比较容易达到超低排放标准。

2. 醇类燃料汽车

醇类燃料是指甲醇(CH_3OH)、乙醇(C_2H_5OH)、丙醇、丁醇及其异构物等。其原料极其丰富,生产工艺成熟。甲醇及乙醇的理化性质及燃烧性能能较好地适应汽车使用的要求。甲醇汽车有狄塞尔(Diesel)型和奥托(Auto)型两种。将在柴油发动机基础上改用醇类燃料的发动机称为狄塞尔型醇类燃料发动机;将在汽油发动机基础上改用醇类燃料的发动机称为奥托型醇类燃料发动机。狄塞尔型甲醇汽车和柴油车相比,NO_x和炭烟微粒排放少,但冷启动性能差,可以添加甲醛予以改善。奥托型甲醇汽车技术成熟,排放气体和汽油发动机相当。

3. 灵活燃料汽车(FFV)

灵活燃料汽车(Flexible Fuel Vehicle,FFV)也称为变燃料汽车(Variable Fuel Vehicle,VFV),主要是指能使用纯汽油、纯醇燃料以及不同比例的汽油和醇燃料混合燃料的汽车。试验研究结果表明,含有85%甲醇或乙醇及15%汽油的混合燃料汽车的综合性能较好。灵活燃料汽车既要能使用不同醇含量的混合燃料,又要能使用汽油,因此,在参数及一些相关零件特性的选择上要采取折中方案,以兼顾两方面的需要。

知识梳理与项目小结

1. 影响道路交通安全的主要因素包括人(交通参与者)、汽车、道路和交通环境等。

2. 汽车安全技术分为主动安全技术和被动安全技术两个方面。汽车主动安全技术包括防抱死制动系统、牵引力控制系统、电子制动力分配系统、车身电子稳定程序、上坡辅助控制系统、下坡辅助控制系统、行车辅助系统、泊车辅助系统、智能大灯系统等；汽车被动安全技术包括安全带、安全气囊、儿童安全座椅、头颈保护系统、安全玻璃、安全车身、行人安全保护装置、可溃缩转向管柱、保险杠等。

3. 汽车排放物主要包含一氧化碳（CO）、碳氢化合物（HC）、氮氧化合物（NO_x）、炭烟微粒（PM）四种有害成分。排放污染物净化技术包括机内净化技术和机外净化技术两大类。

4. 汽车噪声主要有发动机噪声、道路噪声、轮胎噪声、气流噪声和传动噪声等，汽车噪声控制可分为被动控制和主动控制两种方式。

5. 汽车能源消耗包括直接能源消耗和间接能源消耗两种，汽车节能技术包括汽车结构、汽车使用、新能源技术三个方面。

6. 新型汽车包括电动汽车、燃气汽车、太阳能汽车、二甲醚汽车、醇类燃料汽车及灵活燃料汽车等。

知识测评

1. 简述交通事故产生的原因及减少交通事故和降低事故伤害的措施。
2. 汽车的有害排放物主要有哪些？有何危害？如何控制？
3. 汽车的主要噪声有哪些？有何危害？如何控制？
4. 简述汽车能源消耗的分类及主要的汽车节能技术。
5. 常见的新型汽车有哪些？
6. 电动汽车如何分类？有何特点？

技能测评

1. 选择某一款汽车，指出该汽车上配备的主动安全技术和被动安全技术有哪些？
2. 你希望未来的汽车安全技术如何发展？
3. 上网查阅资料，分组讨论交通事故的成因及预防措施。
4. 上网查阅资料，分组讨论新型汽车的发展趋势。

模块5

著名汽车公司与品牌商标

　　汽车公司的创建、发展和变迁记录了世界汽车工业的成长历程。汽车公司商标简称车标，顾名思义就是汽车公司或汽车产品的标志，它是艺术性和象征性的高度统一，是汽车公司生存和发展的缩影。车标已同各种社会、文化、心理因素相融合，成为一种时代的象征。

教学导读

- 了解世界著名的汽车公司，熟悉各汽车公司主要汽车品牌，理解各汽车公司商标的含义。
- 认识中国主要的汽车公司，熟悉各汽车公司的汽车品牌，理解各汽车公司商标的含义。
- 分清各汽车公司相互间的关系，了解各大汽车公司的发展历程。

5.1 美国著名汽车公司与商标

5.1.1 通用汽车公司

1. 公司概况

(1)公司简介　通用汽车公司(General Motors Corporation)创建于1908年,创始人为威廉·杜兰特,公司总部设在美国汽车城底特律。2019年,通用汽车公司在全球汽车制造商销量排名中居第四位,汽车全球销量为774.47万辆。

(2)公司商标　通用汽车公司的商标取自其英文名称(General Motors Corporation)的前两个单词的第一个字母(图5-1)。各车型商标都采用了公司下属分部的商标。

图5-1　通用汽车公司商标

2. 发展历程

1904年,威廉·杜兰特买下经营陷入困境的别克(Buick)汽车公司。

1908年,杜兰特以别克汽车公司和奥兹莫比尔(Oldsmobile)汽车公司为基础成立通用汽车公司。

1909年,收购奥克兰汽车公司[1932年更名为庞蒂克(Pontiac)汽车公司],并购凯迪拉克(Cadillac)汽车公司。

1910年,过快的发展使公司产生财政危机,杜兰特被免职。

1911年,杜兰特和路易斯·雪佛兰创立雪佛兰(Chevrolet)汽车公司。

1917年,杜兰特重新担任通用汽车公司总裁。

1917—1920年,杜兰特又先后购进了17家小汽车公司,但一系列的失误,导致通用汽车公司被杜邦公司收购,杜兰特再次被免职。

1923年,著名"经营之神"阿尔弗雷德·斯隆担任公司总裁。

1925年,并购沃克斯豪尔汽车公司。

1929年,收购德国欧宝(Opel)汽车公司。

1985年,创建土星汽车分部。

1989年,收购萨博汽车公司50%股权。

2000年,收购萨博公司100%股权。

20世纪末,参股五十铃、铃木汽车公司,合资上海通用(2015年更名为上汽通用)、一汽通用、通用大宇等汽车公司。

2009年,通用汽车公司申请破产保护,同年更名为通用汽车有限公司。

2010年,将萨博汽车品牌卖给荷兰世爵汽车公司。

3. 汽车品牌

(1)凯迪拉克(Cadillac)　凯迪拉克取自底特律的城市创建人安东尼·凯迪拉克的名字。凯迪拉克汽车分部创建于1902年,1909年被通用汽车公司并购,创始人是亨利·利兰德。利兰德以前是奥兹莫比尔公司的零件供应商,1900年起自行制造汽车,并成为凯迪拉克汽车公司的生产经理。他制造出凯迪拉克汽车时,已是近60岁的老人。

①公司商标。凯迪拉克汽车公司旧商标图形主要由"冠"和"盾"组成(图5-2)。"冠"象征着凯迪拉克家族的纹章,其上7颗珍珠喻示皇家的贵族血统。"盾"象征着凯迪拉克是一支金戈铁马、英勇善战、攻无不克、无坚不摧的英武之师。"盾"分为4等份,第一和第四等份是门斯家族的全底纹章,中间横穿而过的深褐色棒把3只相同的黑鸟分开,2只在上,1只在下。这3只鸟意味着三位一体的神圣,还意味着大胆和热情的基督教武士的智慧及其完美的品德。第二和第三等份为红色和银色块,对角排列,代表了凯迪拉克家族拥有广阔的土地,红色标志着行动的勇敢和大胆;银色表示团结、博爱、美德和富有。横穿的棒表示勇敢的骑士们。凯迪拉克汽车公司商标象征了底特律城创始人祖先的英勇和荣誉。

凯迪拉克汽车公司商标自诞生以来,其花冠和盾牌的设计在不同时代不断地变化,百余年来竟有30多次。21世纪伊始,凯迪拉克汽车公司对商标进行了一系列创新设计,新商标整体以铂金颜色为底色,而花冠则保留了原有的色彩组合,不过6只可爱的鸟"飞走了"(图5-3)。该商标亦比喻凯迪拉克汽车的高贵、豪华、气派和潇洒,凯迪拉克骑士们的英勇善战、攻无不克,具有巨大的市场竞争力。

图5-2 凯迪拉克汽车公司旧商标 　　图5-3 凯迪拉克汽车公司新商标

②历史名车。凯迪拉克是美国汽车第一品牌,首辆A型凯迪拉克是1902年10月17日制造成功的,单缸10 PS,在1903年1月纽约车展中一露面就被买走,图5-4所示为1905年凯迪拉克Osceola汽车。当A型车取得初步成功时,1905年推出的D型车则把凯迪拉克带向更高境界。该车采用4缸发动机,5人座铝制外表木制车体。1908年,利兰德首创可互换零部件的汽车,3部汽车彻底被分解,零部件打乱后被交换并组装到一起,通过了500英里行驶试验,最终获得英国皇家汽车俱乐部第一个"杜瓦"(Dewar Trophy)奖,这是标准化生产在汽车工业中的首次运用。

1912年,凯迪拉克首创用电动机启动发动机,从此让手摇启动成为历史。截至1916年,98%的美国汽车都安装了电动机,凯迪拉克由此第二次获得"杜瓦"奖。

1914年,利兰德研制了V8发动机。装载V8发动机的凯迪拉克汽车(图5-5)一面世,就引起轰动,它的卓越性能前所未有,一下子就确立了凯迪拉克在汽车业的领先地位。

图 5-4　1905 年凯迪拉克 Osceola 汽车 　　图 5-5　1914 年装载 V8 发动机的凯迪拉克汽车

图 5-6～图 5-11 所示为不同历史时期的凯迪拉克汽车。

图 5-6　1927 年凯迪拉克拉赛尔(La Salle)汽车 　　图 5-7　1931 年装载 V16 发动机的凯迪拉克汽车

图 5-8　1949 年凯迪拉克 Rhineback 汽车 　　图 5-9　1959 年凯迪拉克 Eldorado Convertible 汽车

图 5-10　1989 年凯迪拉克弗利特伍德汽车 　　图 5-11　2008 年凯迪拉克 CTS 汽车

(2)别克(Buick)　别克汽车分部创建于 1903 年,创始人是美国人大卫·别克。1908 年并入通用汽车公司。主要设计、制造中档家庭轿车,产品有世纪(Century)、皇朝(Regal)、林荫大道(Electra/Park Avenue)等。

①公司商标。图 5-12 所示为不同时期的别克汽车公司商标。

(a)1905 年　　(b)1920 年　　(c)1942 年　　(d)1959 年　　(e)最新

图 5-12　不同时期的别克汽车公司商标

别克汽车公司的英文商标来源于该公司的创始人大卫·别克的姓氏。其中"三利

剑"图案商标,刃刃见锋,显示别克的顶级技术。三把颜色不同的利剑(从左到右分别为红、白、蓝三种颜色)依次排列在不同的高度位置上,给人一种积极进取、不断攀登的感觉。

②历史名车。图 5-13～图 5-16 所示为不同时期的别克汽车。

图 5-13　1936 年别克 Roadmaster 汽车

图 5-14　1951 年别克 LeSabre 概念车

图 5-15　1959 年别克 Electra 旗舰车

图 5-16　1996—2005 年别克林荫大道汽车

(3)雪佛兰(Chevrolet)　雪佛兰汽车分部创建于 1911 年,创始人为通用汽车公司创始人威廉·杜兰特和赛车手、工程师路易斯·雪佛兰,1918 年并入通用汽车公司。主要生产经济型轿车及中、高级跑车。其产品被称为"地道的美国车",先后十多次获得美国《汽车时尚》杂志的"年度最佳轿车"奖。

①公司商标。图 5-17 所示为雪佛兰汽车公司商标。

雪佛兰汽车公司商标为图案化的蝴蝶领结,象征着雪佛兰汽车的大方、气派和风度。

②历史名车。图 5-18～图 5-21 所示为不同时期的雪佛兰汽车。

图 5-17　雪佛兰汽车公司商标

图 5-18　1915 年雪佛兰 H-4 汽车

图 5-19　1934 年雪佛兰 Suburban Carryall 汽车

图 5-20　1954 年雪佛兰克尔维特汽车

图 5-21　2007 年雪佛兰 Camaro 汽车

(4)庞蒂克(Pontiac) 庞蒂克汽车分部原为创建于1907年的奥克兰汽车公司,创始人为爱德华·墨菲。1909年并入通用汽车公司成为奥克兰分部,1932年改名为庞蒂克分部,主要生产中档汽车。

①公司商标。图5-22所示为庞蒂克汽车公司商标。

图 5-22 庞蒂克汽车公司商标

庞蒂克汽车公司商标由字母和图形两部分组成。字母"PONTIAC"是当地酋长的名字,也是美国密歇根州的一个地名;图形是带十字形标志的箭头。其中,十字形标志表示庞蒂克是通用汽车公司的重要成员,也象征庞蒂克汽车安全可靠;箭头代表庞蒂克的超前技术和攻关精神,预示着庞蒂克汽车跑遍全球。

②历史名车。图5-23~图5-25所示为不同时期的庞蒂克汽车。

图 5-23 1926年庞蒂克六缸之冠轿车

图 5-24 1967年庞蒂克火鸟汽车

图 5-25 庞蒂克太阳火(Sunfire)汽车

(5)奥兹莫比尔(Oldsmobile) 奥兹莫比尔汽车分部创建于1897年,创始人为美国人兰索姆·奥兹。1908年并入通用汽车公司,以生产中档汽车为主。主要产品有阿莱罗(Alero)、曙光(Aurora)、短剑(Cutlass)、激情(Intrigue)、88(Eighty-eight)、摄政王(Regency)、剪影厢体车(Silhouette)等。

①公司商标。图5-26所示为奥兹莫比尔汽车公司商标。

图 5-26 奥兹莫比尔汽车公司商标

奥兹莫比尔汽车公司商标由图形和文字两部分组成。文字商标是由"Olds"和"mobile"组成的"Oldsmobile"字样;商标中的箭形图案代表公司积极向上和勇往直前的创新精神。

②历史名车。图5-27和图5-28所示为不同时期的奥兹莫比尔汽车。

图 5-27 1966年奥兹莫比尔龙卷风汽车

图 5-28 1995年奥兹莫比尔Aurora旗舰车

(6)土星(Saturn) 土星汽车分部创建于1985年,是通用汽车公司唯一从内部建立起来的分部,以抵御外国轿车大规模进入美国市场。该公司设在美国田纳西州春山市,是通用汽车公司最年轻的品牌。主要产品有豪华轿车SL、旅行轿车SW和跑车SC。

①公司商标。图 5-29 所示为土星汽车公司商标。

土星汽车公司商标由图形和文字组成。SATURN 是土星的英文名,商标中的图案表现了这颗行星的运动轨迹,给人一种高科技、新观念、超时空的感觉,寓意土星汽车技术先进,设计超前且最具时代魅力。在红色背景前,显出了两条星球运行的轨迹,也像高分子运动的轨迹。其含义为土星汽车是开发高科技材料,追求高科技产品和新成果的结晶。

图5-29　土星汽车公司商标

②历史名车。图 5-30 和图 5-31 所示为不同时期的土星汽车。

图 5-30　土星 SW2 旅行轿车 　　　图 5-31　1999 年土星 SC 三门跑车

(7)欧宝(Opel)　欧宝汽车分部创始人为德国人亚当·欧宝。该公司 1863 年生产缝纫机和自行车,1899 年开始生产汽车,1914 年成为德国最大的汽车生产厂家。1929 年被通用汽车公司并购。欧宝汽车公司重视汽车技术创新,向广大社会群体提供价廉物美的产品,旗下有欧美佳、威达、雅特和赛飞利等品牌轿车,性能优良,价位合理。

①公司商标。图 5-32 所示为欧宝汽车公司商标。

欧宝汽车公司商标为"闪电"图案,"圆圈与闪电"喻示欧宝汽车风驰电掣,同时也彰显它在空气动力学方面的研究成就,即欧宝汽车的力量和速度是无与伦比的,欧宝汽车公司永远充满着生机与活力。

图 5-32　欧宝汽车公司商标

②历史名车。图 5-33 和图 5-34 所示为不同时期的欧宝汽车。

图 5-33　1924 年欧宝绿蛙汽车 　　　图 5-34　2001 年欧宝概念车

(8)萨博(Saab)　萨博(Saab)也称为绅宝,公司创建于 1932 年,原为瑞典飞机公司,1946 年开始生产汽车。1989 年被美国通用汽车公司收购 50%股权,2000 年被收购 100%股权。它以生产安全性能较好的豪华轿车和涡轮增压发动机而闻名于世。

①公司商标。图 5-35 所示为萨博汽车公司商标。

图 5-35　萨博汽车公司商标

萨博汽车公司商标与"头戴皇冠"的"鹰头飞狮"具有"血缘"关系：它由两个圆圈组成，其中间是头戴皇冠的"鹰头飞狮"，并标有"SAAB"字样。绅宝汽车重新设计了蓝色小圆盘，现在融进了绅宝传统的狮身鹫首怪兽的纹章及"SAAB"的标志字母。整体风格一致，整齐划一。2001款的汽车开始采用这种标志。

②历史名车。图 5-36 和图 5-37 所示为不同时期的萨博汽车。

图 5-36　1947 年第一辆 Saab92 定型车 　　　图 5-37　1995 年 Saab 93 汽车

(9)沃克斯豪尔(Vauxhall)　沃克斯豪尔汽车分部的创始人为英国人亚历山大·威尔逊。该公司前身为蒸汽机制造厂，创建于 1857 年，1903 年开始制造汽车，1925 年被美国通用汽车公司收购。以生产高性能轿车、跑车驰名于世。

①公司商标。图 5-38 所示为沃克斯豪尔汽车公司商标。

图 5-38　沃克斯豪尔汽车公司商标

②历史名车。图 5-39 和图 5-40 所示为不同时期的沃克斯豪尔汽车。

图 5-39　沃克斯豪尔 DX 汽车 　　　图 5-40　沃克斯豪尔轿跑车

(10)其他品牌　通用汽车公司其他汽车品牌与合作伙伴如下：

①悍马(Hummer)。图 5-41 和图 5-42 所示为不同时期的悍马汽车。

图 5-41　悍马 H1 汽车 　　　图 5-42　悍马 H2 汽车

②吉姆西(GMC)。吉姆西汽车公司成立于 1911 年，以生产皮卡为主。主要品牌有吉米(Jimmy)、喜来皮卡(Sierra Pickup)、迅马皮卡(Sonoma Pickup)等。

③霍尔登(Holden)。1931年,通用汽车公司收购澳大利亚的霍尔登(Holden)汽车公司,与通用澳大利亚分公司合并成通用-霍尔登汽车公司。霍尔登汽车品牌在澳大利亚颇受欢迎。

④大宇(Daewoo)。图5-43和图5-44所示为大宇汽车公司商标和通用大宇汽车。

图5-43 大宇汽车公司商标   图5-44 通用大宇Matiz汽车

⑤其他。通用汽车公司还与日本的丰田、铃木、五十铃、富士重工,德国的戴姆勒-克莱斯勒、宝马,法国的雷诺,中国的上汽集团,俄罗斯的AVTOVAZ等汽车公司合作生产、销售汽车。

5.1.2　福特汽车公司

1. 公司概况

(1) 公司简介　福特汽车公司(Ford Motor Company)创建于1903年,创始人为亨利·福特,公司总部设在美国汽车城底特律。2019年,福特汽车公司在全球汽车制造商销量排名中居第六位,汽车全球销量为490.12万辆。

(2) 公司商标　福特汽车公司商标如图5-45所示。

福特汽车公司的商标采用英文Ford字样,蓝底白字。由于创始人亨利·福特喜欢小动物,因此商标设计者为了迎合福特的嗜好,就将英文Ford设计成形似奔跑的小白兔形象。犹如在温馨的大自然中,一只活泼可爱的小白兔矫捷潇洒地向前飞奔,象征福特汽车飞奔于世界各地,令人爱不释手。各车型商标都采用了公司下属分部的商标。

图5-45 福特汽车公司商标

2. 发展历程

1903年,亨利·福特和11个初始投资人签署文件,成立福特汽车公司。

1908年,福特汽车公司推出了举世闻名的T型汽车,至1927年T型汽车停产,共生产1 546万辆,创当时单产世界纪录。

1913年,建成了世界上第一条汽车流水生产线。

1919年,埃德塞尔·福特接替亨利·福特任公司总裁。

1922年,福特汽车公司收购了林肯品牌。

1935年,开创了水星(Mercury)品牌,填补了福特产品和高档林肯产品间的市场空缺。

1943年,埃德塞尔·福特去世,亨利·福特重新担任福特汽车公司总裁。

1945年,亨利·福特二世任福特汽车公司总裁。

1954年,推出福特雷鸟(Thunderbird)车型,成为美国历史上迄今为止最成功的小型运动车。

1964年,推出轮廓鲜明的四座福特野马(Mustang),成了美国的"宠儿"。

1989年,福特收购捷豹(Jaguar)汽车公司。

1991年,推出福特特使(Taurus)型汽车。

1993年,推出欧洲"年度汽车"和福特首辆家庭型全球车福特蒙迪欧。

1994年,收购阿斯顿·马丁汽车公司。

1996年,收购马自达的股份扩大到33.4%,成为马自达最大的股东。

1999年,亨利·福特的曾孙比尔·福特成为福特汽车公司董事长,购买沃尔沃全球轿车业务。

2000年,从宝马汽车公司正式购得路虎汽车公司(Land Rover)的所有权。

2001年,长安福特汽车有限公司成立,双方各拥有50%的股份。

2008年,印度塔塔集团从福特手中以23亿美元收购了捷豹、路虎品牌。

2010年,中国浙江吉利控股集团有限公司收购福特旗下沃尔沃(Volvo)轿车业务,获沃尔沃轿车品牌的拥有权。

3. 汽车品牌

(1)林肯(Lincoln) 林肯汽车公司是由亨利·利兰德于1917年8月创建的,当时他已经74岁。在此之前,利兰德还成立了著名的凯迪拉克汽车公司,被誉为美国汽车工业界的"精密生产大师"。

①公司商标。林肯汽车公司商标(图5-46)是由一颗闪闪发光的星辰和一个近似矩形的外框组成的图案。它喻示着林肯总统是美国联邦统一和废除奴隶制的启明星,也喻示着林肯轿车有光辉灿烂的明天。

②历史名车。图5-47所示为林肯·大陆加长型总统级汽车。

图 5-46 林肯汽车公司商标

图 5-47 林肯·大陆加长型总统级汽车

(2)路虎(Rover,曾译为罗孚) 路虎汽车公司的前身是建于1884年的自行车制造厂,生产自行车时就使用路虎作为商标名称。1904年生产汽车后仍以"路虎"作为汽车品牌。

①公司商标。路虎汽车公司商标(图5-48)采用了一艘海盗船图案,张开的红帆象征着公司乘风破浪、所向披靡的大无畏精神。图5-49所示为兰德-路虎越野汽车商标。

②历史名车。图5-50和图5-51所示分别为1999年路虎Rover75和路虎揽胜Range

Rover 汽车。

图 5-48　路虎汽车公司商标　　　　图 5-49　兰德-路虎越野汽车商标

图 5-50　1999 年路虎 Rover75 汽车 　　　图 5-51　路虎揽胜 Range Rover 汽车

（3）美洲豹（Jaguar，又译为美洲虎、捷豹）　美洲豹汽车公司原是利兰汽车公司的分部，素以生产豪华的美洲豹运动车而闻名于世。

①公司商标。最早出现在美洲豹运动车上的商标（图 5-52）是一只扑跃向前的美洲豹金属雕像，矫健而勇猛，安放在车头上，十分神气，象征着速度与力量。之后又出现一种美洲豹的浮雕头像（图 5-53），怒目咆哮，盛气凌人，体现了该车的名贵和该公司的雄心勃勃。

图 5-52　美洲豹汽车公司商标(1)　　　图 5-53　美洲豹汽车公司商标(2)

②历史名车。图 5-54 和图 5-55 所示分别为 XK140 敞篷车和捷豹 XK8 跑车。

图 5-54　XK140 敞篷车 　　　　　　图 5-55　捷豹 XK8 跑车

（4）马自达（Mazda）　马自达原是日本公司，1920 年建立，创立之初称为东洋软木工业株式会社。1931 年正式开始在广岛生产小型货车，20 世纪 60 年代初正式生产轿车，曾是日本产量最大的汽车公司。1979 年，福特购买了马自达汽车公司 25% 的股份，1996

年将拥有的股份扩大至33.4%,控股马自达。

①公司商标。最初马自达汽车公司商标图案中的"m"就是松田拼音的第一个字母,采用英文拼音"mazda"为其商标。自马自达与福特合作之后采用了新商标(图5-56),崭新的设计图案意味着马自达要展翅高飞,不断进行技术突破,以无穷的创意和真诚的服务,勇闯车坛顶峰,迈向新世纪。

②历史名车。图5-57所示为马自达多用途汽车。

图5-56 马自达汽车公司商标 　　图5-57 马自达多用途汽车

(5)阿斯顿·马丁(Aston Martin) 阿斯顿·马丁汽车公司原是一家英国公司,以生产豪华型跑车为主。阿斯顿·马丁跑车多采用前置V8发动机,功率强大,该车型空气动力性能优越,质量可靠。该公司生产的赛车在国际赛车领域名气很大。1987年福特汽车公司购买了该公司75%的股份,1994年7月又收购了其余的股份,至此阿斯顿·马丁汽车成为福特汽车公司的品牌之一。

①公司商标。阿斯顿·马丁汽车公司商标(图5-58)为一只展翅飞翔的大鹏,喻示该公司像大鹏一样,具有从天而降的冲刺速度和远大的志向。商标中注有阿斯顿·马丁的英文字样"ASTON MARTIN"。

②历史名车。图5-59所示为2006年阿斯顿·马丁Vantage汽车。

图5-58 阿斯顿·马丁汽车公司商标 　　图5-59 2006年阿斯顿·马丁Vantage汽车

(6)沃尔沃(Volvo) 沃尔沃(富豪)汽车公司是北欧最大的汽车企业,也是瑞典最大的工业企业集团,是世界20大汽车公司之一。它创立于1927年,其创始人是古斯塔大·拉尔松和阿萨尔·加布里尔松。1999年4月1日,福特汽车公司正式收购沃尔沃轿车。中国浙江吉利控股集团有限公司于2010年3月28日与福特汽车公司在瑞典哥德堡正式签署收购沃尔沃汽车公司的协议。

①公司商标。沃尔沃(Volvo)在拉丁文里是"滚滚向前"的意思。它的商标(图5-60)是圆圈加上指向右上方的箭头,寓意着沃尔沃汽车的车轮滚滚向前和公司兴旺发达、前

途无量。沃尔沃汽车的散热器罩上还有一根传统的斜线,"支承"着矩形的散热器罩,似乎在告诉人们,它的安全毋庸置疑。

②历史名车。图 5-61 所示为 2008 年沃尔沃 XC90 汽车。

图 5-60　沃尔沃汽车公司商标　　　图 5-61　2008 年沃尔沃 XC90 汽车

5.1.3　克莱斯勒汽车公司

1.公司概况

克莱斯勒汽车公司(Chrysler Motors Corporation)始建于 1925 年,创始人为瓦尔特·克莱斯勒,公司总部设在美国汽车城底特律。2019 年,菲亚特-克莱斯勒集团(公司合并)在全球汽车制造商销量排名中居第八位,汽车全球销量为 436.02 万辆。

2.发展历程

1925 年,瓦尔特·克莱斯勒将马克斯威尔汽车公司改为克莱斯勒汽车公司。

1928 年,成立普利茅斯(Plymouth)分部,收购道奇(Dodge)汽车公司,成为美国三大汽车制造商之一。

1938 年,克莱斯勒汽车产量占美国汽车总产量的四分之一。

1955 年,克莱斯勒推出首款字母系列轿车——C-300,开创高性能轿车时代。

1958 年,收购法国西姆卡汽车公司的股份,并开始在美国销售西姆卡汽车。

1984 年,克莱斯勒收购玛莎拉蒂汽车公司 15.6% 的股份。

1987 年,克莱斯勒公司兼并了美国汽车公司(AMC),成立鹰·吉普部(Eagle Jeep)。

1991 年,克莱斯勒出售其持有的三菱汽车公司股份。

1998 年,与德国著名的戴姆勒-奔驰汽车公司合并,成立戴姆勒-克莱斯勒汽车公司。

2007 年,戴姆勒-克莱斯勒汽车公司将克莱斯勒公司 80.1% 股权出售给美国瑟伯勒斯(Cerberus)资本管理公司,单独成立克莱斯勒控股公司(Chrysler Holding LLC)。

2009 年,陷入困境的克莱斯勒汽车公司发表声明宣布申请破产保护,欧盟委员会批准意大利菲亚特汽车公司收购美国克莱斯勒汽车公司。

2014 年,菲亚特汽车公司宣布完成对克莱斯勒汽车公司所有股份的收购。

3.汽车品牌

(1)克莱斯勒(Chrysler)　克莱斯勒汽车公司商标与著名车型如下:

①公司商标。克莱斯勒汽车公司旧商标(图 5-62)像是一枚授勋的奖章,体现了克莱斯勒家族和公司员工的远大理想和抱负,以及永无止境的追求和在竞争中获胜的奋斗精

神,又像是蓝色五边形被白色五角星分割成五个部分,寓意亚、非、欧、美、澳五大洲一定会成为克莱斯勒汽车公司的市场。

经过重新设计的克莱斯勒商标(图 5-63)改为由装在水箱盖上醒目的银色飞翔标志和刻在水箱罩上的金色克莱斯勒印章组成。银色飞翔标志由一个圆环和展翅雄鹰组成。雄鹰展翅表现出鹰的风格、气质、勇敢等,象征着公司开拓进取、不断腾飞,走向辉煌的形象,标志着汽车工程与汽车设计从此进入了一个崭新的时代。

图 5-62　克莱斯勒汽车公司旧商标　　图 5-63　克莱斯勒汽车公司新商标

②历史名车。图 5-64～图 5-66 所示分别为克莱斯勒 300C、克莱斯勒交叉火力和克莱斯勒大捷龙汽车。

图 5-64　克莱斯勒 300C 汽车　　图 5-65　克莱斯勒交叉火力汽车　　图 5-66　克莱斯勒大捷龙汽车

(2)道奇(Dodge)　道奇汽车公司是 1914 年由约翰·道奇和霍瑞斯·道奇兄弟创建的。1928 年,被克莱斯勒汽车公司收购。

①公司商标。道奇汽车公司商标(图 5-67)由文字"DODGE"和图形商标组成。图形商标是在一个五边形中有一羊头形象,在汽车上使用时有小公羊和大公羊两种商标。这只神气的羊头,既表示道奇车强壮剽悍、善于决斗的风格,又表示道奇车朴实无华的平民倾向。不过现在,注重内在豪华、舒适,但外表朴实憨厚的它已经成为各地富商名流理所当然的选择。

图 5-67　道奇汽车公司商标

②历史名车。图 5-68 和图 5-69 所示分别为道奇蝰蛇型跑车及其商标。

图 5-68　道奇蝰蛇型跑车　　图 5-69　道奇蝰蛇型跑车商标

(3)吉普(Jeep) 1987年克莱斯勒汽车公司兼并了以生产轻型四轮驱动汽车著称的美国汽车公司(AMC),使其成为自己的又一个分部——鹰·吉普部。该分部保留了原来的车型和车名,除生产轿车外,还生产著名的 Jeep 系列轻型越野车。该部生产的切诺基吉普车性能优越。

①公司商标。Jeep 汽车公司商标(图 5-70)的含义就是英文吉普的意思。传说中人们把"大力水手 Popeye"连环画中的一种既不是鸟也不是四脚兽,但知道所有答案,也能做更多的事的寓言性动物称为"吉普"。吉普车这个名称是在第二次世界大战期间出现的。

图 5-71 所示为鹰·吉普部生产的鹰牌轿车的商标,美国人对老牌战斗机飞行员的俚称为"鹰",它象征着矫健、强悍和自豪。

图 5-70　Jeep 汽车公司商标　　图 5-71　鹰牌轿车的商标

②历史名车。图 5-72 所示为北京吉普大切诺基汽车。

图 5-72　北京吉普大切诺基汽车

(4)普利茅斯(Plymouth) 普利茅斯部汽车商标与著名车型如下:

①公司商标。普利茅斯部汽车商标(图 5-73)中的"PLYMOUTH",是为了纪念第一批移民的英国清教徒在 1620 年乘坐"五月花"号船自 Plymouth 港口登陆而设计的,又译为顺风部。商标中还采用了他们所乘坐的帆船——"珠夫拉瓦"号的船形图案。

②历史名车。图 5-74 所示为早期生产的普利茅斯汽车。

图 5-73　普利茅斯部汽车商标　　图 5-74　普利茅斯汽车

5.2 欧洲著名汽车公司与商标

5.2.1 戴姆勒-奔驰汽车公司

1. 公司概况

(1)公司简介　戴姆勒-奔驰汽车公司(Daimler-Benz Motors Corporation)创建于1926年,创始人为戈特利布·戴姆勒和卡尔·本茨,公司总部设在德国斯图加特。2019年,戴姆勒-奔驰汽车公司在全球汽车制造商销量排名中居第十位,汽车全球销量为262.30万辆。

(2)公司商标　奔驰、戴姆勒与戴姆勒-奔驰汽车公司商标如下:

①奔驰汽车公司商标。本茨发明了汽车,同时巧妙地将希腊文学艺术中的神话与德国制造技术有机地结合在一起,成为世界汽车文化的先驱。原奔驰汽车公司商标是在两个嵌套的圆中标有"BENZ"字样,后来在两个嵌套的圆之间加上了月桂树叶,就像一顶桂冠(图5-75),喻示奔驰汽车公司在汽车领域独占鳌头,独夺"桂冠"。

②戴姆勒汽车公司商标。戴姆勒汽车公司商标(图5-76)是一个圆环围着一颗三叉星。三叉星形似简化了的汽车转向盘,表示全方位的机动性,圆环显示其轿车营销全球的发展势头。戴姆勒与奔驰两个汽车公司合并后,也常以该商标作为奔驰汽车商标,置于汽车前端散热器上,随车高速奔驰,迎风傲立,气度高雅。

图5-75　奔驰汽车公司商标　　图5-76　戴姆勒汽车公司商标

1899年3月,耶里耐克(奥地利驻匈牙利总领事)驾驶戴姆勒汽车公司的汽车参加比赛夺魁,建议以其爱女"梅赛德斯"(幸福的意思)的名字给汽车命名,意为戴姆勒生产的汽车将为车主们带来幸福。这一建议被戴姆勒接受,并于1901年在其商标上标志出来,1909年的戴姆勒-梅赛德斯汽车商标如图5-77所示。

③戴姆勒-奔驰汽车公司商标。1926年,戴姆勒与奔驰两个汽车公司合并,其商标也合二为一,如图5-78所示。

图5-77　戴姆勒-梅赛德斯汽车商标　　图5-78　戴姆勒-奔驰汽车公司商标

2. 发展历程

1883年,卡尔·本茨建立奔驰汽车公司。

1886年,本茨发明世界上第一辆三轮汽车,戈特利布·戴姆勒成功制造世界上第一辆四轮汽车。

1890年,戴姆勒发动机研究院(Daimler Motoren Gesellschaft,DMG)成立。

1901年,由威廉·迈巴赫设计的"Simplex"牌汽车首次采用"戴姆勒-梅赛德斯"作为商标。

1926年,戴姆勒和奔驰两个汽车公司合并后改称戴姆勒-奔驰(Daimler-Benz)汽车公司,生产的汽车命名为"梅赛德斯-奔驰(Mercedes-Benz)"。

1954年,推出300 SL鸥翼式汽车(图5-79)。

1969年,戴姆勒-奔驰汽车公司推出C111汪克尔发动机汽车(图5-80)。

1998年,戴姆勒-奔驰汽车公司又与克莱斯勒汽车公司合并,成立戴姆勒-克莱斯勒汽车公司,开创了世界大汽车集团跨国合并的先例。

2005年,戴姆勒与北京汽车工业控股有限责任公司(2010年更名为北京汽车集团有限公司)成立了合资企业,即北京奔驰-戴姆勒-克莱斯勒汽车有限公司。

2007年,戴姆勒-奔驰和克莱斯勒汽车公司分开各自独立经营。

2012年,北京福田戴姆勒汽车有限公司(简称福田戴姆勒汽车)成立。

图5-79 300 SL鸥翼式汽车 　　图5-80 C111汪克尔发动机汽车

3. 汽车品牌

(1)梅赛德斯-奔驰　梅赛德斯-奔驰目前有16个系列。奔驰轿车共分四大类别,A级(微型轿车)、C级(小型轿车)、E级(中型轿车)、S级(大型豪华轿车)。

(2)迈巴赫(Maybach)　威廉·迈巴赫是戴姆勒汽车公司的创始人之一,并担任总工程师。图5-81所示为迈巴赫汽车商标。

(3)精灵(Smart)　精灵是由奔驰汽车公司和瑞士钟表巨子Swatch公司共同开发的超微型车。

图5-81 迈巴赫汽车公司商标

5.2.2 大众汽车公司

1. 公司概况

(1) 公司简介。大众汽车公司(Volks Wagenwerk AG)创建于1937年,创始人之一为世界著名的汽车设计大师费迪南德·波尔舍(Ferdinand Porsche),公司总部设在德国汽车城沃尔夫斯堡(Woifsburg)。2019年,大众汽车公司在全球汽车制造商销量排名中居第一位,汽车全球销量为1 033.65万辆。

(2) 公司商标。大众汽车公司商标(图5-82)由字母"V"和"W"组合而成,图案简捷、大方、明了。该商标也可理解成由三个用中指和食指构成的"V"组成,表示大众汽车公司及其产品"必胜—必胜—必胜"。

图 5-82 大众汽车公司商标

2. 发展历程

1937年,大众汽车公司(Volks Wagenwerk AG)在德国沃尔夫斯堡成立。

1945年,大众汽车公司由英国军政府接管,甲壳虫(Volkswagen Beetle)投入生产,至1978年停产,共生产2 150万辆,打破了福特T型车的单产世界纪录。

1964年,收购德国的奥迪汽车公司。

1973年,新一代大众汽车的首款车型帕萨特(Passat)投入生产。

1976年,首辆Golf GTI下线。

1983年,德国大众汽车公司买下了西班牙西雅特的大部分股份。

1985年,上海大众汽车有限公司成立。

1990年,德国大众汽车公司获得西雅特汽车公司的全部股权,西雅特成为大众汽车公司的子公司。

1991年,收购捷克斯柯达汽车公司,一汽大众汽车有限公司成立。

1998年,收购了布加迪、兰博基尼、宾利、劳斯莱斯(2002年12月31日后归宝马汽车公司),成为欧洲第一大汽车公司。

2007年,大众汽车公司推出最新7速DSG变速箱。

2010年,大众汽车公司年销量首次突破700万辆。

2012年,大众汽车公司与保时捷汽车公司宣布组建综合汽车集团。

3. 汽车品牌

(1) 奥迪(Audi) 奥迪汽车公司现为大众汽车公司的子公司,总部设在德国的英戈尔施塔特,创始人是阿古斯特·霍尔希。公司名字是创始人阿古斯特·霍尔希以前所办公司的拉丁文名称的字头Audi。1932年6月29日,奥迪(Audi)、霍尔希(Horch)、漫游者(Wanderer)和蒸汽动力车辆厂(DKW)四个汽车制造商在开姆尼茨市成立了汽车联盟股份公司(Audi Auto Union AG)。20世纪60年代该公司被大众汽车公司收购。

① 公司商标。奥迪汽车公司商标如图5-83所示。四个圆环分别代表四家公司,象征兄弟四人手挽手共创大业。半径相等的四个紧扣连环象征公司成员平等、互相协作的亲

密关系和奋发向上的敬业精神,意味着"团结就是力量"。

②历史名车。图 5-84～图 5-86 所示分别为奥迪 A4、奥迪 A6、奥迪 A8 汽车。

图 5-83　奥迪汽车公司商标

图 5-84　奥迪 A4 汽车

图 5-85　奥迪 A6 汽车

图 5-86　奥迪 A8 汽车

(2) 宾利(Bentley,也译为本特利)　宾利汽车公司(Bentley Motors Ltd)原是英国一家独立的汽车公司,创建于 1919 年,创始人是沃尔特·欧文·宾利。1933 年被劳斯莱斯汽车公司收购,成为劳斯莱斯汽车公司下属的宾利跑车部。1998 年成为大众汽车公司的一个品牌,生产豪华轿车。宾利汽车一直以千锤百炼的工艺和完美无瑕的品质占据着豪华汽车的巅峰。

①公司商标。宾利汽车公司商标(图 5-87)由插图师葛登·克鲁斯比设计。公司商标为一个车头标志,中间为一个字母"B",生出一对翅膀,似凌空翱翔的雄鹰,喻示着宾利汽车公司在全球范围内的无限发展能力。商标下方"BENTLEY"为宾利的英文字样。

②历史名车。图 5-88 所示为 2007 年欧陆 GT Speed 汽车。

图 5-87　宾利汽车公司商标

图 5-88　2007 年欧陆 GT Speed 汽车

(3) 兰博基尼(Lamborghini)　兰博基尼汽车公司创建于 1963 年,原是意大利超级跑车制造商,创始人是弗鲁西欧·兰博基尼。总部设在跑车之都莫德拉附近的圣·亚哥大(Sant Agata)。20 世纪 70 年代由著名的博通设计公司设计了造型独特的运动车,车门是鸥翼式的。兰博基尼汽车公司的每一种车型都是一件艺术珍品。1998 年被大众公司旗下的奥迪子公司收购。

① 公司商标。兰博基尼汽车公司商标(图 5-89)是一头蛮劲十足的斗牛,正准备向对手发动猛烈的攻击。据说公司创始人兰博基尼就是这种不甘示弱的牛脾气,也体现了兰博基尼汽车公司产品的特点,因为公司生产的汽车都是大功率、高速的运动型轿车。

② 历史名车。图 5-90 所示为 2001 年兰博基尼 Diablo VT 6.0 SE 汽车。

图 5-89　兰博基尼汽车公司商标 　　　图 5-90　2001 年兰博基尼 Diablo VT 6.0 SE 汽车

(4) 斯柯达(Skoda)　斯柯达汽车公司于 1895 年由 L&K 公司和斯柯达·佩尔森(Skoda Pilsen)集团合并而成。总部位于捷克首都布拉格北部的一个美丽的小镇——布拉斯拉夫(中文意为年轻的城市),现在是捷克名副其实的汽车城。1991 年,斯柯达汽车公司被德国大众汽车公司并购。

① 公司商标。斯柯达汽车公司商标(图 5-91)是在银色底子上有一支绿色带翅膀的箭,四周环绕着黑色缎带。巨大的圆环象征着斯柯达为全世界无可挑剔的产品;鸟翼象征着技术进步的产品行销全世界;向右飞行着的箭头,则象征着先进的工艺和该公司无限的创造性;外环中朱黑的颜色象征着斯柯达公司百余年的传统;中央铺着的绿色则表达了斯柯达人对资源再生和环境保护的重视。

② 历史名车。图 5-92 所示为斯柯达速派(Superb)汽车。

图 5-91　斯柯达汽车公司商标 　　　图 5-92　斯柯达速派(Superb)汽车

(5) 布加迪(Bugatti)　创建于 1909 年,创始人是意大利人埃多尔·布加迪。1998 年被大众汽车公司收购。

① 公司商标。布加迪汽车公司商标如图 5-93 所示。

② 历史名车。2004 年推出的布加迪 EB16.4 Veyron(威龙)跑车(图 5-94),打破了当今世界汽车工业纪录,最高车速 405.7 km/h,每辆售价约为 120 万美元,是世界上最贵的汽车之一。

图 5-93　布加迪汽车公司商标　　图 5-94　布加迪 EB16.4 Veyron(威龙)跑车

(6)西雅特(Seat)　西雅特汽车公司是西班牙最大的汽车公司，1950 年成立于巴塞罗那。1986 年德国大众汽车公司买下了西雅特的大部分股份。1990 年德国大众汽车公司获得西雅特的全部股权，使西雅特成为大众汽车公司的子公司。

①公司商标。西雅特汽车公司商标如图 5-95 所示。

②历史名车。图 5-96 所示为西雅特伊比萨(Ibiza)汽车。

图 5-95　西雅特汽车公司商标　　图 5-96　西雅特伊比萨(Ibiza)汽车

5.2.3　雷诺-日产汽车联盟

1999 年，法国雷诺汽车公司通过收购股份成为日产的第一大股东，又先后兼并韩国三星汽车公司和罗马尼亚达西亚汽车公司，并和日产汽车公司结为战略联盟，形成雷诺-日产汽车联盟。2019 年，雷诺-日产汽车联盟在全球汽车制造商销量排名中居第三位，汽车全球销量为 922.27 万辆。雷诺-日产汽车联盟商标如图 5-97 所示。

图 5-97　雷诺-日产汽车联盟商标

1. 雷诺(Renault)汽车公司

(1)公司概况　雷诺汽车公司简介和商标如下：

①公司简介。雷诺汽车公司创建于 1898 年，创始人为路易斯·雷诺三兄弟，公司总部设在法国巴黎比昂古。

②公司商标。雷诺汽车公司旧商标(图 5-98)是四个菱形拼成的图案，象征雷诺三兄弟与汽车工业融为一体，表示雷诺能在无限的(四维)空间中竞争、生存、发展。雷诺汽车公司新商标如图 5-99 所示。

图 5-98　雷诺汽车公司旧商标　　　　图 5-99　雷诺汽车公司新商标

（2）发展历程　雷诺汽车公司发展历程如下：

1898 年，路易斯·雷诺三兄弟创建雷诺汽车公司。

1902 年，取得增压发动机的专利。

1924 年，雷诺正式使用钻石形状的标识。

1946 年，在巴黎车展首发 4CV，成为雷诺第一款产量过百万的车型。

1965 年，日内瓦车展第一款高档掀背轿车 Renault 16 面世。

1979 年，随着雷诺获得第一个 F1 冠军，1977 年引入的增压发动机成为 F1 基准。

1995 年，第一代梅甘娜发布，次年第一代风景发布。

1999 年，雷诺-日产汽车联盟成立，同年雷诺获得对达西亚的绝对控股。

2000 年，收购韩国三星汽车公司。

2010 年，雷诺-日产汽车联盟与戴姆勒集团建立战略伙伴关系，成为世界第三大汽车集团。

2013 年，与东风汽车公司合资建立东风雷诺汽车有限公司。

（3）汽车品牌　雷诺汽车公司生产的汽车主要是轿车，主要汽车品牌有雷诺（Renault）、达西亚（Dacia）等。图 5-100 和图 5-101 所示分别为雷诺梅甘娜 CC 和雷诺 Dauphine 汽车。

图 5-100　雷诺梅甘娜 CC 汽车 　　　　图 5-101　雷诺 Dauphine 汽车

2. 日产（Nissan）汽车公司

（1）公司概况　日产汽车公司简介和商标如下：

①公司简介。日产汽车公司原为 1933 年由日本产业公司与户畑铸造公司联合成立的汽车制造公司，1934 年正式更名为日产汽车公司。公司首任社长为鲇川义介，总部设在日本东京。

②公司商标。日产汽车公司商标（图 5-102）中的圆表示太阳，中间的字是"日产"两字的日语拼音形式，整个图案的意思是"以人和汽车明天为目标"。日产的日语读音近似"尼桑"，所以也被音译为"尼桑"。

图 5-102　日产汽车公司商标

(2)发展历程　日产汽车公司发展历程如下：

1933 年，日产汽车公司成立。

1952 年，与英国汽车公司 BMC 开展技术合作。

1980 年，成立美国日产制造公司。

1993 年，在中国成立商用车合资公司——郑州日产汽车有限公司。

1999 年，雷诺-日产汽车联盟成立。

2006 年，东风日产新发动机工厂建成。

2010 年，雷诺-日产汽车联盟宣布与戴姆勒集团展开全面战略合作。

2011 年，与三菱汽车成立和轻型车相关的合资公司——NMKV 株式会社。

2012 年，英菲尼迪全球总部落户中国香港。

(3)汽车品牌　主要汽车品牌为日产(NISSAN)和英菲尼迪(INFINITI)等。图 5-103 所示为日产蓝鸟轿车。图 5-104 所示为英菲尼迪(INFINITI)汽车商标。

图 5-103　日产蓝鸟轿车　　　　图 5-104　英菲尼迪(INFINITI)汽车商标

3. 其他汽车品牌

(1)无限(Infiniti)　无限是日产在美国市场使用的高级轿车品牌，其商标如图 5-105 所示。图 5-106 所示为无限 Q45 汽车。

图 5-105　无限汽车商标　　　　图 5-106　无限 Q45 汽车

(2)三星(3-STAR)　韩国三星汽车公司成立于 1997 年，2000 年被雷诺汽车公司并购。三星汽车公司商标如图 5-107 所示。

(3)达西亚(Dacia)　达西亚是与罗马尼亚汽车工业一起成长起来的汽车品牌，成立于 1966 年。1999 年 7 月，雷诺获得达西亚汽车制造厂 51% 的股份。达西亚汽车公司商标如图 5-108 所示。

图 5-107　三星汽车公司商标　　　　图 5-108　达西亚汽车公司商标

5.2.4　标致-雪铁龙汽车集团

1. 公司概况

(1) 公司简介　标致-雪铁龙汽车集团由法国标致汽车公司和雪铁龙汽车公司合并建立,是欧洲第二、法国最大的汽车集团公司。2019 年,标致-雪铁龙汽车集团在全球汽车制造商销量排名中居第九位,汽车全球销量为 317.65 万辆。

(2) 公司商标　标致-雪铁龙汽车集团商标如图 5-109 所示。各车型商标都采用了公司下属分部的商标。

图 5-109　标致-雪铁龙汽车集团商标

2. 发展历程

1890 年,第一辆以标致命名的汽车问世。

1896 年,标致汽车公司成立。

1919 年,雪铁龙汽车公司成立。

1976 年,标致汽车公司和雪铁龙汽车公司合并建立标致-雪铁龙汽车集团。

1978 年,标致-雪铁龙汽车集团收购克莱斯勒欧洲子公司。

1992 年,与东风汽车公司合资的神龙汽车有限公司在武汉成立。

2002 年,东风汽车公司与标致-雪铁龙汽车集团的合资合同签订,神龙汽车有限公司进入新的发展时期。

2005 年,标致-雪铁龙汽车集团与日本丰田汽车的联合工厂在捷克共和国科林(Kolín)落成。

2010 年,与中国长安汽车集团股份有限公司签署合资协议,2011 年通过中国官方审核。

2012 年,标致-雪铁龙汽车集团和通用汽车公司结成了长期且覆盖范围广泛的全球战略联盟。

2014 年,DS 正式成为集团旗下第三个品牌。

3. 汽车品牌

(1) 标致(Peugeot)　1896 年,标致汽车公司成立,创始人是阿尔芒·标致。

①公司商标。标致汽车公司商标(图 5-110)是一只站着的雄狮,雄狮是标致家族的徽章,也是蒙贝利亚尔省的省徽。徽章既突出力量,又强调节奏,富有时代感,喻示着标致汽车像雄狮一样威武、敏捷,永远保持旺盛的生命力。

②历史名车。图 5-111 和图 5-112 所示分别为标致 206 与标致 607 汽车。

图 5-110 标致汽车公司商标

图 5-111 标致 206 汽车

图 5-112 标致 607 汽车

(2)雪铁龙(Citroen) 雪铁龙汽车公司是法国第三大汽车公司,创建于 1919 年,创始人是安德烈·雪铁龙。

①公司商标。雪铁龙的车名以其创始人安德烈·雪铁龙的姓氏命名。由于雪铁龙汽车公司前身为雪铁龙齿轮公司,所以用人字形齿轮作为雪铁龙汽车公司商标(图 5-113)。它象征着人们密切合作、同心协力、步步高升。

②历史名车。图 5-114 和图 5-115 所示分别为雪铁龙 2CV 与雪铁龙 C6 汽车。

图 5-113 雪铁龙汽车公司商标

图 5-114 雪铁龙 2CV 汽车

图 5-115 雪铁龙 C6 汽车

5.2.5 菲亚特汽车公司

1.公司概况

(1)公司简介 菲亚特汽车公司(Fabbrica Italiana Automobili Torino,F.I.A.T.)创建于 1899 年,创始人为乔瓦尼·阿涅利和其余 29 位股东,公司总部设在意大利工业中心皮埃蒙特大区首府都灵。2019 年,菲亚特-克莱斯勒集团(公司合并)在全球汽车制造商销量排名中居第八位,汽车全球销量为 436.02 万辆。

(2)公司商标　公司名称 Fabbrica Italiana Automobili Torino 中四个单词的首位字母组成商标"FIAT"。1918年公司决定,取消标点,并用大、小写两种字体作商标,即"Fiat"和"FIAT",它的读音为"菲亚特",1931年统一成矩形字体(图5-116)。"FIAT"在英语中具有"法令"、"许可"的含义,因此在客户的心目中,菲亚特轿车具有较高的合法性与可靠性,深得用户的信赖。

1980年,菲亚特汽车公司商标开始采用五条倾斜平行的图案(图5-117)。它像飞行在天空中的飞机留下的轨迹,越飞越高,象征该公司生产的汽车遍布世界五大洲。

图5-116　菲亚特汽车公司旧商标　　图5-117　菲亚特汽车公司新商标

2. 发展历程

1899年,意大利都灵汽车制造厂成立,并且生产了第一款汽车4HP。

1930年,菲亚特汽车公司生产了世界上第一辆轨道车 Littorina。

1953年,意大利的首款柴油乘用车——菲亚特1400发布。

1969年,菲亚特汽车公司收购了蓝旗亚(Lancia)以及法拉利50%的股份。

1986年,菲亚特汽车公司收购了阿尔法·罗密欧。

1990年,菲亚特汽车公司推出 Panda Elettra 首款量产电动汽车。

1993年,菲亚特汽车公司收购了知名汽车品牌玛莎拉蒂。

1998年,菲亚特 Multipla、蓝旗亚 Lybra 和全新 Punto 上市。

2000年,菲亚特汽车公司和通用汽车公司携手成立产业联盟(2005年解散)。

2009年,菲亚特汽车公司和克莱斯勒汽车公司联合发表声明,宣布结成全球战略联盟。

2010年,广汽菲亚特汽车有限公司(简称广汽菲亚特)成立。

2014年,菲亚特汽车公司宣布完成对克莱斯勒汽车公司所有股份的收购,菲亚特-克莱斯勒汽车公司(FCA)宣布成立。

3. 汽车品牌

(1)菲亚特(Fiat)　图5-118和图5-119所示分别为菲亚特西耶那与鹏托汽车。

图5-118　菲亚特西耶那汽车　　图5-119　菲亚特鹏托汽车

(2)阿尔法·罗密欧(Alfa Romeo) 阿尔法·罗密欧汽车公司创建于1910年,从1946年起使用阿尔法·罗密欧的名称,公司总部设在意大利米兰市。该公司一开始就专门生产运动跑车和赛车,这些车是由意大利著名设计师设计的,有浓烈的意大利风格、优雅的造型和超群的性能,在世界车坛上一直享有很高的声誉。1924年,推出P2车型。1932年,公司被I.R.I收购。1984年,并入菲亚特汽车公司。1998年,156车型被评为年度汽车。2000年,147车型面世。

①公司商标。阿尔法·罗密欧汽车公司现在虽为菲亚特的子公司,但仍保留它的商标(图5-120)。阿尔法·罗密欧汽车公司的商标于20世纪30年代初就开始使用,这是米兰市的市徽,也是中世纪米兰的领主维斯康泰公爵的家徽。商标中的十字部分来源于十字军从米兰向外远征的故事,右边部分是米兰大公的徽章,是一条蛇正在吞食撒拉迅人的图案,象征着维斯康泰的祖先曾经击退了使人民遭受苦难的"蛇"。

②历史名车。图5-121所示为阿尔法·罗密欧8C汽车。

图5-120 阿尔法·罗密欧汽车公司商标　　图5-121 阿尔法·罗密欧8C汽车

(3)法拉利(Ferrari) 法拉利汽车公司是世界上闻名的赛车和运动跑车的生产厂家。它创建于1929年,创始人是世界赛车冠军、划时代的汽车设计大师恩佐·法拉利。菲亚特汽车公司拥有该公司50%股权,但该公司却能独立于菲亚特汽车公司运营。法拉利汽车大部分采用手工制造,因而产量很低,年产量只有4000辆左右。公司总部设在意大利的摩德纳。1947年,第一辆法拉利赛车125 Sport赢得了罗马大奖赛的胜利。1969年,被菲亚特汽车公司收购。2007年,推出法拉利F2007。

①公司商标。法拉利汽车公司的商标(图5-122)是一匹跃起的马。在第一次世界大战中意大利有一位表现非常出色的飞行员,他的飞机上就有这样一匹会给他带来好运气的跃马。在法拉利最初的赛车比赛获胜后,该飞行员的父母亲——一对伯爵夫妇建议:法拉利也应在车上印上这匹带来好运气的跃马。后来这位飞行员战死了,马就变成了黑颜色,而商标底色为公司所在地摩德纳的金丝雀的颜色。

图5-122 法拉利汽车公司商标

②历史名车。图5-123和图5-124所示分别为法拉利F40与法拉利Enzo汽车。

图 5-123　法拉利 F40 汽车　　　　　　　　图 5-124　法拉利 Enzo 汽车

（4）玛莎拉蒂（Maserati）　玛莎拉蒂汽车公司最早是由玛莎拉蒂家族四兄弟于 1914 年在意大利的科隆纳创建的，专门生产运动车，在欧洲具有很高的知名度。玛莎拉蒂运动车在造型设计上将自己的传统风格与流行款式相结合，其外观造型、机械性能、舒适安全性等各方面，在运动车中都是一流的。1926 年，自行设计制造出第一辆玛莎拉蒂 Tipo 26 汽车。1957 年，玛莎拉蒂 250F 取得第五个冠军称号。30 余年的参赛历史，玛莎拉蒂共取得近 500 场比赛的胜利，获得了 23 个冠军称号。1968 年，玛莎拉蒂汽车公司又相继开发了一些经典车型，如鸟笼（Birdcage）系列等。1993 年，被菲亚特汽车公司收购。

①公司商标。玛莎拉蒂汽车公司商标（图 5-125）为树叶形的底座置于一个椭圆中，其上放置一件三叉戟。相传这个兵器是罗马神话中的海神纳丘手中的武器。它显示出海神巨大无比的威力。这个商标也是公司所在地意大利博罗尼亚市的市徽。该商标表示玛莎拉蒂汽车就像浩渺无垠的大海一样咆哮澎湃，隐喻了玛莎拉蒂汽车快速奔驰的潜力。

②历史名车。图 5-126 所示为 2004 年玛莎拉蒂 Quattroporte 汽车。

图 5-125　玛莎拉蒂汽车公司商标　　　　　图 5-126　2004 年玛莎拉蒂 Quattroporte 汽车

（5）蓝旗亚（Lancia）　蓝旗亚是菲亚特旗下的品牌之一。1906 年，赛车手蓝旗亚在都灵创办蓝旗亚汽车公司，以生产豪华轿车为主。1907 年，蓝旗亚汽车公司推出 Alpha 高性能车型。1969 年，被菲亚特兼并。1998 年，蓝旗亚 Lybra 上市。2007 年，推出蓝旗亚 Ypsilon Sport。虽然目前蓝旗亚车在中国并不多见，但作为意大利一个历史悠久的著名品牌，它在世界豪华车市场占有重要的一席之地。其品牌已有超过 60 年的历史。在欧洲，它也是非常少见的高档汽车品牌，是菲亚特高档轿车的烫金标志。

①公司商标。蓝旗亚汽车公司商标（图 5-127）有双重意义：一是取自公司创始人维琴佐·蓝旗亚的姓氏；二是"蓝旗亚"在意大利语中解释为"长矛"（骑着高头大马，手持旗子的长矛者，便是中世纪意大利骑士的主要特征）。最早的商标是在旗子的后面加上车轮形状的图案，20 世纪 50 年代才把图案置于盾形框架之中。商标以长矛画面为主题，代表了企业

不畏艰难的拼搏精神,加上旗帜上的"LANCIA",简洁地体现了"蓝旗亚"的全部意义。

②历史名车。图5-128所示为蓝旗亚Thesis汽车。

图5-127　蓝旗亚汽车公司商标

图5-128　蓝旗亚Thesis汽车

5.2.6　宝马汽车公司

1. 公司概况

(1)公司简介　宝马汽车公司创建于1916年,创始人为名吉斯坦-奥托,公司总部设在德国慕尼黑。2019年,宝马汽车公司在全球汽车制造商销量排名中居第十一位,汽车全球销量为252.03万辆。

(2)公司商标　宝马汽车公司商标(图5-129)中字母"BMW"为公司名称缩写,中间的蓝白相间图案,代表蓝天、白云和旋转不停的螺旋桨,喻示宝马汽车公司源远流长的历史,象征该公司过去在航空发动机技术方面的领先地位,又象征公司一贯的宗旨和目标:在广阔的时空中,以先进的精湛技术、最新的观念,满足顾客的最大愿望,反映了公司蓬勃向上的气势和日新月异的新面貌。

图5-129　宝马汽车公司商标

2. 发展历程

1916年,宝马汽车公司前身——巴依尔飞机制造厂成立,创始人为名吉斯坦·奥托。

1917年,公司更名为宝马(BMW)汽车公司。

1923年,制造了第一辆摩托车。

1939年,推出宝马328型跑车。

1977年,推出世界著名的宝马7系列豪华汽车。

1979年,位于奥地利的工厂开业。

1987年,雷根斯堡的工厂落成。

2003年,与华晨汽车集团控股有限公司合作,在中国预制零件。

2005年,推出宝马H2R燃料电池汽车,在中国启动了宝马尊选二手车认证项目。

2013年,宝马复古概念摩托车Concept Ninety曝光。

3. 汽车品牌

(1)宝马(BMW)　图5-130所示为BMW303汽车。图5-131所示为2005年宝马H2R燃料电池汽车。

图 5-130　BMW303 汽车　　　　图 5-131　2005 年宝马 H2R 燃料电池汽车

(2)劳斯莱斯(Rolls-Royce)　1906 年,劳斯莱斯汽车公司成立。创始人是查尔斯·劳斯(赛车手兼法国汽车商)和亨利·莱斯(英国汽车工程师)。1998 年 6 月,被德国大众汽车公司收购。1998 年 7 月,宝马公司出资 4 000 万英镑购买劳斯莱斯汽车商标,并与大众汽车公司签订协议,宝马从 2003 年开始生产劳斯莱斯汽车。

劳斯莱斯汽车商标(图 5-132)采用两个"R"重叠在一起,双 R 为劳斯与莱斯姓氏的首字母,两个字母交叉,象征着你中有我,我中有你,团结奋斗,携手共进,体现了两者融洽及和谐的关系。

劳斯莱斯汽车以外形独特、古香古色、性能优越著称于世,豪华、尊贵,被誉为帝王之车。车前的"飞翔女神"像(图 5-133)的创意取自巴黎卢浮宫艺术走廊的一尊有 2 000 年历史的胜利女神雕像,两臂后伸,身带披纱,表示速度之神。当时的总经理为其写广告词:这是一位优雅无比的女神,她代表着人类的崇高理想和生活的欣狂之魂,将旅途视为至高无上的享受。"飞翔女神"像早期采用 85% 的铜、7.5% 的锌和 7.5% 的锡制成,抛光镀银,以后逐步变化,也有的用黄金制成。

图 5-134 所示为劳斯莱斯幻影汽车。

图 5-132　劳斯莱斯汽车商标(1)　图 5-133　劳斯莱斯汽车商标(2)　图 5-134　劳斯莱斯幻影汽车

(3)奥斯汀(Austin)与迷你(Mini)　1905 年,英国人奥斯汀创建了奥斯汀汽车厂。1952 年,奥斯汀与莫里斯(Morris)等 5 个汽车厂合并组成英国汽车公司 BMC。BMC 汽车公司商标如图 5-135 所示。1959 年,BMC 汽车公司推出著名的"迷你"(Mini)微型汽车,其商标如图 5-136 所示。1969 年,BMC 汽车公司与罗孚汽车公司合并,重新命名为英国利兰汽车公司 BLMC,其商标如图 5-137 所示。1975 年,BLMC 汽车公司由政府接管,并改名为罗孚集团(Rover Group),其商标改名为奥斯汀罗孚(Austin Rover)。1994 年,宝马收购英国罗孚集团。2000 年,宝马全面出售罗孚资产,只留下了 Mini 一个品牌。2001 年,宝马设计出了新 Mini。

图 5-135 BMC 汽车公司商标　　图 5-136 "迷你"汽车商标　　图 5-137 BLMC 汽车公司商标

5.3　中国著名汽车公司与商标

5.3.1　上海汽车集团股份有限公司

1. 公司概况

（1）公司简介　上海汽车集团股份有限公司（简称上汽集团）主要业务涵盖整车（包括乘用车、商用车）、零部件（包括发动机、变速箱、动力传动、底盘、内外饰、电子电器等）的研发、生产、销售，物流、车载信息、二手车等汽车服务贸易业务以及汽车金融业务。

上汽集团附属厂家主要包括上汽大众、上海汽车、上汽通用、上汽大众斯柯达、上汽大通、上汽通用五菱等。2015 年，上汽集团整车销量为 586.35 万辆，排名国内第一。上汽集团 2015 年明星产品为大众朗逸，销量为 37.91 万辆。

（2）公司商标　上汽集团商标如图 5-138 所示。

上汽集团商标中 SAIC 为上海汽车工业公司（Shanghai Automotive Industry Corp.）的英文首字母缩写。

2. 发展历程

1955 年，上海市内燃机配件制造公司成立。

1958 年，第一辆凤凰牌轿车在上海汽车装配厂试制成功。

图 5-138　上汽集团商标

1964 年，凤凰牌轿车改名为上海牌轿车。

1983 年，第一辆上海桑塔纳轿车组装成功。

1985 年，上海大众汽车有限公司成立并于同年 9 月正式开业。

1997 年，上海市一号工程——上海通用建成，创造了 23 个月建厂出车的"上海速度"。

2002 年，上汽、通用中国和五菱三方合资成立上海通用五菱汽车股份有限公司。

2004 年，上汽重组中汽成立上汽（北京）有限公司。

2006 年，荣威品牌及其首款产品荣威 750 亮相，次年 3 月上市。

2011 年，荣威新 750Hybrid 混合动力轿车上市。

2012 年，荣威 E50 新能源汽车上市。

2015 年，上海汽车集团股份有限公司与阿里巴巴集团合作，联合生产互联网汽车。同年，上海大众、上海通用、上海通用五菱相应更名为上汽大众、上汽通用、上汽通用五菱。

3. 汽车品牌

上汽集团主要乘用车品牌见表5-1。

表 5-1　　上汽集团主要乘用车品牌

品牌	商标	车型
上汽大众	上汽大众 SAIC VOLKSWAGEN / Das Auto. Volkswagen	途观、帕萨特、途安、朗逸、朗行、朗境、Polo、桑塔纳、凌渡等
	ŠKODA	速派、明锐、昕锐、昕动、晶锐、Yeti等
上汽通用	上汽通用汽车 SAIC-GM / BUICK 心静 思远 志在千里	昂克雷、昂克威、昂克拉、GL8、君越、君威GS、威朗、英朗、凯越等
	雪佛兰 CHEVROLET	科迈罗、迈锐宝、景程、科鲁兹、爱唯欧、赛欧、沃蓝达、科帕奇、创酷、乐风RV等
	Cadillac	Escalade、SRX、CT6、CTS、XTS、ATS-L等
上汽通用五菱	上汽通用五菱 SGMW / 宝骏	宝骏330、宝骏630、宝骏730、宝骏乐驰等
	五菱汽车	五菱宏光、五菱征程、五菱荣光、五菱之光等
上汽荣威	ROEWE 荣威	荣威350、荣威360、荣威550、荣威750、荣威950、荣威W5、荣威550PLUG-IN、荣威750HYBRID、荣威E50等
上汽名爵	MG MORRIS GARAGES 发现你的不同	MG GS、MG GT、MG3、MG5、MG6等

5.3.2　东风汽车公司

1. 公司概况

(1) 公司简介　东风汽车公司前身是第二汽车制造厂,后相继形成了十堰、襄樊、武汉、广州四大汽车开发生产基地,形成了"重、中、轻、轿"宽系列多品种的产品格局,是国内汽车生产规模最大的汽车工业集团之一。公司运营中心于2003年9月28日由十堰迁至武汉。

东风汽车公司附属厂家主要包括东风本田、东风乘用车、东风渝安、东风裕隆、东风风行、东风悦达起亚、东风日产、神龙汽车、东风英菲尼迪、郑州日产、东风雷诺等。2015年,东风汽车公司整车销量为387.25万辆,排名国内第二。东风汽车公司2015年明星产品为日产轩逸,销量为33.41万辆。

（2）公司商标　东风汽车公司商标如图 5-139 所示。

东风汽车公司商标——"风神"，是一对燕子在空中飞翔时的尾羽，通过艺术手法作为图案基础，以夸张的表现形式喻示双燕舞东风，使人自然联想到东风送暖，春光明媚，神州大地，生机盎然，给人以启迪，给人以力量；二汽的"二"字寓意于双燕之中。戏闹翻飞的春燕，象征着东风汽车的车轮不停地旋转，奔驰在祖国大地，奔向全球。"风神"在世界大多数国家内也被视为"吉祥"和"美好"。

图 5-139　东风汽车公司商标

2. 发展历程

1967 年，第二汽车制造厂在湖北十堰破土动工。

1975 年，第一个基本车型 EQ204 2.5 t 越野车投产。

1978 年，东风 5 t 民用车投产。

1981 年，东风汽车集团成立。

1986 年，建成 10 万辆汽车生产能力。

1992 年，东风汽车公司和法国雪铁龙汽车公司合资兴建神龙汽车有限公司。

1993 年，郑州日产汽车有限公司成立，开展轻、轿建设，发展武汉、襄樊生产基地。

1998 年，东风本田发动机有限公司成立。

1999 年，东风汽车股份有限公司成立。

2002 年，东风汽车公司和台湾裕隆汽车制造股份有限公司合资成立风神汽车有限公司。东风汽车公司与法国 PSA 集团（标致-雪铁龙汽车集团）合作，东风标致诞生。

2003 年，东风汽车公司与本田汽车公司组建东风本田汽车（武汉）有限公司。

2009 年，自主品牌轿车成功上市。

2013 年，与雷诺汽车公司合资建立东风雷诺汽车有限公司。

3. 汽车品牌

东风汽车公司主要乘用车品牌见表 5-2。

表 5-2　　　　　　　　　　东风汽车公司主要乘用车品牌

品牌	商标	车型
东风风神		A30、A60、H30、H30 CROSS、S30 等
东风日产		R30、启辰、楼兰、天籁、玛驰、骐达、轩逸、骊威、骏逸等
郑州日产		NV200、俊风、帅客、奥丁、帕拉丁、御轩等
东风标致		3008、2008、508、408、3085、308、301 等

续表

品牌	商标	车型
东风雪铁龙	CITROËN 东风雪铁龙	C5、世嘉、凯旋、爱丽舍、毕加索、C2、C4L 等
东风本田	东风 HONDA	杰德、ELYSION、思铭、思铂睿、CRV、思域等
东风悦达起亚	KIA 东风悦达·起亚	K3S、K3、K2 等

5.3.3 中国第一汽车集团公司

1. 公司概况

(1) 公司简介　中国第一汽车集团公司(简称一汽集团),总部位于吉林省长春市,前身是第一汽车制造厂,毛泽东主席题写厂名。一汽的建成,开创了中国汽车工业新的历史。经过六十多年的发展,一汽已经成为国内最大的汽车企业集团之一。主要从事乘用车、商用车和汽车零部件的生产、销售、开发及相关的汽车服务贸易。

一汽集团附属厂家主要包括一汽吉林、一汽大众、一汽丰田、天津一汽、一汽轿车等。2015 年,一汽集团整车销量为 284.38 万辆,排名国内第三。一汽集团 2015 年明星产品为大众速腾,销量为 27.99 万辆。

(2) 公司商标　一汽集团商标如图 5-140 所示。

一汽集团商标由阿拉伯数字"1"和汉字"汽"两个字艺术组合,构成一只形似展翅翱翔在蔚蓝天空中的雄鹰。该商标既代表不断进取、展翅高飞的中国"一汽"精神,又表达了中国汽车工业冲出国门、走向世界的决心。出口的一汽载货汽车车头还标有"FAW"字样,意思是第一汽车制造厂。

图 5-140　一汽集团商标

2. 发展历程

1953 年,一汽奠基兴建。

1956 年,制造出中国第一辆解放牌载货汽车。

1958 年,制造出中国第一辆东风牌小轿车和第一辆红旗牌高级轿车。

1982 年,组建第一汽车集团公司。

1991 年,一汽与德国大众合资成立一汽大众汽车有限公司。

1998 年,一汽与海南马自达汽车公司合资成立一汽海马汽车有限公司。

2003 年,一汽与日本丰田、一汽夏利汽车股份有限公司合资成立天津一汽丰田汽车有限公司。

2009 年,奔腾 B50 正式下线。

3. 汽车品牌

一汽集团主要乘用车品牌见表 5-3。

表 5-3　　　　　　　　　　　一汽集团主要乘用车品牌

品牌	商标	车型
一汽大众	一汽-大众 FAW-VOLKSWAGEN	CC、GTI、迈腾、速腾、高尔夫、宝来、捷达等
	一汽奥迪	A1、A3、A4、A5、A6、A7、A8、Q3、Q5、Q7、R8、TT 等
一汽丰田	一汽丰田 FAW-TOYOTA	皇冠、锐志、卡罗拉、花冠、威驰、普锐斯、RAV4、兰德酷路泽、普拉多等
一汽马自达	一汽马自达	睿翼、Mazda6、Mazda8、MazdaCX-7、MazdaCX-9、Mazda5、MX-5 等
一汽轿车	一汽轿车	红旗 L5、红旗 H7、奔腾 B90、奔腾 B70、奔腾 B50、奔腾 X80、欧朗等
天津一汽	天津一汽	夏利 N7、夏利 N5、夏利 N3、威志 V5、威志 V2、骏派 D60 等

5.3.4　中国长安汽车集团股份有限公司

1. 公司概况

(1) 公司简介　中国长安汽车集团股份有限公司(简称长安汽车集团)是中国兵器装备集团公司、中国航空工业集团公司对旗下汽车产业进行战略重组,成立的一家特大型企业集团,是中国四大汽车集团之一。公司原名中国南方工业汽车股份有限公司,于 2005 年 12 月获国务院批准设立。主要产品有全系列乘用车、小型商用车、轻型卡车、微型面包车和大中型客车、全系列发动机等,长安汽车集团总部设在重庆市。

长安汽车集团附属厂家主要包括长安马自达、长安汽车、长安福特、江铃汽车、长安铃木、长安 PSA 等。2015 年,长安汽车集团整车销量为 277.65 万辆,排名国内第四。长安汽车集团 2015 年明星产品为福特福睿斯,销量为 21.44 万辆。

(2) 公司商标　长安汽车集团商标如图 5-141 所示。

图 5-141　长安汽车集团商标

长安汽车集团商标中图案为 CCAG 的艺术组合,CCAG 是中国长安汽车集团(China Changan Automobile Group)的英文首字母缩写。

2. 发展历程

1958 年,重庆兵工厂试制成功长江牌 46 型吉普车。
1983 年,第一辆长安牌微型汽车诞生。

1993年，重庆长安铃木汽车有限公司成立。

1996年，重庆长安汽车股份有限公司成立，全资拥有河北长安汽车有限公司和河北长安客车有限公司。

2001年，中国长安汽车集团与美国福特汽车公司合资成立长安福特汽车有限公司。

2005年，福特汽车公司、马自达汽车公司和长安汽车集团共同成立长安福特马自达南京汽车公司。

2009年，中国兵器装备集团公司旗下的长安汽车集团股份有限公司和中国航空工业集团公司的中航汽车合并，成立中国长安汽车集团。

2010年，与法国标致-雪铁龙汽车集团签署合资协议，该协议于2011年通过中国官方审核。

3.汽车品牌

长安汽车集团主要乘用车品牌见表5-4。

表5-4　　　　　　　　　　长安汽车集团主要乘用车品牌

品牌	商标	现有车型
长安汽车	长安汽车	轿车：逸动、睿骋、悦翔、奔奔等； SUV：CS75、CS35、CS15、CX20等
长安福特	Ford 长安福特	轿车：嘉年华、福克斯、福睿斯、蒙迪欧、致胜、麦柯斯S-MAX等； SUV：翼搏、翼虎、锐界、探险者等
长安铃木	SUZUKI 长安铃木	启悦、锋驭、天语、雨燕、奥拓、羚羊等
长安沃尔沃	VOLVO	S80L、S40等
长安马自达	长安马自达	轿车：马自达3 Axela昂克赛拉、马自达3星骋、马自达2等； SUV：马自达CX-5等

5.3.5　北京汽车集团有限公司

1.公司概况

（1）公司简介　北京汽车集团有限公司（简称北汽集团），成立于1958年，是中国主要的汽车集团之一，目前已发展成为涵盖整车研发与制造、通用航空产业、汽车零部件制造、汽车服务贸易、投融资等业务的国有大型汽车企业集团。北汽集团以北京为中心，建立了分布全国十余省市的八大乘用车、九大商用车生产基地，并在全球二十多个国家建立了整车工厂。

北汽集团附属厂家主要包括北京汽车股份有限公司、北京现代汽车有限公司、北京奔驰汽车有限公司、江西昌河汽车有限责任公司、北汽福田汽车股份有限公司、北京汽车集团有限公司越野车分公司、北汽银翔汽车有限公司等。2015年，北汽集团整车销量为248.90万辆，排名国内第五。北汽集团2015年明星产品为现代朗动，销量为26.71

万辆。

（2）公司商标　北汽集团商标如图 5-142 所示。

北汽集团商标将"北"字作为设计的出发点，"北"既象征了中国北京，又代表了北汽集团，体现出企业的地域属性与身份象征。同时，"北"字好似一个欢呼雀跃的人形，表明了"以人为本"是北汽集团永远不变的核心。它传承与发展了北汽集团原有形象，呈现出一种新的活力，表达了北汽集团立足北京，放眼全球的远大目标。标识中的"北"字，犹如两扇打开的大门，它是北京之门、北汽之门、开放之门、未来之门，标志着北汽集团更加市场化、集团化、国际化，与集团全新的品牌口号"融世界 创未来"相辅相成，表示北汽集团将以全新的、开放包容的姿态启动新的品牌战略。

图 5-142　北汽集团商标

2. 发展历程

1953 年，创建第一汽车附件厂。

1958 年，第一汽车附件厂改名为北京汽车制造厂，生产出北京市第一辆汽车——井冈山轿车。

1965 年，中国第一代 BJ212 越野汽车面世。

1983 年，与美国汽车公司（AMC）合资成立北京吉普汽车有限公司（BJC）。

2002 年，与韩国现代汽车公司合资成立北京现代汽车有限公司。

2005 年，北京奔驰-戴姆勒-克莱斯勒汽车有限公司（简称 BBDC）成立。

3. 汽车品牌

北汽集团主要乘用车品牌见表 5-5。

表 5-5　　　　　　　　　　　北汽集团主要乘用车品牌

品牌	商标	现有车型
北京现代	北京现代	瑞纳、瑞奕、伊兰特、悦动、朗动、名驭、明途、索纳塔、ix25、途胜、ix35、胜达等
北京奔驰	Mercedes-Benz 北京奔驰	C-Class、E-Class、GLK-Class、GLA-Class 等
北汽制造	BAW 北京汽车制造厂	域胜、勇士、骑士、路霸等
北京汽车	北京汽车 BAIC MOTOR	BJ40、绅宝、威旺等
昌河汽车	昌河汽车 昌河铃木	北斗星、派喜、利亚纳、福瑞达、浪迪等
北汽银翔	北汽银翔 BAIC YINXIANG	S2、S3 等

5.3.6 广州汽车集团股份有限公司

1. 公司概况

(1) 公司简介 广州汽车集团股份有限公司(简称广汽集团)成立于2005年6月28日,是一家大型国有控股股份制企业集团,其前身为成立于1997年6月的广州汽车集团有限公司。主要业务有面向国内外市场的汽车整车及零部件设计与制造、汽车销售与物流、汽车金融、保险及相关服务,具有独立完整的产、供、销及研发体系。

广汽集团附属厂家主要包括广汽丰田、广汽本田、广汽菲亚特克莱斯勒、广汽乘用车、广汽中兴、广汽吉奥等。2015年,广汽集团整车销量为130.31万辆,排名国内第六。广汽集团2015年明星产品为丰田凯美瑞,销量为12.80万辆。

(2) 公司商标 广汽集团商标如图5-143所示。

图5-143 广汽集团商标

广汽集团商标中企业品牌标识"G"是广汽集团英文缩写"GAC"的首字母,变体英文"G"外圆象征路路畅通,内延指广汽努力攀登高峰。"至精·志广"更准确地定位了广汽集团矢志不渝的企业理念与成为卓越的国际化汽车企业集团的发展愿景。

2. 发展历程

1997年,广州汽车集团有限公司成立。

1997年,重组广州轿车项目。

1998年,广州本田汽车有限公司成立。

2004年,广州丰田汽车有限公司成立。

2005年,广州汽车集团有限公司改制,成立广州汽车集团股份有限公司。

2007年,广汽日野汽车有限公司成立,广汽集团自主品牌概念车亮相广州车展。

2008年,广州汽车集团乘用车有限公司成立。

2010年,广汽吉奥汽车有限公司和广汽菲亚特汽车有限公司成立,首款自主品牌乘用车——传祺下线。

2012年,广汽三菱汽车有限公司成立,首款SUV车型——传祺GS5下线。

3. 汽车品牌

广汽集团主要乘用车品牌见表5-6。

表5-6　　　　　　　　　广汽集团主要乘用车品牌

品牌	商标	现有车型
广汽传祺	广汽传祺	轿车:传祺GA3、传祺GA3S、传祺GS5、传祺GA5 PHEV、传祺GA6 235T、传祺GA8等; SUV:传祺GS4、传祺GS5 Super、传祺GS5等

续表

品牌	商标	现有车型
广汽本田	HONDA 广汽	轿车：歌诗图、雅阁、奥德赛、缤智、凌派、锋范、飞度、Fit-Bybrid、Honda CR-Z、理念 S1 等；SUV：CDX、冠道等
广汽丰田	TOYOTA 广汽TOYOTA	轿车：凯美瑞、雷凌、致炫、逸致、威飒、埃尔法、领志 i1 等；SUV：汉兰达、酷路泽等
广汽菲克	FIAT 广汽菲克 GAC FCA	轿车：菲翔、致悦、菲亚特 500、菲亚特 500C 等；SUV：菲跃、全新 Jeep 等
广汽三菱	MITSUBISHI MOTORS 广汽三菱	轿车：劲炫 ASX 等；SUV：新帕杰罗劲畅等

5.3.7 华晨汽车集团控股有限公司

1.公司概况

(1)公司简介　华晨汽车集团控股有限公司(简称华晨汽车集团)位于辽宁省沈阳市。华晨汽车集团以汽车整车、发动机、核心零部件的研发、设计、制造、销售和汽车售后市场业务为主体，涉及新能源等其他行业。华晨汽车集团在国内已建成南北两大产销基地，六个整车生产企业、四个发动机生产企业和多家零部件生产企业。打造了"中华""金杯""华颂"三大自主整车品牌以及"华晨宝马"合资整车品牌。

华晨汽车集团附属厂家主要包括华晨宝马、华晨金杯、华晨华颂、华晨鑫源等。2015年，华晨汽车集团整车销量为 85.61 万辆，排名国内第七。华晨汽车集团 2015 年明星产品为宝马 5 系，销量为 14.72 万辆。

(2)公司商标　华晨汽车集团商标如图 5-144 所示。

华晨汽车集团商标中 Brilliance Auto 为华晨汽车的英文，商标含义简洁明了，直观易懂。

图 5-144　华晨汽车集团商标

2.发展历程

1958 年，沈阳金杯车辆制造有限公司前身——沈阳汽车制造厂成立。

1981 年，沈阳汽车制造厂试制成功 132 型轻型载货汽车。

1988 年，金杯汽车股份有限公司成立。

1991 年，沈阳金杯客车制造有限公司成立。

1995 年，一汽集团控股金杯汽车股份有限公司。

2000 年，雪佛兰"开拓者"SUV 第一台车下线。

2001 年，华晨汽车集团控股金杯汽车。

2002 年，华晨汽车集团控股有限公司正式成立。

2003 年，华晨汽车集团与宝马汽车公司在北京正式签约。

2006 年，首台中华骏捷轿车在华晨金杯下线。

2007年，华晨汽车作为唯一参展的中国自主品牌参加法兰克福国际车展。

2011年，中华H530正式上市。

3. 汽车品牌

华晨汽车集团主要乘用车品牌见表5-7。

表5-7　　　　　　　　　　华晨汽车集团主要乘用车品牌

品牌	商标	现有车型
华晨宝马	华晨宝马	3系列、5系列、X1系列等
中华轿车	中华	中华V3、中华V5、中华H530、骏捷FRV、骏捷FSV、骏捷Cross、骏捷、尊驰、Cross飞炫、骏捷Wagon、中华酷宝等
金杯汽车	金杯汽车	海狮、阁瑞斯等

5.3.8　长城汽车股份有限公司

1. 公司概况

（1）公司简介　长城汽车股份有限公司（简称长城汽车）是中国最大的SUV制造企业。目前，旗下拥有哈弗、长城两大品牌，拥有四个整车生产基地，具备发动机、变速器等核心零部件的自主配套能力。在国内市场，哈弗SUV已连续12年保持全国销量第一，成为SUV的领导者品牌；长城皮卡已连续17年在全国保持市场占有率、销量第一。

长城汽车附属厂家主要包括长城汽车等。2015年，长城汽车整车销量为85.27万辆，排名国内第八。长城汽车2015年明星产品为哈弗H6，销量为37.32万辆。

（2）公司商标　长城汽车商标如图5-145所示。

长城汽车商标中Great Wall为长城的英文，商标含义简洁明了，直观易懂。"品质铸就长城"更准确地定位了长城汽车以品质铸就品牌，全力打造自主品牌汽车的发展理念。

图5-145　长城汽车商标

2. 发展历程

1984年，长城汽车制造厂成立。

1997年，第一批长城皮卡出口中东。

1998年，长城汽车制造厂改制为长城汽车有限责任公司。

2000年，控股成立保定长城华北汽车有限责任公司。

2001年，改制成立长城汽车股份有限公司。

2005年，10万辆生产基地竣工，哈弗投产。

2009年，长城精灵、炫丽CROSS车型全国上市，正式宣布哈弗代表中国汽车参加2010年达喀尔拉力赛。

2011年，长城汽车天津生产基地正式启动，哈弗H6成功上市。

2015年,中国首款 Coupe SUV——哈弗 H6 Coupe 和哈弗 H8 在上海车展上市。
2016年,哈弗 H7 在北京车展上市。

3. 汽车品牌

长城汽车主要乘用车品牌见表 5-8。

表 5-8　　　　　　　　　　　长城汽车主要乘用车品牌

品牌	商标	现有车型
长城汽车	长城汽车	长城 C20R、长城 C30、风骏 6、长城 C50、长城 M2、长城 M4、风骏 5 等
哈弗汽车	HAVAL	哈弗 H1、哈弗 H2、哈弗 H5、哈弗 H6、哈弗 H6 Coupe、哈弗 H7、哈弗 H8、哈弗 H9 等

5.3.9　安徽江淮汽车股份有限公司

1. 公司概况

(1) 公司简介　安徽江淮汽车股份有限公司(简称江淮汽车)是一家集商用车、乘用车及动力总成研发、制造、销售和服务,以及相关多元业务于一体的综合型汽车厂商。目前,包含江淮和安凯两大整车品牌。公司现有主导产品包括重、中、轻、微型卡车,多功能商用车,MPV,SUV,轿车,客车,专用底盘及变速箱、发动机、车桥等核心零部件。

江淮汽车附属厂家主要包括江汽股份公司和安凯股份公司等。2015 年,江淮汽车整车销量为 58.79 万辆,排名国内第九。江淮汽车 2015 年明星产品为瑞风 S3,销量为 19.68 万辆。

(2) 公司商标　江淮汽车商标如图 5-146 所示。

江淮汽车商标中的外部椭圆形象征着地球,表明 JAC 通过"整合全球资源,造世界车",实现全球化经营;椭圆有迫于外力向内收缩之势,警示 JAC 人在发展过程中要始终清醒认识来自外部环境的持续压力与挑战,时刻保持危机意识;内部五针组合象征顾客、员工、股东、上下游合作伙伴及相关方的紧密协作、和谐共赢。JAC 为安徽江淮汽车股份有限公司(Jianghuai Automobile Co.ltd)的英文首字母缩写。

图 5-146　江淮汽车商标

2. 发展历程

1964 年,合肥江淮汽车制造厂成立。
1990 年,中国第一台真正意义上的客车专用底盘在江淮汽车公司诞生。
1997 年,安徽江淮汽车集团有限公司成立。
1999 年,安徽江淮汽车股份有限公司成立,隶属于安徽江淮汽车集团有限公司。
2006 年,第一款越野型 SUV 瑞鹰下线。
2008 年,江淮首款轿车宾悦批量下线,标志着 JAC 全面进军乘用车领域。
2012 年,江汽、安凯纯电动汽车项目获国家新能源汽车产业技术创新工程项目立项。
2014 年,和悦 A30 首战 CRC 夺年度冠军。

2015年,合肥年产200万条绿色载重子午线轮胎生产项目奠基。

3. 汽车品牌

江淮汽车主要乘用车品牌见表5-9。

表5-9　　　　　　　　　江淮汽车主要乘用车品牌

品牌	商标	现有车型
江淮汽车	JAC	瑞风、和悦、江淮 iEV 等

5.3.10　浙江吉利控股集团有限公司

1. 公司概况

(1)公司简介　浙江吉利控股集团有限公司(简称吉利汽车)创建于1986年,1997年进入汽车行业,多年来专注实业、技术创新和人才培养,取得了快速发展。吉利汽车在浙江杭州建有研究院,形成完备的整车、发动机、变速器和汽车电子电器的研发能力。现有10多款整车产品及1.0~3.5 L全系列发动机及相匹配的手动/自动变速器。

吉利汽车附属厂家主要包括吉利汽车、沃尔沃等。2015年,吉利汽车整车销量为56.19万辆,排名国内第十。吉利汽车2015年明星产品为吉利帝豪EC7,销量为20.62万辆。

(2)公司商标　吉利汽车商标如图5-147所示。

吉利汽车商标中标识为勋章/盾牌形状,给人以安全感和信赖感,蕴含着吉利自创始至今所承载的"安全呵护与稳健发展"的品牌特征。吉利标识内由六块宝石组成,蓝色宝石代表了蔚蓝的天空,黑色宝石寓意广阔的大地,双色宝石的组合象征吉利汽车驰骋天地之间,走遍世界的每个角落。

图5-147　吉利汽车商标

2. 发展历程

1986年,李书福以冰箱配件为起点,开始了吉利创业历程。

1996年,成立吉利集团有限公司。

1998年,第一辆吉利汽车下线。

2003年,浙江吉利控股集团有限公司成立,实现吉利轿车出口"零的突破"。

2005年,吉利汽车亮相第六十一届法兰克福车展。

2007年,乌克兰SKD项目开始正式启动,实现吉利汽车海外生产零的突破。

2009年,吉利汽车成功收购全球第二大自动变速器公司——澳大利亚DSI公司。

2010年,吉利汽车获得沃尔沃轿车公司100%的股权以及相关资产(包括知识产权)。

2013年,在瑞典哥德堡设立欧洲研发中心。

2014年,吉利首款中高级轿车——吉利博瑞全球发布。

3.汽车品牌

吉利汽车主要乘用车品牌见表5-10。

表5-10　　　　　　　　　　　吉利汽车主要乘用车品牌

品牌	商标	车型
吉利汽车		博瑞、EC8、豪情SUV、GX7、TX4、帝豪、远景、海景、熊猫、自由舰、金刚、金刚CROSS、英伦C5、吉利电动金刚、吉利电动熊猫、吉利电动GX2等
沃尔沃汽车		XC系列、S系列、V系列等

5.4　日本著名汽车公司与商标

5.4.1　丰田汽车公司

1.公司概况

（1）公司简介　丰田汽车公司（Toyota Motors Corporation）创建于1937年，创始人为丰田喜一郎，公司总部设在日本东京。2019年，丰田汽车公司在全球汽车制造商销量排名中居第二位，汽车全球销量为969.86万辆。

（2）公司商标　丰田汽车公司商标如图5-148所示。

日语"丰田"在英语中被拼写为"TOYOTA"。丰田汽车公司的商标由三个椭圆形的环组成，中间的两个椭圆形环一横一竖，垂直重合，构成了一个"T"字，即"TOYOTA"的第一个字母。外边的一个椭圆代表地球，而由两个椭圆组成的"T"字最大限度地占据了外面椭圆的空间，寓意着丰田汽车公司要把自己的技术、产品推向全世界，也象征着丰田汽车立足未来，对未来的信心和雄心，还象征着丰田汽车置身于顾客，对顾客的保证。

图5-148　丰田汽车公司商标

2.发展历程

1933年，在丰田自动织机制作所设立汽车部。

1936年，丰田AA型轿车问世。

1937年，丰田汽车公司（Toyota Motors Corporation）成立。

1955年，发布Toyopet Crown、Toyopet Master、Crown Deluxe。

1957年，首次向美国出口丰田轿车Crown，设立美国丰田汽车销售公司。

1967年，开始与大发汽车公司进行业务合作。

1984年，与美国通用汽车的合资公司NUMMI在美国建成投产。

1997年，PRIUS（普锐斯，混合动力汽车）投产上市。

2003年，中国天津一汽丰田汽车有限公司建成投产。

2004年，广州丰田汽车有限公司成立。

2005 年,第一款在中国生产和销售的混合动力车 PRIUS(普锐斯)下线。
2006 年,中国广州丰田汽车有限公司投产。
2009 年,广州丰田汽车有限公司更名为广汽丰田汽车有限公司。
2010 年,丰田汽车研发中心(中国)有限公司(简称 TMEC)成立。
2014 年,发布 Mirai(世界首发量产氢燃料电池车)。

3. 汽车品牌

(1) 丰田(Toyota)　丰田品牌的主要车型有 RAV4、机敏(Kluger)、大霸王(Previa)、海拉克斯冲浪(Hilux Surf)、诺亚(Townace Noah)、速霸(Supra)、世纪(Century)、皇冠国王(Crown Majesta)、光冠(Corona Premio)、卡瑞娜(Carina TI)、花冠(Corolla)、陆地巡洋舰(Land Cruiser)、雷克萨斯(Lexus)、凯美瑞(Camry)、普锐斯(Prius)、柯斯达(Coaster)、海狮(Hiace)、赛恩(Scion)等。

图 5-149 和图 5-150 所示分别为 1993 年生产的丰田速霸、丰田皇冠汽车。

图 5-149　丰田速霸汽车 　　　　图 5-150　丰田皇冠汽车

丰田汽车雷克萨斯部是 1989 年丰田汽车公司专门为国外销售豪华轿车成立的一个分部。雷克萨斯车名是丰田花费 3.5 万美元请美国一家起名公司命名的,因为雷克萨斯(Lexus)的读音与英文豪华(Luxe)一词相近,使人联想到该车是豪华轿车的印象。

雷克萨斯汽车商标由图形商标和文字商标两部分组成(图 5-151)。它的图形商标不是采用常见的三个椭圆相互嵌套形式,而是在一个椭圆中镶嵌英文"Lexus"的第一个大写字母"L",椭圆代表着地球,表示雷克萨斯轿车遍布全世界。图 5-152 所示为雷克萨斯 LS400 轿车。

图 5-151　雷克萨斯汽车商标 　　　　图 5-152　雷克萨斯 LS400 轿车

(2) 大发(Daihatsu)　日本大发汽车公司成立于 1907 年,1923 年开始制造汽车,以生产小型轿车和发动机闻名世界。丰田汽车公司占有大发的多数股份。1984 年,大发汽车公司与中国天津一汽合作生产夏利微型轿车。

大发汽车公司商标如图 5-153 所示。

大发汽车公司主要的车型有西龙(Sirion)、感动(Move)、YRV、特锐(Terios)等。

(3）日野（Hino）　日本日野汽车公司成立于1942年，是日本最大的中型卡车制造商。2001年4月，丰田汽车公司向日野汽车公司注资比例达到50.1%，使日野成为丰田的一个子公司。

日野汽车公司商标如图5-154所示。

图5-153　大发汽车公司商标　　　图5-154　日野汽车公司商标

5.4.2　本田汽车公司

1. 公司概况

（1）公司简介　本田汽车公司（Honda Motors Corporation）创建于1948年，创始人为本田宗一郎，公司总部设在日本东京。2019年，本田汽车公司在全球汽车制造商销量排名中居第七位，汽车全球销量为482.62万辆。

（2）公司商标　本田汽车公司在20世纪80年代成立了商标设计研究组，从来自世界各地的2500多件设计图稿中，确定了现在的三弦音箱式商标（图5-155），也就是带框的"H"。图案中的H是"本田"拼音HONDA的第一个字母。这个商标体现出技术创新、职工完美和经营坚实的特点，同时还有紧张感和可以放松一下的轻松感。

2. 发展历程

1948年，本田宗一郎创建本田汽车公司。

1962年，本田汽车公司研制出轻便轿车"N360"。

1971年，开发了低公害的CVCC（复合过流调速燃烧）发动机汽车。

1982年，第一辆雅阁（Accord）轿车在美国工厂下线。

1986年，本田在美国推出讴歌（Acura）品牌汽车。

1998年，广州本田汽车有限公司和东风本田发动机有限公司成立。

2003年，东风汽车公司与本田汽车公司组建东风本田汽车（武汉）有限公司。

2009年，广州本田汽车有限公司更名为广汽本田汽车有限公司。

2016年，Honda在北京发布跨界车型CB500X、NC750X。

3. 汽车品牌

（1）本田品牌　本田（Honda）汽车主要有本田雅阁、本田思域、本田奥德赛、本田飞度轿车及燃料电池汽车等。

图5-156所示为本田思域（Civic）轿车。

图 5-155　本田汽车公司商标　　图 5-156　本田思域(Civic)轿车

（2）讴歌（Acura）　讴歌是美国本田汽车公司的高档豪华车品牌，"Acura"意为"高速、精密、准确"。其商标(图 5-157)是英文字母 A 的变形。为了体现名称中"精确"的主题，Acura 标识中的"A"转化为一个传统的卡钳样式(卡钳专门用于精确测量)。

图 5-158 所示为 Acura RL 轿车。

图 5-157　讴歌汽车商标　　图 5-158　Acura RL 轿车

5.5　韩国著名汽车公司与商标

5.5.1　现代汽车公司

1. 公司概况

（1）公司简介　现代汽车公司(Hyundai Motors Corporation)创建于 1967 年，创始人为郑周永，公司总部设在韩国汉城(2015 年改名为首尔)。2019 年，现代汽车集团在全球汽车制造商销量排名中居第五位，汽车全球销量为 720.35 万辆。

（2）公司商标　现代汽车公司商标(图 5-159)是在椭圆中采用斜体字 H，H 是现代汽车公司英文名 Hyundai 的第一个大写字母。

2. 发展历程

1967 年，郑周永创建现代汽车公司。

1998 年，收购韩国起亚(KIA)汽车公司，组成现代汽车集团。

2001 年，与中国东风汽车公司、江苏悦达集团组建东风悦达起亚汽车有限公司。

2002 年，北京现代汽车有限公司成立。

2014 年，现代汽车(CHMC)中国商用车工厂竣工。

3. 汽车品牌

现代汽车公司有现代和起亚两个主要品牌。

起亚汽车商标如图 5-160 所示。

图 5-161 所示为现代索纳塔汽车。

图 5-159　现代汽车公司商标　　　图 5-160　起亚汽车商标　　　图 5-161　现代索纳塔汽车

5.5.2　大宇汽车公司

大宇汽车公司是韩国第二大汽车生产企业。1967 年,金宇中创建新韩公司,后改为新进公司,1983 年改为大宇汽车公司。大宇汽车公司也和现代汽车公司一样,经历了 20 世纪 60 年代组装生产、70 年代国产化、80 年代建成大批量生产体制、90 年代以来自主开发新车型 4 个阶段。

2002 年,大宇汽车被曾经的合作伙伴通用汽车公司正式收购,收购以后更名为 GM 大宇汽车,继续挂着大宇的标志生产和制造汽车,通用汽车公司还将大宇旗下的多款汽车换上别克或者雪佛兰的标志出口到中国。2012 年 1 月 1 日,GM 大宇更名为韩国 GM,大宇汽车品牌彻底消失。

大宇汽车公司商标如图 5-162 所示。图 5-163 所示为大宇马蹄兹汽车。

图 5-162　大宇汽车公司商标　　　图 5-163　大宇马蹄兹汽车

知识梳理与项目小结

1. 美国主要有通用、福特和克莱斯勒汽车公司等。通用汽车公司主要汽车品牌有凯迪拉克、别克、雪佛兰、庞蒂克、奥兹莫比尔、土星、欧宝、萨博、沃克斯豪尔、悍马、吉姆西、霍尔登和大宇等。福特汽车公司主要汽车品牌有林肯、陆虎、美洲豹、马自达、阿斯顿·马丁和沃尔沃等。克莱斯勒汽车公司主要汽车品牌有克莱斯勒、道奇、吉普和普利茅斯等。

2. 欧洲主要有戴姆勒-奔驰、大众、雷诺-日产、标致-雪铁龙、菲亚特和宝马汽车公司等。戴姆勒-奔驰汽车公司主要汽车品牌有梅赛德斯-奔驰、迈巴赫和精灵等。大众汽车公司主要汽车品牌有奥迪、宾利、兰博基尼、斯柯达、布加迪和西雅特等。雷诺-日产汽车联盟主要汽车品牌有雷诺、日产、无限、三星和达西亚等。标致-雪铁龙汽车集团主要汽车品牌有标致和雪铁龙等。菲亚特汽车公司主要汽车品牌有菲亚特、阿尔法·罗密欧、法拉利、玛莎拉蒂和蓝旗亚等。宝马汽车公司主要汽车品牌有宝马、劳斯莱斯、奥斯汀和迷你等。

3. 中国主要汽车集团公司有上汽集团、东风汽车公司、一汽集团、长安汽车集团、北汽集团、广汽集团、华晨汽车集团、长城汽车、江淮汽车、吉利汽车等。

4. 日本主要有丰田和本田汽车公司等。丰田汽车公司主要汽车品牌有丰田、大发和日野等。本田汽车公司主要汽车品牌有本田和讴歌等。

5. 韩国主要有现代和大宇汽车公司等。现代汽车公司主要汽车品牌有现代和起亚等。

知识测评

1. 通用汽车公司主要汽车品牌有哪些？
2. 福特汽车公司主要汽车品牌有哪些？
3. 克莱斯勒汽车公司主要汽车品牌有哪些？
4. 戴姆勒-奔驰汽车公司主要汽车品牌有哪些？
5. 大众汽车公司主要汽车品牌有哪些？
6. 雷诺-日产汽车联盟主要汽车品牌有哪些？
7. 标志-雪铁龙汽车集团主要汽车品牌有哪些？
8. 菲亚特汽车公司主要汽车品牌有哪些？
9. 宝马汽车公司主要汽车品牌有哪些？
10. 中国主要汽车公司有哪些？
11. 日本丰田和本田汽车公司主要汽车品牌有哪些？
12. 韩国现代汽车公司主要汽车品牌有哪些？

技能测评

1. 利用网络资源，收集国内外各大汽车公司发展历程及品牌商标，分组进行汇报。
2. 选择你印象最深的一款国产车商标，查阅相关资料，对这款国产车的商标含义进行解释。

模块6

汽车选购与保险

随着社会发展和生活节奏的加快,生活空间无限拓展,人们的活动范围和流动性也越来越大。没有现代化的交通工具,必将影响工作效率。家用轿车最突出的优点是"灵活和随意",因而是任何公共交通工具无法取代的。也就是说,家用轿车可以与个人活动紧密地合拍,从而提高工作效率和加快生活节奏,这是现代生活的基本特点和需要。如何选购汽车和汽车保险成为许多购车者关注的问题。

教学导读

- 熟悉如何进行汽车选型,了解新车挑选和验收的程序,掌握办理新车手续的基本流程。
- 学会如何选购合适的二手车。
- 分清机动车保险的种类,理解各种机动车保险的含义,能够根据需要合理地选择保险种类。

6.1 新车选购

随着经济的发展和人们收入水平的不断提高,汽车正越来越多地"飞入寻常百姓家"。面对不断推陈出新的车市,如何购买到称心如意的汽车成为购车者普遍关注的问题。

新车选购基本流程如图 6-1 所示。

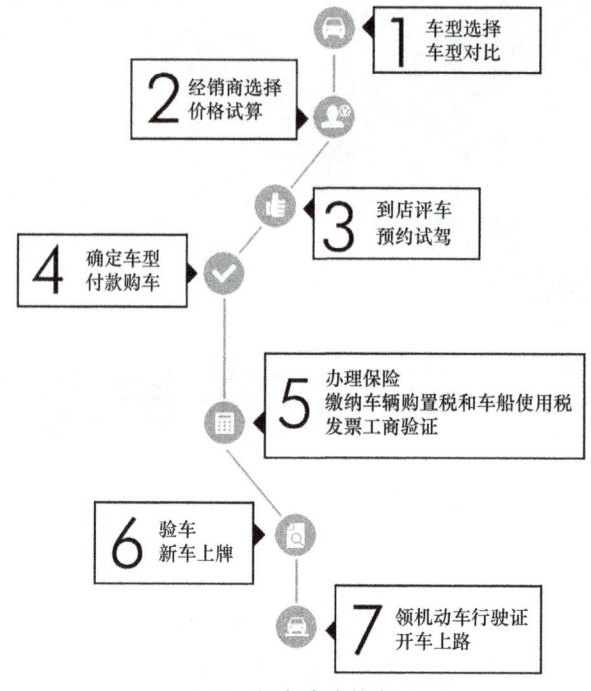

1 车型选择 车型对比

2 经销商选择 价格试算

3 到店评车 预约试驾

4 确定车型 付款购车

5 办理保险 缴纳车辆购置税和车船使用税 发票工商验证

6 验车 新车上牌

7 领机动车行驶证 开车上路

图 6-1 新车选购基本流程

6.1.1 汽车选型

1. 车系的选择

在世界汽车领域,美国、欧洲、日本三大车系是最具代表性的汽车流派。现在,这三大汽车流派在我国都有合资企业,尽管其车型都经过了本土化改造,但依旧展现出不同的基因魅力。

(1)美国车系 功率高,质量大,加速性能好,崇尚安全和安静,车身宽大、舒适。

(2)欧洲车系 底盘扎实,悬架系统好,注重操纵性,追求驾驶乐趣,制造工艺精良。

(3)日本车系 轻巧美观,造型新颖,油耗低,使用效率高,注重经济性,装饰做工细腻。

2. 购车档次的确定

汽车的档次划分方式有很多种,购车者多以价格划分。购车者还面临进口车、合资车、国产车的选择问题。购车时应综合考虑购车目的、家庭条件及车辆费用等多方面因素,量力而行。汽车档次划分见表 6-1。

表 6-1　　　　　　　　　　　　汽车档次划分

汽车档次	发动机排量/L	参考价格/万元	车辆性能	购车目的	适用家庭
微型轿车	<1	<10	一般	代步	经济条件一般
普通轿车	1～1.6	10～15	较好	代步、公务	经济条件中等
中级轿车	1.6～2.5	15～20	好	公务、代步	经济条件较好
中高级轿车	2.5～4	20～30	豪华	公务、代步	经济条件好
高级轿车	≥4	≥30	超豪华	公务、享乐	经济条件很好

3. 汽车款式的确定

(1) 两厢车　两厢车的车尾没有行李厢，所以摆放简单行李的位置是在后排座椅靠背的后面，这使车身的长度缩短了很多，转向更加灵活；此外，在停车时不用考虑行李厢的长度，所以容易估算位置，给初学驾驶者带来不少的方便。

(2) 三厢车　三厢车的车尾有密封的行李厢，在空气调节及音响分布方面更有利于乘客，乘客之间交谈时也比较方便。缺点是扁阔的行李厢放不下较大件的行李，而且乘客在行车时，也照顾不到放在行李厢的东西。

(3) 旅行车　与上述两款车比较，多了一个特大的行李厢。但正因如此，车尾的质量也增加了，在转弯时产生较大的惯性力，有转向甩尾的现象。

(4) 多用途汽车和运动型多用途汽车　多用途汽车（Multi-Purpose Vehicle, MPV）可以作为家用车，也可以作为商务车，还可以作为休闲旅行车，甚至可作为小货车，它兼具轿车的舒适性和小型客车的较大空间，一般为单厢式结构，即俗称的"子弹头"。

运动型多用途汽车（Sport Utility Vehicle, SUV）是指造型新颖的多功能运动型车，它不仅具有 MPV 的多功能性，而且还具有越野车的越野性。

MPV 和 SUV 汽车都具有车身较高、视野较广阔、座位较高的特点，坐在上面就好像坐在客厅的椅子上一样，身体与腿部呈 90°，即使长途行车也不易感觉疲倦。

(5) 轿跑车　兼有轿车和跑车的特点，一方面强调要善于奔跑、具有运动性，另一方面又不能舍弃轿车载人、实用的功能。它给人以潇洒的感觉，车速快，为众多青年人和汽车运动爱好者所青睐。

4. 汽车颜色的选择

(1) 黑色　黑色是一种矛盾的颜色，既代表保守和自尊，又代表新潮和时尚，给人以庄重、尊贵、严肃的感觉，容易与外界环境相吻合。

(2) 白色　白色给人以明快、活泼、清洁、朴实、大方的感觉，容易与外界环境相吻合而协调。另外，白色是膨胀色，容易使小车显大。

(3) 银灰色　银灰色是最能反映汽车本质的颜色，看见银灰色就想起了金属材料，给人感觉整体感很强。银灰色汽车最具人气，也最具运动感。

(4) 黄色　黄色给人以欢快、温暖、活泼的感觉。黄色是膨胀色，很显眼。

(5) 红色　红色给人以跳跃、兴奋、欢乐的感觉。红色是膨胀色，同样可以使小车显大。阳光下红色给人的感觉如同一团火焰，非常提神，非常适合跑车或运动型车。

(6)蓝色　蓝色给人感觉清爽、冷静、豪华和气派。

(7)绿色　绿色有较好的可视性,这是大自然中森林的色彩,也是春天的色彩。

汽车的颜色选择与使用功能、使用环境、使用对象有关。此外,汽车颜色与行车安全也有很大关系。一般认为黄色、红色、黑色车的行车安全性较好。

5. 购车的性别差异

男性和女性购车的标准是有区别的。男性看中的主要是汽车的动力性能,他们往往喜欢动力澎湃、加速性能好、手动挡、越野能力强、外观端庄威猛的车辆。女性在选购爱车时,往往考虑本身的要求,并要加以评估,才能决定哪一种车最适合自己。

总体来说,女人天性爱美求新,流线造型的车子往往是首选,但是也要根据自己的实际情况进行选择。若是职业女性,不妨选择外形庄重、线条平实、大小适中的车辆;若是时尚女子,小巧独特的车子可以令您在城市拥挤的道路上行驶自如。

选择自动挡车还是手动挡车,取决于个人本身的驾驶习惯。若您常在市区开车,为了避免塞车换挡的辛劳,当然是以自动挡车为第一优先考虑。若您偏爱开快车驰骋于路上,则不妨考虑手动挡车。在选车时应注意车辆的操作系统反应要比较灵敏,这样驾驶时就可以省些力气。

安全性方面,应具有广阔的视野及较小的驾驶盲区。女性开车比较谨慎小心,应考虑选择如安全气囊、ABS制动系统等对于驾驶人的生命安全有良好保障的汽车,不要选择冷气、音响等按键设置过低的车辆,以免开车时因调选而造成危险。中控锁对于女性来说必不可少,它可帮助您在汽车启动后自动锁上车门,以防不轨之徒干扰,增加安全感。

6. 比较汽车性能

汽车好坏的本质在于性能,应该从厂商提供的说明书中初步了解汽车的性能,主要的使用性能指标如下:

(1)发动机　发动机是汽车的"心脏",它的性能决定了汽车的动力性、经济性和排放性。一般发动机排量越大,汽车动力性越好。最高车速可直接从汽车说明书中看出。经济性可以直接从汽车说明书中的百公里燃油消耗量看出,该数值越低越好。一般发动机压缩比越高,经济性就越好。

(2)底盘　汽车的底盘直接影响车辆行驶的安全性、稳定性、舒适性和操作方便性,也影响汽车的动力性和经济性。日本车系的底盘相对较轻,较省油;欧美车系的底盘较重,发生撞击时车辆变形较小。

(3)车身　车身款式多样,可以从外观直接了解。车身总体尺寸(总长、总宽、总高、轴距、轮距等)在汽车说明书中都已标出。相同外形尺寸的汽车,轴距和轮距越大,车身稳定性越好,车内空间越大。缺点是占地面积大、转弯半径大、质量大、油耗高。车身的设计还与油耗有很大关系,流线型越好的汽车,空气阻力越小,越省油。

7. 比较汽车的配置

一个系列的家用汽车,往往包括很多具体型号,它们之间可能外形没有很大区别,但性能却相差很多,价格也不尽相同。其价格区别在于除发动机与变速箱之外的其他配置。这些配置主要包括：空调装置、车身电子稳定程序、行车辅助系统、泊车辅助系统、智能操作系统（自动感应大灯、自动感应雨刷等）、安全气囊、车载音响系统、车载导航系统、座椅加热装置、电动天窗、防盗系统及储物空间布局等，可以根据自己需要与条件选择。

8. 比较汽车的售后服务

汽车的售后服务是购车需要考虑的一个重要环节，因为日后汽车的保养和维修要延续几年甚至十几年时间，良好的售后服务会给您带来许多方便。

对比售后服务时，一是要看所在的地区有多少您所确定购买的品牌汽车的专业维修点，维修点多，说明厂家重视售后服务，同时也可以有更多选择的余地；二是看这些专业维修点的维修水平、服务态度、价格标准。可以亲自前往专业维修点感受一下，看看厂商给予其何种授权及评价。

9. 比较他人对汽车的评价

(1) 请教专家　专家主要是指有经验的汽车修理工、驾驶员、销售人员、专业老师、管理人员等，他们常年与汽车打交道，所以最有发言权。

(2) 请教身边的购车者　可以向身边的购车者咨询，如：最近跑长途了吗，路上时速多少，买来多久进的修理厂，修理厂的态度、价格好吗，夏天开空调时凉快吗，开空调油耗多少，到野外去过吗，山道上跑得怎么样等。

(3) 查询网上车友论坛　形形色色的有车族（包括无车的网民），在网站上发布了无数的帖子。这些帖子语言生动、毫不讳言，信息量之大，任何媒体都无可比拟，可以作为购车参考。当然，对于网上的信息，必须注意筛选。

(4) 留意新闻媒体的报道　近年来，新闻媒体对于汽车的报道越来越多，通常新闻媒体的报道正面为多，注意将不同媒体不同来源的消息放在一起分析，可得出结论。还有一种方法，就是注意股市和股价的变化。我国主要的汽车制造企业，都是上市公司，业绩会比较准确地反映到年报中，从而影响股价的变化。

综上所述，消费者购买汽车的参考要素见表6-2。

表6-2　　　　消费者购买汽车的参考要素

企业形象		汽车产品		汽车服务		
环境保护	企业文化	汽车硬体价值	汽车软体价值	展厅	接待态度	售后服务
材料环保、排污较低等	文化与品牌传播、社会公益等	品质、性能、外形、内饰、价格等	色彩、标志、音响、操作舒适性、品牌等	环境幽雅、布局合理、标志清晰等	服装整洁、用语礼貌、亲切等	设备先进、服务快捷、收费合理、回访及时、提示温馨等

6.1.2　汽车挑选和验收

品牌、车型选定后，挑选和验收新车可参照以下步骤进行：

1. 查看出厂日期

出厂日期是标志该车从生产线上完成装配的日期。出厂日期的标注位置一般包括发动机铭牌、门缝周边铭牌、汽车说明书等。如果看到这个日期与买车的日期十分接近,说明该车较新。另外,新车里程表上显示行驶了10～20 km是正常的,可以认定为"零公里新车"。

2. 查看轮胎

"零公里新车"的轮胎是完全没有磨损的,包括轮胎制造过程中产生的细小痕迹及刺状的凸起。

3. 观察"跑冒滴漏"

打开发动机舱盖,观察发动机气缸体和气缸盖、油底壳之间有无润滑油渗漏,水箱周围有无水渍,蓄电池桩头附近有无污染和锈蚀,空调管路的接口处有无尘土黏结。

观察底盘,转向节附近有无渗油,驱动轴的防尘套是否完好,减振器周围有无尘土黏结,减振器的橡胶零件有无变形,变速器和后桥的外壳是否有渗漏的油迹,或观察地面是否有滴油的痕迹等。

4. 检查车门

查看车门开启是否灵活,聆听车门开合时的声音。关门时,如果发出沉闷的砰砰声,说明车门工艺精湛,密封性良好;如果关门时,发出清脆的啪啪声,说明车门工艺不好,密封性差。

5. 观察车身

应首先注意发动机舱盖、行李厢盖及车门装配的几何尺寸是否准确,缝隙是否均匀;边角有无漆溜或鼓包;线条是否清晰明快。从侧面迎着光线观察,可以了解车身的弧线是否圆滑,棱线是否笔直。

6. 车内检查

坐进驾驶室,查看门窗升降是否平顺,角落边缘有无锈迹,座位有无污垢。用手晃动转向盘,上下不能有窜动现象,左右转动转向盘,应有一定的自由行程,这个自由行程要符合汽车说明书的要求,一般不超过15°。观察仪表板及仪表装配是否工整,有没有歪斜现象。检查工具箱、烟灰缸及车内其他装置的开合是否顺畅。

7. 检查汽车电器

检查蓄电池的液面高度是否符合规定。查看蓄电池的正、负极桩头是否洁净。打开电源钥匙的第一挡,仪表板上所有的指示灯应该全亮,油量指针应该有上升的变化。检查灯光时,先打开故障报警开关,此时,左右转向灯均应有节奏地闪动;拨动转向灯开关和雾灯开关,检查灯光是否完好;挂倒挡,倒挡灯应该点亮;踩下制动踏板,制动灯应该点亮。

检查刮水器,在低、中、高各速度时均应工作正常,喷水器应出水顺畅。按动喇叭,声音应该柔和动听。打开收音机,检查音响效果。先开到最小声音,听音响对细小声音的分辨能力;然后,开到最大声音,听喇叭是否失真。

8. 试车

试车是购车的关键环节,包括察看、驾驶、检验等项目,最好请一位修理技师或有开车经验的人一同挑选。

(1) 静止状态下,检查一下加速踏板是否反应灵敏;离合器踏板是否过硬过沉;离合器踏板和制动踏板是否有一定的自由行程,这个自由行程是否符合汽车说明书要求;踏下制动踏板到极限,有无继续向下的感觉,如果有,说明制动油路有问题。三个踏板均应回位迅速,无卡滞现象。

(2) 启动发动机,检查发动机在怠速时是否运转平稳,有无不规则震动,转速表的指针是否上下晃动,若晃动厉害,说明怠速不稳。观察转速表指示的转速是否符合汽车说明书要求;加大节气门开度,发动机的声音应该是由小到大平稳过渡。其中如果有极细小的金属敲击声或沉闷的碰撞声,都可能是发动机致命的缺陷。可以多试几辆车,对比辨别一下发动机的声音,选择一辆声音最小、最柔和的。

(3) 在颠簸的道路上打开窗户,倾听底盘、减振器是否出现异响。

(4) 突然加大节气门开度,观察发动机的反应快慢,汽车是否有"推背感",如果有,说明加速性能良好。

(5) 轻轻转动转向盘,其反应应该及时灵敏。如果感觉很沉,很费力,或者自由行程过大,反应迟缓,说明转向系统有问题。向左或向右转弯后,检查是否能够自动回正,如果不能回正或者出现跑偏现象,说明转向系统或者车轮定位有问题。

(6) 检查制动,轻轻踏下制动踏板,检查是否反应灵敏,反应迟缓或过于灵敏都不好。紧急制动后,方向应仍能保持正直。

6.1.3 购买新车后的注意事项

1. 汽车饰品选购

(1) 座套 座套面料有普通面料、麻织面料和真丝面料三种,价格从几百元到上千元不等。座套的最大作用就是保护座椅,它不仅拆洗方便,还能给车内增添一种气氛。碳纤维加热座套配合电源转换器可以为座套加热,提高座椅的舒适度,发热产生的远红外线对背部和腰部还有一定的理疗作用。

(2) 转向盘护套 转向盘护套材料主要有针织、绒布、皮革和真皮之分,有的还具有夜光功能和卡通图案,价格一般在百元左右。转向盘护套的主要作用是吸汗、防滑,还可用来展示不同的个性化风格。良好的手感是安全驾驶的重要前提,它在为我们带来舒适的同时,还给旅途增添了浪漫的情调。

(3) 头枕 头枕可减轻驾驶疲劳,缓解颈部压力,保护人体颈椎不受伤害。有的头枕还能散发出一种香味,使驾驶员更加兴奋,头脑更加清醒,有利于行车安全。头枕的安装位置要合适,对颈部要有很好的支承作用。

(4) 腰靠 腰靠与头枕类似,也是用来提高舒适性的,驾驶员在车内休息时可以当枕头用。

(5) 脚垫 汽车内部清洗比较麻烦,有脚垫就简单多了。脚垫根据材料划分有塑料脚垫和织物脚垫两种。塑料脚垫清洗起来比较容易,适合经济型汽车;织物脚垫显得品位高,适合中档及其以上轿车,价格从几十元到几百元不等。

(6) 香水 汽车上使用香水能够清除车内异味,杀灭空气中的细菌。常见的香水有液态型、固体型、喷雾型三种。不同香型的香水代表不同的风格,车主可根据个人喜好选择清新、不刺激的产品。

2. 认真阅读汽车使用手册及其他各项说明书

驾驶员要严格按照相关要求和操作方法正确使用新车,同时应到汽车经销商或售后服务站,咨询更多的汽车质量担保信息,按要求进行定期保养。汽车质量担保期内,不要进行没有经过汽车生产厂家认可的改装,因为改装会导致人为因素的故障,这种故障不在担保范围之内。

6.2 二手车选购

1. 购车之前的准备

买车并不仅仅是付出一笔购车款就可以的,还需准备保险费、维修费等。购车后根据驾驶人的需要或驾驶习惯对车辆进行必要的维护和调整,以免在车辆出现状况时再维修而影响使用。

2. 收集二手车信息

了解二手车行情,只有懂行情,价格上才能不吃亏。买二手车之前,应到二手车市场或通过相关媒体了解二手车行情,真正做到"货比三家",才能在交易中占据主动。

3. 挑选二手车的注意事项

(1)千万不要挑选标新立异及一些冷门少见的二手车。因为这些汽车的配件也比较少见,日后的维修保养都比较麻烦。

(2)不要挑选大排量的车型,油耗较大。

(3)尽量不要挑选使用时间过久的汽车。因为汽车的很多零部件都有使用寿命,到了一定时间之后,随之而来的维修和更换会花费一大笔资金。

4. 二手车的交易原则

(1)核查车辆来源的合法性　不购买走私车、套牌车、拼装车、盗抢车等。

(2)不购买手续不全的车辆　一台证件齐全的车辆必须具备购车发票、机动车登记证书、机动车行驶证、车辆购置税完税证明、车船税单、保险单等。

(3)不购买抵押、按揭期内的车辆　此类车辆的产权并不属于车主,车主无权处置。

(4)不购买经过改装的车辆　部分车主未经车辆管理部门许可,随意更改外形尺寸、车身形状、颜色,此类车是无法过户的。

(5)尽量不购买外地车　此类车由于跨地域,所以核实证件、过户,包括以后的年审都会比较麻烦。

5. 依靠专业鉴定机构

购买二手车时,现场查验非常重要,应对发动机、底盘、车身等逐项查看,同时还应试车,进一步检查车辆性能。由于车辆性能的检查是一项专业性很强的工作,建议购车者不要盲目相信自己的经验及卖车者的介绍,还是要依托于专业鉴定机构的力量,运用先进的仪器设备对预购车辆进行检测,确保自己能买到一台称心如意的二手车。

6.3 机动车保险

机动车保险是以机动车为保险标的的一种保险形式。机动车保险分为机动车交通事故责任强制保险(简称交强险)和机动车商业保险两部分。其中,机动车交通事故责任强制保险必须购买,机动车商业保险可由用户根据情况自主选择。

6.3.1 机动车交通事故责任强制保险

机动车交通事故责任强制保险是指由保险公司对被保险机动车发生道路交通事故造成本车人员、被保险人以外的受害人的人身伤亡、财产损失,在责任限额内予以赔偿的强制性责任保险。

6.3.2 机动车商业保险

不同保险公司机动车商业保险条款不完全相同,现以中国平安保险(集团)股份有限公司机动车商业保险为例进行讲解。机动车商业保险分为基本险和附加险两部分。

1. 基本险

基本险包括机动车损失保险、机动车第三者责任保险、机动车车上人员责任保险、机动车全车盗抢保险共4个独立的险种。投保人可以选择投保全部险种,也可以选择投保其中部分险种。

(1)机动车损失保险　保险期间内,被保险人或其允许的驾驶人在使用被保险机动车过程中,因遭受保险责任范围内的一些自然灾害或意外事故,造成被保险机动车的直接损失,且不属于免除保险人责任的范围,保险人依照保险合同的约定负责赔偿。

(2)机动车第三者责任保险　保险期间内,被保险人或其允许的驾驶人在使用被保险机动车过程中发生意外事故,致使第三者遭受人身伤亡或财产直接损毁,依法应当对第三者承担的损害赔偿责任,且不属于免除保险人责任的范围,保险人依照保险合同的约定,对于超过机动车交通事故责任强制保险各分项赔偿限额的部分负责赔偿。

(3)机动车车上人员责任保险　保险期间内,被保险人或其允许的驾驶人在使用被保险机动车过程中发生意外事故,致使车上人员遭受人身伤亡,且不属于免除保险人责任的范围,依法应当对车上人员承担的损害赔偿责任,保险人依照保险合同的约定负责赔偿。

(4)机动车全车盗抢保险　保险期间内,被保险机动车全车被盗窃、抢劫、抢夺,经公安刑侦部门立案证实,满60天未查明下落,或被保险机动车全车被盗窃、抢劫、抢夺期间受到损坏,或车上零部件及附属设备丢失需要修复的合理费用,且不属于免除保险人责任的范围,保险人依照保险合同的约定负责赔偿。

2. 附加险

附加险不能独立投保。

(1)玻璃单独破碎险　保险期间内,被保险机动车风挡玻璃或车窗玻璃的单独破碎,保险人按实际损失金额赔偿。投保了机动车损失保险的机动车,可投保本附加险。

(2)自燃损失险　保险期间内,在没有外界火源的情况下,由于本车电器、线路、供油系统、供气系统等被保险机动车自身原因或所载货物自身原因起火燃烧造成本车的损失,为防止或者减少被保险机动车的损失所支付的必要的、合理的施救费用,由保险人承担。投保了机动车损失保险的机动车,可投保本附加险。

(3)新增加设备损失险　保险期间内,投保了本附加险的被保险机动车因发生机动车损失保险责任范围内的事故,造成车上新增加设备的直接损毁,保险人在保险单载明的本附加险的保险金额内,按照实际损失计算赔偿。投保了机动车损失保险的机动车,可投保本附加险。

(4)车身划痕损失险　保险期间内,投保了本附加险的机动车在被保险人或其允许的驾驶人使用过程中,发生无明显碰撞痕迹的车身划痕损失,保险人按照保险合同约定负责赔偿。投保了机动车损失保险的机动车,可投保本附加险。

(5)发动机涉水损失险　本附加险仅适用于家庭自用汽车、党政机关、事业团体用车、企业非营业用车,且只有在投保了机动车损失保险后,方可投保本附加险。保险期间内,投保了本附加险的被保险机动车在使用过程中,因发动机进水后导致的发动机的直接损毁,保险人负责赔偿;发生保险事故时,被保险人为防止或者减少被保险机动车的损失所支付的必要的、合理的施救费用,由保险人承担。

(6)修理期间费用补偿险　保险期间内,投保了本附加险的机动车在使用过程中,发生机动车损失保险责任范围内的事故,造成车身损毁,致使被保险机动车停驶,保险人按保险合同约定,在保险金额内向被保险人补偿修理期间费用,作为代步车费用或弥补停驶损失。只有在投保了机动车损失保险的基础上方可投保本附加险,机动车损失保险责任终止时,本保险责任同时终止。

(7)车上货物责任险　保险期间内,发生意外事故致使被保险机动车所载货物遭受直接损毁,依法应由被保险人承担的损害赔偿责任,保险人负责赔偿。投保了机动车第三者责任保险的机动车,可投保本附加险。

(8)精神损害抚慰金责任险　保险期间内,被保险人或其允许的驾驶人在使用被保险机动车的过程中,发生投保的主险约定的保险责任内的事故,造成第三者或车上人员的人身伤亡,受害人据此提出精神损害赔偿请求,保险人依据法院判决及保险合同约定,对应由被保险人或被保险机动车驾驶人支付的精神损害抚慰金,在扣除机动车交通事故责任强制保险应当支付的赔款后,在本保险赔偿限额内负责赔偿。只有在投保了机动车第三者责任保险或机动车车上人员责任保险的基础上,才能投保本附加险。

(9)不计免赔率险　保险事故发生后,按照对应投保的险种约定的免赔率计算的、应当由被保险人自行承担的免赔金额部分,保险人负责赔偿。投保了任一主险及其他设置了免赔率的附加险后,均可投保本附加险。

(10)机动车损失保险无法找到第三方特约险　投保了本附加险后,对于被保险机动车损失应当由第三方负责赔偿,但因无法找到第三方而增加的由被保险人自行承担的免赔金额,保险人负责赔偿。投保了机动车损失保险后,可投保本附加险。

(11)指定修理厂险　投保了本附加险后,机动车损失保险事故发生后,被保险人可指定修理厂进行修理。投保了机动车损失保险的机动车,可投保本附加险。

6.3.3　机动车投保及保险理赔流程

机动车投保流程如图 6-2 所示,机动车保险理赔流程如图 6-3 所示。

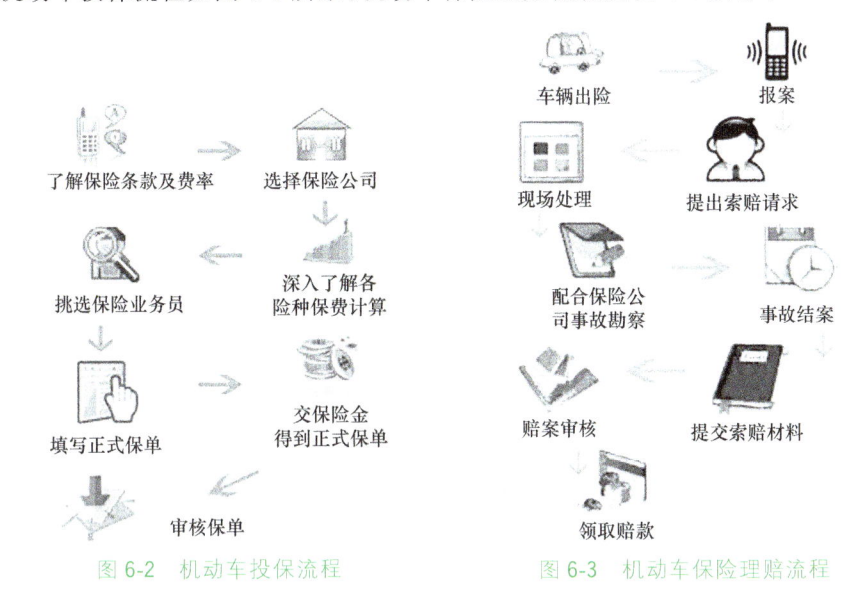

图 6-2　机动车投保流程　　　　图 6-3　机动车保险理赔流程

知识梳理与项目小结

1. 新车选购包括汽车选型、汽车挑选和验收、汽车饰品选购等步骤。

2. 汽车选型应综合考虑车系、购车档次、汽车款式、汽车颜色、男女购车的差别、汽车性能、汽车配置、汽车售后服务、他人对汽车评价等问题。

3. 汽车挑选和验收包括查看出厂日期、查看轮胎、观察"跑冒滴漏"、检查车门、观察车身、车内检查、检查汽车电器和试车等流程。

4. 汽车饰品选购包括座套、转向盘护套、头枕、腰靠、脚垫和香水等的选购。

5. 二手车选购应做好购车前准备,注意收集二手车信息,遵循二手车的交易原则,并依靠专业鉴定机构进行选购。

6. 机动车保险分为机动车交通事故责任强制保险和机动车商业保险两部分。机动车商业保险分为基本险和附加险,附加险不能独立投保。基本险包括机动车损失保险、机动车第三者责任保险、机动车车上人员责任保险、机动车全车盗抢保险共 4 个独立的险种。附加险包括玻璃单独破碎险、自燃损失险、新增加设备损失险、车身划痕损失险、发动机涉水损失险、修理期间费用补偿险、车上货物责任险、精神损害抚慰金责任险、不计免赔率险、机动车损失保险无法找到第三方特约险、指定修理厂险等。

汽车文化

知识测评

1. 新车选购包括哪些步骤？
2. 汽车选型应综合考虑哪些问题？
3. 如何进行汽车挑选和验收？
4. 如何进行二手车选购？
5. 车辆保险如何分类？

技能测评

1. 利用网络资源，收集汽车选购的相关资料，分组汇报如何选购一款心仪的汽车。
2. 走访调查汽车购置需要哪些流程？
3. 走访调查新车应该如何选择保险种类？

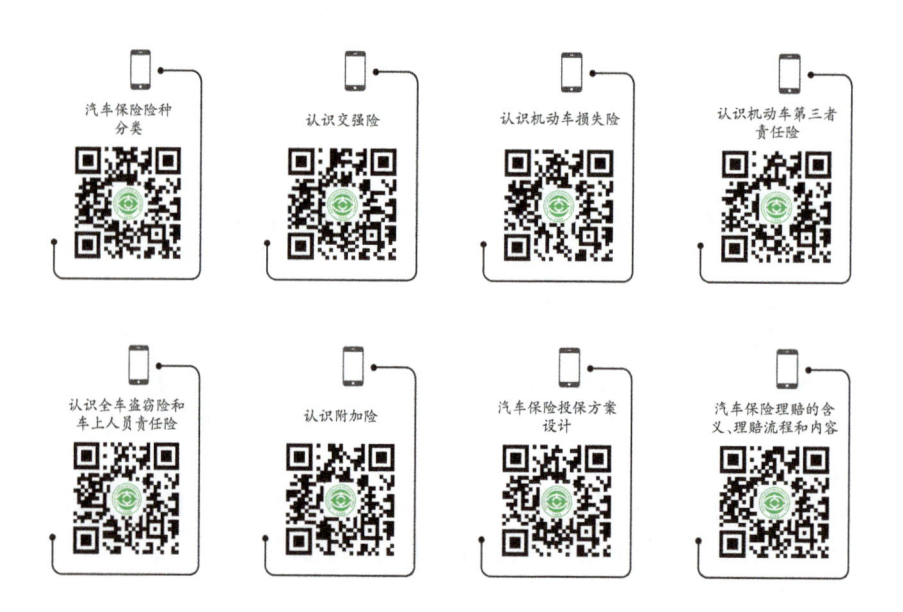

汽车保险险种分类

认识交强险

认识机动车损失险

认识机动车第三者责任险

认识全车盗窃险和车上人员责任险

认识附加险

汽车保险投保方案设计

汽车保险理赔的含义、理赔流程和内容

模块 7

汽车运动、名人与时尚

汽车文化是与汽车产品相关的意识形态及其表现形式。在汽车设计、生产和使用过程中，从汽车外观到内饰，从风格到品质，都深深地打下了文化的烙印。汽车品牌、汽车运动、汽车展览、汽车媒体、汽车俱乐部等，它们以各自不同的方式传递着汽车的各种信息，让人们感受到汽车文化的启迪和熏陶。

教学导读

- 了解汽车运动的分类。
- 了解方程式汽车赛的规则，熟悉方程式汽车赛的分类，知道著名车队与车手。
- 分清汽车名人与汽车品牌之间的关系。
- 认识概念车及其作用，熟悉概念车的经典车型。
- 了解汽车俱乐部的作用及分类，知道我国汽车俱乐部的发展历程。
- 熟悉国内外的主要汽车展览情况，认识世界著名汽车城。
- 了解汽车媒体的种类，能够通过汽车媒体收集相关汽车信息。

7.1 汽车运动

汽车运动又称赛车运动,是指赛车手按照比赛规则,驾驶汽车在规定的道路上进行汽车性能和驾驶技术较量的体育竞赛。汽车运动是赛车手与赛车融合的体育竞技,极具挑战性和观赏性,是人类挑战自我、挑战极限的精神和汽车科技发展的集中体现。汽车运动起源于19世纪的欧洲,最早的汽车比赛是在城市间的公路上进行的。许多车手因为公路比赛极大的危险性而丧生,于是专业比赛赛道应运而生。

7.1.1 汽车运动的起源

世界上第一场汽车比赛于1887年4月20日在巴黎举行,结果只有一辆蒸汽机汽车参加了比赛。1895年,由法国汽车俱乐部和《鲁·普奇·杰鲁纳尔》报联合举办了世界上最早使用汽油发动机汽车进行的长距离公路赛,比赛路线是从巴黎到波尔多,往返共1 178 km。当时有15辆汽油发动机汽车和6辆蒸汽机汽车参加比赛,结果汽油发动机汽车战胜了蒸汽机汽车。

1904年,由法国等欧洲国家发起,成立了国际汽车联合会(Fédération Internationale de l'Automobile, FIA),其会标如图7-1所示。从此,世界汽车运动就蓬勃地开展起来。中国汽车运动联合会于1975年成立,1983年加入国际汽车联合会,其会标如图7-2所示。

图 7-1　国际汽车联合会会标　　图 7-2　中国汽车运动联合会会标

7.1.2 汽车运动的分类

汽车运动分为场地汽车运动和非场地汽车运动。

场地汽车运动是指赛车在规定的封闭场地中进行比赛。它又可分为方程式汽车赛、汽车耐久赛、漂移汽车赛、轿车赛、运动汽车赛、短道拉力汽车赛、场地越野汽车赛、直线竞速汽车赛等。

非场地汽车运动的比赛场地基本上是不封闭的,主要分为汽车拉力赛、汽车越野赛、汽车登山赛、汽车沙滩赛、汽车泥地赛等。

1. 场地汽车运动

(1)方程式汽车赛　由于参加这种比赛的赛车必须依照国际汽车联合会制定的车辆技术规则规定的程式制造,因此称为方程式赛车。方程式赛车的级别有很多种,主要有一级方程式、F3000、三级方程式、亚洲方程式、无限方程式、福特方程式、雷诺方程式、卡丁车方程式等。其中世界一级方程式锦标赛是汽车场地竞赛项目中最高级、也是最引人注目的比赛。

①世界一级方程式锦标赛。世界一级方程式锦标赛（FIA Formula 1 World Championship, F1）（图7-3）是由国际汽车联合会（FIA）举办的最高等级的年度系列场地汽车比赛，是当今世界最高水平的汽车比赛，与奥运会、世界杯足球赛并称为"世界三大体育盛事"。首届F1大赛于1950年在英国的银石赛道举行。

图7-3 世界一级方程式锦标赛

a.F1赛程。每年规划有16～17站的比赛（2012年赛季达到20站比赛），通常约在三月中开跑，十月底结束赛季。F1赛程分为三天，其中星期五与星期六上午自由练习（不计成绩），星期六下午测时排位赛，星期日上午热身，星期日下午决赛。

b.F1旗语。

黄旗：显示有事故或者危险，禁止超车。单黄旗舞动表示放慢车速，双黄旗舞动表示放慢车速并随时准备停车。

红黄竖条纹旗：警告车手赛道前方路面有油，或者路面较滑。

白旗：当出现白旗的时候，表示前方有慢速行驶的车辆，车手应该小心驾驶，甚至应该适当减速。

红旗：红旗只会出现在起始/终点线，当红旗出现时即比赛已被终止。

蓝旗：在比赛中，如果蓝旗舞动则表明后方有车准备超车，立即让路，不然的话将可能被处罚。

绿旗：表示危险已经解除，禁止超车的命令也同时被解除。

黑旗：通常伴随着一个号码旗，指示该车手必须回维修站，这个指示通常是用来对车手进行罚停。

黑底红圈旗：通常伴随着一个号码旗，警告该车手他的赛车出现了机械问题，必须进站维修。

黑白相间旗：通常代表比赛结束。

黑白对角旗：与车手号码一同出现，警告该车手的驾驶行为有碍体育竞技道德。

c.F1赛道。F1比赛是在世界各地的十多个封闭的环行线路进行的（包括专业的环行赛车场和个别封闭后的城市街道），起点和终点在一条线上。赛道为改性沥青，每个赛道的周长不等，最短的是摩纳哥的"蒙特卡罗街区赛道"，单圈长度为3.3公里，最长的是比利时的"斯帕"赛车场，单圈长度为7公里。

d.F1车手。驾驶赛车的车手为1人，参赛的车队有11个，每队2人，共22辆车。F1车手必须持有国际汽车联合会（FIA）签发的"超级驾驶证"——FIA Super Licence方能参赛。F1车手集身体素质、驾驶技术、经验和斗志于一身。

e.F1比赛规则。比赛时22辆赛车根据排位比赛的成绩排列起跑顺序。最有利的第一位称为"杆位"。当五盏红灯熄灭时，22辆赛车同时出发，比赛时间控制在2 h之内，跑完规定圈数（每场为超过305公里的最小圈数），时间短者获胜。每场比赛取前10名：第一名25分，第二名18分，第三名15分，第四名12分，第五名10分，第六名8分，第七名6分，第八名4分，第九名2分，第十名1分。F1的年度总冠军分为两种，车手总冠军及车队总冠军,分别授予各场比赛累计获得总积分最高的车手和车队。

f. F1赛车。F1赛车主要出自法拉利、保时捷、宝马、福特、丰田等汽车公司。图7-4所示为红牛F1车队新车RB10。F1使用的赛车车身外形、操作系统及发动机都有严格规定。现代F1赛车的基本特点是四轮外露,单座,重心低,轮距大,最低重量550 kg。F1赛车不能在普通道路上行驶,由各赛车公司或车厂的汽车运动部单独设计和制造。

图7-4　红牛F1车队新车RB10

g. F1车队。F1车队可以分为两类,即厂商车队(如法拉利、本田、丰田、雷诺等车队)和非厂商车队(如红牛、乔丹等车队)。按照F1的章程,成立车队的必要条件需要拥有自主研发的底盘,发动机总成、空气动力学套件等可以使用其他车队或厂家的产品。

②其他方程式汽车赛。

a. F3000(方程式3000)汽车赛。F3000(方程式3000)汽车赛也设有国际大奖赛,但只有4个分站。它使用的赛车是四轮外露、单座、纯跑道用方程式赛车。装备8个气缸、排量为3 L的自然吸气式汽油发动机,输出功率约为349 kW。

b. 三级方程式(F3)汽车赛。赛车体积较小,最小质量为540 kg,发动机气缸数最多4个,禁用二冲程发动机,最大排量为2 L,禁用增压器,功率约为125 kW。

c. 卡丁车方程式汽车赛。卡丁车方程式汽车赛(图7-5)是世界方程式汽车赛的最初级形式,始于1940年。由于许多著名的F1车手都是从卡丁车起步的,所以卡丁车被视为"F1"的摇篮。卡丁车方程式汽车赛分为方程式卡丁车、国际A、B、C、E级和普及级6种,共12个级别。使用轻钢管结构,操作简单,无车体外壳,装配100 mL、125 mL或250 mL汽油发动机的4轮单座位微型赛车,重心低,在曲折的环形路线上行驶速度感强。

图7-5　卡丁车方程式汽车赛

(2)汽车耐久赛　汽车耐久赛(Grand Touring Car)亦称"GT赛",是一种在规定赛道上进行长时间连续行驶的耐久性比赛,它可以检验汽车的动力性、可靠性和驾驶员的耐力。最著名的汽车耐久赛是勒芒24 h汽车耐久赛。

勒芒24 h汽车耐久赛(图7-6)在法国勒芒(Lemans)举行。从1923年开始,每年6月(1936年、1940年、1948年除外)都要举行汽车连续行驶24 h的比赛,它与F1及世界拉力锦标赛并称世界汽车三大赛事。

勒芒赛道是环行跑道,长13.5 km,其中大部分是封闭式的高速公路。比赛时每辆车配备三个驾驶员,轮流驾驶与休息,实行昼夜"三班"制。在24 h的赛程中,由于夜间气温较低,轮胎抓地性最好,机件运行也进入良好状态,所以赛车手都趁"夜深人静"之际拼命奔驰,此时竞争最为激烈。汽车每隔 50 min 就要加油检修,昼夜汽车行驶约 5 000 km,平均时速超过 200 km,在直线路段行驶最高时速超过 400 km。在 24 h 内行驶距离最长者获胜。

2. 非场地汽车运动

(1) 汽车拉力赛　汽车拉力赛(图 7-7)是使用规定的赛车,按规定的平均速度,在完全或部分对普通交通开放的道路上进行的一项赛事,每个赛车组由 1 名车手及 1 名领航员组成。汽车拉力赛属于长距离比赛,主要在有路基的土路、沙砾路上进行,也有部分的柏油路。汽车拉力赛的会合点只有一个,而出发点可能很多,甚至可以在不同的国家。汽车拉力赛既能检验汽车的性能和质量,又能考验驾驶员的技术。

图 7-6　勒芒 24 h 汽车耐久赛　　　　图 7-7　汽车拉力赛

国际汽车拉力赛通常在世界各地确定若干站,最后一站比赛结束后,根据车手和车队各站比赛的总积分,排定年度冠军车手和冠军车。较为著名的汽车拉力赛有蒙特卡罗汽车拉力赛、巴黎-达喀尔汽车拉力赛等。

①蒙特卡罗汽车拉力赛。蒙特卡罗汽车拉力赛是一种国际性的汽车拉力赛。蒙特卡罗是法国和意大利之间的一个欧洲小国摩纳哥的首府,也是一个著名的赌城。1911 年,欧洲十国进行了以各自首都为起点,到摩纳哥的蒙特卡罗集合的汽车长途越野赛。全程限 7 天完成,以各自行驶的平均速度作为胜负的标准,这次比赛,以 RALLY 命名,成为世界上第一次正式的汽车拉力赛。以后比赛每年 1 月份举行,路线在摩纳哥附近的山区,由于冬季路面有冰雪,行驶条件十分恶劣,全程约 5 000 km,赛程 4~5 天。

②巴黎-达喀尔汽车拉力赛。巴黎-达喀尔汽车拉力赛是世界上最长、最艰苦的汽车拉力赛之一,自 1979 年开始,每年 1 月份举行。由法国巴黎出发,乘船渡过地中海,在利比亚登陆。然后,穿越非洲的撒哈拉大沙漠、潮湿的热带雨林及各种崎岖的路段,途经 10 个国家,最后迂回到塞内加尔的首都达喀尔,行程约 13 000 km,历时近 20 天。因比赛行驶路线长,且选择比赛路段条件苛刻,比赛非常艰难,淘汰率超过一半。从 1995 年起,巴黎-达喀尔汽车拉力赛改为格拉纳达-达喀尔汽车拉力赛。

③其他汽车拉力赛。东非沙法里汽车拉力赛,从 1953 年起每年举行一次,比赛途经肯尼亚、乌干达等国家,路面条件十分恶劣,路线长达 6 000 km,赛程 4~5 天。还有 1971 年由英国伦敦到澳大利亚悉尼的汽车拉力赛,以及摩洛哥、奥地利阿尔卑斯、法国阿尔卑斯、希腊阿克罗波拉斯、美国奥林巴斯、芬兰千湖汽车拉力赛等。

(2) 汽车越野赛　汽车越野赛是非场地汽车运动项目之一,是在一个国家或几个国家的公路和自然道路上进行的汽车比赛(图 7-8)。经过多个国家的领土、总行程超过 10 000 km 或跨洲进行的汽车越野赛,称为马拉松汽车越野赛。

汽车越野赛不同于汽车拉力赛，比赛必须在白天进行。除国际汽车联合会特别批准外，赛程不得超过 15 天，每经过 10 个阶段后，至少休息 18 h。参赛车辆必须是全轮驱动汽车。

巴黎-北京马拉松汽车越野赛是世界上最早的汽车越野赛，在 1907 年举行。汽车从北京开到巴黎，有 5 辆汽车参加，3 辆汽车历经 2 个月才到达巴黎。1992 年 9 月，又

图 7-8　汽车越野赛

举行了一次巴黎-北京马拉松汽车越野赛。比赛从巴黎出发，经莫斯科进入我国新疆，最后到达北京。全程 16 135 km，途经 11 个国家，历时 27 天，有 50 辆赛车在规定时间内跑完全程。

7.1.3　赛场风云车队与车手

1. 著名车队

(1) 法拉利车队　1950 年首次参赛，1961 年首次获得世界车队冠军。截至 2008 年，共夺得 16 次世界车队冠军，15 人次世界车手冠军。

(2) 麦克拉伦车队　麦克拉伦车队由布鲁斯·麦克拉伦于 1964 年创建。1966 年首次参赛，1974 年首次获得世界车队冠军。截至 2008 年，共夺得 8 次世界车队冠军、12 人次世界车手冠军。

(3) 威廉姆斯车队　1973 年建立，原名 ISO 车队，1975 年更名为威廉姆斯车队。1975 年在阿根廷第一次参加 F1 大赛，1980 年第一次夺得世界车队冠军。截至 2008 年，共获得过 9 次世界车队冠军、7 人次世界车手冠军。

(4) 莲花车队　1963—1978 年共夺得 7 次世界车队冠军。1996 年，莲花车队离开了 F1 赛场，2010 年莲花车队又重新回到了 F1 赛场。

(5) 其他著名车队　其他著名车队有丰田车队、日产车队、三菱车队、555 富士车队、福特车队、兰西亚车队等。

2. 著名车手

(1) 胡安·曼努尔·凡乔　胡安·曼努尔·凡乔是世界赛车史上的一代元勋与神话。他出生在阿根廷一个工厂主家庭。1934 年进入赛车界就表现出非凡的能力，1940 年夺得安第斯远距离汽车耐力赛冠军。

第二次世界大战后凡乔到欧洲发展，效力于阿尔法·罗密欧车队，自 1950 年开始举办世界一级方程式锦标赛，38 岁的凡乔即投身其中，代表阿尔法·罗密欧车队夺得首届比赛的总成绩第二名，翌年便成功夺魁，赢得他传奇生涯中的第一个世界冠军。

1954 年，凡乔加盟首次参加 F1 大赛的奔驰公司，并驾驶着奔驰 W196 赛车接连夺得 1954 年和 1955 年的 F1 年度总冠军。1956 年奔驰公司退出 F1 赛场，凡乔加入法拉利车队。在驾驶法拉利赛车第四次夺得 F1 年度总冠军后，次年离开法拉利车队，从此以个人身份驾驶玛沙拉蒂赛车参赛。1956 年 8 月 4 日，46 岁的凡乔在德国纽柏林这个全世界难度最大、最危险的赛道上 9 次打破世界赛车单圈速度纪录，并夺得冠军，写下了他赛车

生涯最辉煌的一笔。但在这次比赛中,凡乔的膝盖因赛车座椅架折断受伤,翌年他退出赛车运动。

(2)迈克尔·舒马赫　迈克尔·舒马赫是当代车王,当之无愧的车神。他于1969年1月3日出生在德国Hürth-Hermülheim,4岁就开始参加卡丁车比赛。

1991年,舒马赫在乔丹车队首次参加了F1大赛,只参加了一场比赛就被贝纳通车队挖走。翌年他在比利时获得了第一个分站赛冠军,并在那个赛季获得了总成绩第三名。1994年,他第一次夺得世界冠军,并于翌年卫冕成功。1996年,他加盟法拉利车队,虽然赛车问题不断,但他还是获得了第三名。

2000年,舒马赫为法拉利车队夺得车队与车手双料冠军,成为三届世界一级方程式冠军车手,也是法拉利车队21年来的首个冠军车手。2001年,舒马赫再次为法拉利车队夺得车队与车手双料冠军。尽管总是成为传媒的争议人物,但舒马赫以其卓越的表现和过人的天分,无可争议地成为世界车坛最优秀的车手之一。他精明的赛车头脑和娴熟的驾驶技术,特别是在湿滑天气时的表现,为他赢得了应得的赞扬和尊敬。2004年他继续代表法拉利出赛,夺得第7次世界冠军。

2006年,巴西站后舒马赫退役。2010年,舒马赫代表梅赛德斯GP车队复出。2012年10月4日,舒马赫正式宣布再次退役。

(3)阿兰·普罗斯特　1955年2月24日,阿兰·普罗斯特出生在法国中部靠近圣夏蒙的卢瓦尔区。普罗斯特从小就精力旺盛,热衷于摔跤、滑冰、足球等运动。

14岁时,普罗斯特喜欢上了卡丁车。从乐趣到痴迷,他很快获得了数次卡丁车赛冠军。1974年,他退学成为一名专业卡丁车手。从1975年代表雷诺车队赢得法国专业卡丁车赛冠军开始,他接连赢得2座冠军金杯,然后他去了F3赛场。1978年和1979年他两次获得F3法国和欧洲大赛冠军。1980—1993年,他先后效力于麦克拉伦、雷诺、法拉利和威廉姆斯等车队。他四次获得世界冠军,但是也曾四次决绝地离开所效力的车队。他51次荣获分站赛冠军,这是一个非常伟大的成就。他的获胜次数仅落后于舒马赫和凡乔,在历史上居第三位。尽管他个人具有很多争议性,但是像其他伟大的车手一样,他所取得的巨大成就及他在F1历史上的地位是无法撼动的。2012年,普罗斯特出任雷诺品牌大使。

(4)艾尔顿·塞纳　艾尔顿·塞纳被公认为世界赛车史上最具天才的车手之一,有"赛车王子"和"雨中塞纳"的美称。

塞纳出生于巴西圣保罗一个富有的汽车制造商家庭,从小就表现出极高的驾车天赋。13岁参加卡丁车赛,17岁夺得南美洲冠军。1981年进入欧洲方程式赛场,不久便赢得福特1600和福特2000方程式汽车赛的冠军,崭露头角。1983年进入三级方程式汽车赛后夺得全英F3冠军,成为赛车界关注的对象。1984年塞纳加盟托勒曼车队(现在的贝纳通车队),开始涉足F1赛事。

1985年,塞纳转入莲花车队,并在前四个月的葡萄牙埃斯托利尔赛道上展现了天才的传奇本领。连日的大雨使本来就很危险的赛道变得更为可怕,在严峻的考验下,夺冠热门车手普罗斯特和两届世界冠军毕奇相继退出了比赛。然而,初出茅庐的塞纳却知难而进,驾车在雨中飞驶,以绝对优势夺得冠军。这是塞纳赢得的第一个分站赛冠军,也是他赢得"雨中塞纳"浪漫声誉和世界影响的成功之役。

1988年,塞纳加盟麦克拉伦车队并战胜队友普罗斯特,赢得第一个年度总冠军的称号。他接连在1990年、1991年两度称雄,成为F1历史上第7位"三冠王"。威廉姆斯车队崛起后,1994年将塞纳招至旗下。在这次被视为最完美的结合中,塞纳也决心驾驶威廉姆斯赛车实现自己的四冠王目标。然而,当年4月1日,意大利伊莫拉赛道发生了世界赛车史上惨烈的一幕:当比赛进行到第7圈时,塞纳的车突然失去控制,以300 km/h的速度撞在坦布雷弯道上,一代天才车手塞纳魂归天国。赛车界无不为失去了一个天才车手而惋惜。塞纳的遗体被送回巴西后,巴西政府为他举行了国葬。

汽车拉力赛的著名车手还有英国的麦克雷、奥地利的尼克·劳达、英国的伯恩斯、芬兰的马基宁和西班牙的塞恩斯等。

7.2 汽车名人

对于汽车工业来说,无论是早期的发明创造,还是后来的发展壮大;无论是一项技术的不断完善,还是生产组织方式的重大变化,都是众多参与者具体实施的结果。在汽车发展130多年的漫长岁月里,多少有识之士为之尽心竭力,多少能工巧匠为之呕心沥血,多少管理精英为之终生操劳。正是他们在汽车工业园地里的辛勤耕耘,才有了汽车工业今天的辉煌。

7.2.1 美国的汽车精英

1. 威廉·杜兰特

威廉·杜兰特(1861—1947年),通用汽车缔造者,世界汽车发展史上的一位传奇式的人物,利用自己手中掌握的巨额资金,创建了今天名震全球的通用汽车公司。

杜兰特于1861年出生在美国的马萨诸塞州波士顿市。1886年,投资成立一家马车制造公司。1904年,杜兰特出资控股了经营陷入困境的别克汽车公司,作为其在汽车制造业赖以成名的起点。1905年,杜兰特擅做决定参加纽约汽车展览会,并包揽1 500辆汽车的制造任务,使公司蒙受损失,杜兰特被停职。

1908年,在杜兰特的建议下,别克汽车公司被通用汽车公司收购。杜兰特进入通用汽车公司,将奥兹莫比尔、凯迪拉克、庞蒂克等多家知名汽车企业合并,使公司规模不断扩大。1910年,由于管理机制问题,在与福特公司的激烈竞争下,汽车销量大幅下滑,出现了严重的资金危机。杜兰特在走投无路的情况下,向财团求救,被解除了总经理的职务。

杜兰特并不甘心自己的失败,1915年,他同路易斯·雪佛兰组成了雪佛兰汽车公司,并取得了辉煌的经营成就。1916年,杜兰特将通用汽车公司从银行家的控制下重新夺回,使其变成了雪佛兰的一家子公司。1917年,杜兰特成立了股份制的新通用汽车公司。在重新获得了通用汽车公司的领导权后,杜兰特又自满自足起来,无意接受董事会的领导,热衷于公司规模的扩大(在他担任总经理的4年时间内,公司规模扩大了8倍);他不去协调各经营部门相互之间的关系,导致分公司各自为政;他不去关心公司的整个产品战略规划,导致分公司之间的产品相互重复,无法形成"一致对外"的市场竞争格局……杜兰特的一系列失误,导致通用汽车公司出现了严重危机,公司濒临倒闭。在公司上下的一片反对中,杜兰特被迫于1920年11月辞职,永久地离开了自己创立的通用汽车公司。后来,杜兰特在默默无闻中度过了余生,但他为通用汽车公司做出的贡献是不可磨灭的。

2. 亨利·福特

亨利·福特(1863—1947年),美国汽车工程师与企业家,福特汽车公司的建立者。他是世界上第一位使用流水线大批量生产汽车的人,被人尊称为"汽车大王"。

亨利·福特出生于美国密歇根州韦恩郡的史普林威尔镇。他从小就对机械感兴趣,12岁时建立了一个自己的机械坊,15岁时亲手造了一台内燃机。1891年,亨利·福特成为爱迪生照明公司的一个工程师。1896年,他制造了他的第一辆汽车,将它命名为"四轮车"。1899年,他与人合作成立底特律汽车公司,但由于经营不善,公司很快就倒闭了。1901年,在商人资助下,成立了亨利·福特公司,主要产品是赛车,但不久资助者迫使他离开了公司,此后这家公司被改名为凯迪拉克。

1903年,亨利·福特第三次与人合作,按股份制模式建立福特汽车公司,任董事长兼总经理。1908年,福特汽车公司推出福特T型车并深受欢迎,该车改变了美国人的生活方式。1913年,将流水线模式引入工厂,后被称作"福特制",在全世界推广应用,成为20世纪大规模生产的基础。1919年,亨利·福特买下公司其他股东的股份,将公司总裁的位置让给他的儿子埃兹尔·福特。亨利·福特利用花旗银行的资金扩大再生产,使公司成为20世纪世界上最大的汽车公司,提出8小时5美元工资的三班制,改变了美国工人的工作方式,被称为"汽车大王"。1927年,公司停止生产T型福特车,开始制造新式的A型车。1936年,亨利·福特与他的儿子埃兹尔·福特一起在密歇根州创立了美国福特基金会。1947年4月3日,亨利·福特去世。他葬礼的那一天,美国所有的汽车生产线停工一分钟,以纪念这位"汽车界的哥白尼"。

《纽约时报》评论说:福特不仅是福特汽车公司的创始人,同时也带动了整个汽车行业的发展。1999年,《财富》杂志将福特评为"20世纪最伟大的企业家",以表彰他和福特汽车公司对人类发展所做出的贡献。2005年,《福布斯》杂志公布了有史以来最有影响力的20位企业家,亨利·福特名列榜首。

3. 阿尔弗雷德·斯隆

阿尔弗雷德·斯隆(1875—1966年),汽车业界的管理奇才和著名企业家。

斯隆于1875年5月23日出生在美国康涅狄格州的一个富裕家庭,1895年毕业于麻省理工学院。其父于1898年以5 000美元买下了一家小滚珠轴承厂,送给他去经营。20年后,斯隆以1 350万美元把工厂卖给了威廉·杜兰特而加盟通用汽车公司。

1919年,斯隆担任通用汽车公司副总经理。他对通用汽车公司的不善管理深感不安,曾给总经理写过三份有关内部管理弱点的专题报告,可惜刚愎自用的杜兰特对此不理睬,最终导致通用汽车公司几乎倒闭的严重危机,杜兰特本人也被迫辞职。

1923年5月,面对内忧外困的通用汽车公司,董事长杜邦将公司总经理大权交给了斯隆。斯隆以其聪明才智为通用汽车公司构筑了一套完善的组织机构，建立了一整套的管理、财务制度。这次变革被称为现代企业管理的一场革命，为公司日后的大发展打下了坚实的基础。

在斯隆所建立的管理体制下，下属各分公司的经营积极性被充分地调动起来，汽车产量逐年上升，自1928年超过福特汽车公司之后，一直稳居世界首位。通用汽车公司对这位管理奇才也给予了充分的尊重，自1923年接任总经理以来，一直到1966年以91岁高龄离开人世，斯隆始终担任着通用汽车公司的总经理、董事长、名誉董事长等职。

7.2.2 欧洲的汽车奇才

1. 卡尔·本茨

卡尔·本茨(1844—1929年)，德国著名的戴姆勒-奔驰汽车公司的创始人之一，现代汽车工业的先驱者之一，人称"汽车之父""汽车鼻祖"。

本茨出生于德国巴登符腾堡州卡尔斯鲁厄的一个工程师之家。在中学时期，他就对自然科学产生了浓厚的兴趣，先后就读于卡尔斯鲁厄文理学院和卡尔斯鲁厄综合科技大学。最初他在德国的曼海姆经营奥托四冲程煤气机，后来投入到汽油发动机的研制中。1879年，成功研制火花塞点火汽油发动机。1886年1月29日，本茨试制成功世界上第一辆单缸汽油发动机三轮汽车，取得了世界上第一个"汽车制造专利权"，该车现保存在德国慕尼黑的汽车博物馆。

1888年9月12日，本茨的发明在慕尼黑博览会上一举成名，当时的报纸如此描述："星期六下午，人们怀着惊奇的目光看到一辆三轮马车在街上行走，前边没有马，也没有辕杆，车上只有一个男人，马车在自己行走，大街上的人们都惊奇万分"，大批客户开始向本茨订购汽车。1893年，本茨研制成功性能先进的"维克托得亚"牌汽车。但因价格昂贵，成为公司的滞销品。1894年，开发生产了便宜的"自行车"，给奔驰汽车公司带来了较高的利润。此后，奔驰又对"维克托得亚"牌汽车进行了改进，发明了世界上第一辆公共汽车。1899年，制造出第一辆赛车，奔驰汽车公司改组为奔驰莱茵汽车股份有限公司，成为当时世界上最大的机动车生产厂家。1906年，本茨和他的两个儿子在拉登堡成立了奔驰父子公司。1926年，本茨的汽车公司与戴姆勒汽车公司合并，成为戴姆勒-奔驰汽车公司。1929年，为汽车梦想奋斗了一生的本茨离开了人世。本茨既有工程师的基本素质，又有企业家的经营技巧，用一生对汽车技术的执着实现了制造汽车的梦想。

2. 戈特利布·戴姆勒

戈特利布·戴姆勒(1834—1900年)，德国著名工程师和发明家，现代汽车工业的先驱者之一。

戴姆勒于1834年出生在德国符滕堡雷姆斯河畔舍恩多夫的一个手工业工人家庭，父亲是面包师。1852年，他就读于斯图加特工程学院。1861年，戴姆勒先后到法国、英国工作和学习，1862年回到德国并结婚，后来到多伊茨燃气发动机公司当工程师。1872年，戴姆勒设计出四冲程发动机。1883年，他与好友——著名的发明家威廉·迈巴赫合作，成功研制出使用汽油的发动机。1885年，将此发动机安装于木制双轮车上，取名"骑式双轮车",该车获得德国专利,成为世界上第一辆摩托车。1886年,戴姆勒把这种发动机安装在他为妻子43岁生日而购买的马车上,创造了第一辆四轮戴姆勒汽车。1890年,戴姆勒创建了自己的汽车公司。1897年,戴姆勒的汽车公司生产出"凤凰"牌小客车。1903年,以公司主要投资人埃米尔·耶利内克的女儿的教名"梅赛德斯 Mercedes"命名的小客车投产。

1900年3月6日,戴姆勒卒于德国斯图加特的巴特坎施塔特。1926年6月29日,戴姆勒汽车公司和奔驰汽车公司合并,成立了在汽车史上举足轻重的戴姆勒-奔驰汽车公司,此后公司生产的所有汽车都命名为"梅赛德斯-奔驰 Mercedes-Benz"。

3. 费迪南德·波尔舍

费迪南德·波尔舍(又译为费迪南德·保时捷,1875—1951年),德国著名的汽车工程师,甲壳虫汽车设计者,世界著名豪华跑车保时捷汽车公司的创始人。

1875年,波尔舍出生于奥匈帝国波西米亚北部的玛弗斯多夫(现属捷克)的一个铁匠世家。1893年,波尔舍只身来到维也纳,进入贝拉爱格电子公司工作。1906年,波尔舍被聘任为奥地利-戴姆勒汽车公司奥地利分公司技术部经理。波尔舍在奥地利-戴姆勒汽车公司最大的成就是著名的"亨利王子型"(Prince Henry)赛车。1910年,他带领三辆自己设计的赛车参战,在175辆"高手"之中一举拿下前三名,震惊了世界。1914年,第一次世界大战爆发,波尔舍积极参加了奥匈帝国的军工动员,被任命为斯柯达军工厂的技术总监。1917年,波尔舍得到了维也纳工业大学颁发的荣誉博士学位。1922年,设计了著名的"Sascha"(萨莎)赛车。1929年,波尔舍进入奥地利出任斯太尔公司技术总监。此后又获得斯图加特高等技术学院(斯图加特大学)颁授的名誉博士学位。斯太尔公司被戴姆勒-奔驰汽车公司收购后,波尔舍不愿意再次面对老东家,选择了离开。辞职后的波尔舍于1930年12月16日创建了自己的公司——保时捷汽车工作室。1934年,波尔舍以全新角度设计出了具有16缸增压式发动机的第一辆保时捷赛车,先后打破了8项世界纪录,夺得过场地赛、越野赛、登山赛等多项赛事的冠军,德国民众虔诚地将这辆赛车取名为"银箭"。1937年,大众汽车公司成立,波尔舍对以往的汽车进行了革命性的更改,奠定了今天的汽车模样,设计了著名的甲壳虫汽车。

由于二战期间波尔舍参与过德军坦克的研制工作,战后被盟军指控为战犯关进法国监狱。1947年8月,波尔舍回到了奥地利。1948年,见证了Cisitalia车型的完工,也看到了保时捷356原型车。1951年1月30日,汽车史上一代宗师波尔舍从沃尔夫斯堡返回斯图加特的途中中风逝世,享年77岁。他的杰作,特别是不朽的"甲壳虫",却永远留在车迷的心中。

4. 阿尔芒·标致

阿尔芒·标致(1849—1915年),法国标致汽车公司的创始人,世界汽车工业的先驱者之一。

标致于1849年3月26日出生在法国蒙特拉,在巴黎中央高等工艺制造学校学习工程技术,后来又到英国继续深造。1871年,22岁的标致回国,与他人合作生产蒸汽机汽车。1889年,标致Ⅰ型蒸汽机汽车还曾在巴黎国际博览会展出。

后来,标致见到了戴姆勒发明的内燃机,并专程前往德国拜会戴姆勒。标致对戴姆勒发动机和汽车产生了极大的兴趣。回到法国后,他购买戴姆勒汽车公司生产的发动机,开始组装汽车。1890年,第一辆汽油发动机驱动的标致汽车问世,这是德国以外出现的第一辆内燃机汽车。1891年,标致四轮汽车正式向公众露面,还参加了全程2 045 km的越野行驶。这辆装了内燃机的四轮车仅用139 h就跑完了全程,轰动了世界,这时人们才确信汽车已经可以实用了。

1896年,标致正式创建了标致汽车公司,成为法国主要的汽车厂家之一。由于法国人敏锐的判断力,特别是法国开明的法律制度(当时,德国、英国均有歧视机动车的法律),法国成了最早普及汽车的国家。标致汽车公司也成为世界上第一家真正的汽车制造商。而此时的奔驰汽车公司和戴姆勒汽车公司仍只满足于销售内燃机生产许可证,其汽车产品仍停留在样车阶段。而标致使汽车从样品变成商品,从一项研究变成一门工业。阿尔芒·标致于1915年1月2日去世,终年66岁。

5. 安德烈·雪铁龙

安德烈·雪铁龙(1878—1935年),法国雪铁龙汽车公司的创始人,发动机前置前轮驱动汽车技术的发明者。

雪铁龙于1878年2月5日出生在法国巴黎,后来就读于巴黎综合工科学院,1900年大学毕业。雪铁龙申请了一项人字形齿轮切削工艺专利,并于1905年建立了一个自己的小公司,专门生产人字形齿轮产品,因为人字形齿轮运转平稳,产品很快开始销往欧洲其他国家。

1913年,雪铁龙来到了美国,参观了亨利·福特的汽车厂。雪铁龙十分欣赏福特汽车公司大批量流水线的生产方式,并将其引入了法国。1919年,雪铁龙汽车公司成立,并在欧洲率先批量生产A型车,使其产量迅速提高。

雪铁龙加强了汽车的售后服务业务,创立了一年保证期制度。建立分销网,罗列出零件目录及维修费用一览表,使所有销售点、维修点的费用得以统一。1922年,他大力推广分期付款售车方式,成立了全国第一个汽车分期付款机构。

雪铁龙非常重视广告宣传:他在法国各地十字路口竖立起雪铁龙标牌;在巴黎埃菲尔铁塔以霓虹灯方式做雪铁龙广告,使巴黎四周30 km以内都可看到;发起了穿越撒哈拉沙漠的大型车赛,又组织了贯穿全非洲的赛车活动。1931年,他在法国巴黎开办了当时全球最大的汽车商场。

雪铁龙不断地投资于工厂和开发新车型,追求技术上的不断进步。在新研制的前轮驱动汽车上采用一系列全新的技术。但由于新车研制周期过长,又存在一些设计、制造方面的缺陷,销路受阻,雪铁龙顿时负债累累,不得不将公司卖给米其林公司。雪铁龙于1935年7月3日因病去世,终年57岁。法国政府给他颁发了一枚二级荣誉勋章。

7.2.3 亚洲的汽车名人

1. 丰田喜一郎

丰田喜一郎(1894—1952年),日本汽车之父,丰田汽车公司的创始人,日本汽车工业的先驱者。

丰田喜一郎于1894年出生在静冈县敷知郡吉津村,其父亲丰田佐吉既是日本有名的纺织大王,也是日本大名鼎鼎的"发明狂"。1917年,进入东京帝国大学工学部学习。1920年,毕业后进入丰田纺织公司从事纺织机的研究开发。1921—1922年赴欧美考察。1926年,设立丰田自动织机制作所,就任常务董事。1931年,试制成功4马力小型汽车发动机。1933年,在丰田自动织机制作所内设立汽车部。1934年,决定购置举母工厂用地,同年造出第一台A型发动机。1935年,造出G1型卡车。1936年,在东京芝浦设立汽车研究所。1937年,丰田汽车公司成立,就任副总经理。1938年,举母工厂竣工。1940年,研制成AE型轿车,同年丰田制钢公司成立,就任副总经理。1947年,开始生产SA型轿车,经公开征集该车车名,定名为"OYOPET"。1950年,丰田汽车销售公司成立,就任汽车技术会会长,辞去丰田汽车公司总经理职务。1952年,因脑溢血去世,享年57岁。

丰田喜一郎对汽车工业的重大贡献在于他对生产过程的科学管理方面。他创造的"丰田生产方式",将传统的整批生产方式改为弹性生产方式,经后来的公司副总裁大野耐一进一步发展之后,成为完善的"精益生产"。

2. 饶斌

饶斌(1913—1987年),生于吉林,原名饶鸿熹,中国汽车工业的奠基人,享有"中国汽车之父"的盛誉。

1953年6月9日,毛泽东主席签发《中共中央关于三年建成长春第一汽车制造厂的指示》。1953年7月,饶斌担任厂长,把第一锹黑土抛向毛泽东主席亲自题词的一汽建设奠基石,开始了一汽建设的历史。1956年7月14日,一汽总装线上开出由中国人自己制造的第一批解放牌载货汽车,结束了中国不能自己制造汽车的历史。此后,饶斌又接受了生产红旗轿车的任务。1960年1月,饶斌奉调北京,担任第一机械工业部(现并入工业和信息化部)副部长兼六局(汽车轴承局)局长。1964年,中国经济形势好转,国家决定建设二汽,项目选址确定在湖北十堰。筹建二汽的任务理所当然地又落在饶斌头上。在一汽,他工作了7年,而在二汽,则一干就是16年。

二汽建成投产后,饶斌调回北京,担任第一机械工业部部长。改革开放之初,邓小平同意引进汽车合资项目,饶斌建议由上海承担。1984年,上海大众合资合同在北京人民大会堂签署,国内第一个轿车合资企业诞生。20世纪80年代初,饶斌先后担任机械工业部部长和中国汽车工业公司董事长。

1987年7月15日,在一汽解放牌卡车出车30年纪念大会上,饶斌突然激动地讲起了轿车:"我老了,不能和大家一起投身第三次创业。但是,我愿意躺在地上,化作一座桥,让大家踩着我的身躯走过,齐心协力把轿车造出来,去实现我们中国几代汽车人的轿车梦!"说完,他的泪水潸然而下。1987年8月29日,饶斌在上海逝世,享年74岁。

7.3 汽车时尚

7.3.1 概念车

1. 概念车定义

概念车由英文Conception Car意译而来。概念车不是将投产的车型,它仅仅是向人们展示设计人员新颖、独特、超前的构思而已。概念车还处在创意、试验阶段,很可能永远不投产。因为不是大批量生产的商品车,每一辆概念车都可以更多地摆脱生产制造水平方面的束缚,尽情地甚至夸张地层示自己的独特魅力。

概念车是时代的最新汽车科技成果,代表着未来汽车的发展方向,因此它展示的作用和意义很大,能够给人以启发,并促进相互借鉴学习。随着时代的进步,概念车已经从高科技、强动力走向低耗能、求环保,例如标榜零消耗、零污染的叶子概念车(图7-9)。因为概念车有超前的构思,体现了独特的创意,并应用了最新科技成果,所以它的鉴赏价值极高。

世界各大汽车公司都不惜巨资研制概念车,并在国际汽车展上亮相,一方面了解消费者对概念车的反映,从而继续改进;另一方面也是为了向公众显示本公司的技术进步,从而提高自身形象。

概念车包括两种,一种是能行驶的真正汽车,另一种是设计概念模型。

第一种比较接近于批量生产,其先进技术已步入试验并逐步走向实用化,一般在5年左右可成为公司投产的新产品。

第二种汽车虽是更为超前的设计,但因环境、科研水平、成本等原因,只是未来发展的研究设想。

别克 YJob 是汽车工业界公认的世界第一辆概念车,它于1938年由美国通用汽车艺术和色彩部首任主任、美国汽车造型之父——哈利杰·厄尔发明,如图7-10所示。

图7-9 叶子概念车 图7-10 别克 YJob 概念车

2. 经典车型

汽车的历史已有130余年,概念车的历史将近80年。二者相辅相成之间,诞生了无数经典车型。如同经典的量产车一样,历史上出色的概念车同样令车迷们津津乐道。

由于实际情况的限制,量产车约束了设计师的思维,而概念车往往集成了名家们天马行空的神来之笔。看看过去的概念车,你可能会从今天的汽车上找到从前的创意,或许有些概念车能为你提供探寻时空的线索。而有一些概念车,可能再过几十年,我们还是只能对着它们傻傻发呆,因为有些概念并不是每个人都能理解的。就像是艺术,只有会欣赏的人,才能产生共鸣。就让我们在经典的梦境中徜徉,一步步地走向未来吧!

(1)奥迪 RSQ 概念跑车(图7-11) 该车采用两座、中置发动机设计,采用球体车轮并配上相似形状的轮框,使整车具有雕塑般的视觉感受。

(2)丰田 i-swing 概念车(图7-12) 丰田 i-swing 概念车的车体由具有缓冲性、低反弹性的橡胶材料构成,外表蒙面采用质地柔软的布料材质,有如穿衣般舒适。i-swing 概念车操作简单,通过两根操纵杆、踏板、人体重心转移进行操作。驾驶员的头部位于车轴的中央,"站立"时自动启动陀螺传感器控制系统,原地转身如同人环顾四周一样自然顺畅,甚至可以像跳舞一样随心所欲。i-swing 概念车具有两种行驶模式,当行驶在行人如潮的街道时,可以采用节省空间的两轮模式,更加方便地实现移动中与步行的人对话;需要快速行驶时,使用按钮转换成充分享受驾驶乐趣的三轮模式,配合操纵杆、踏板和移动身体重心来控制行驶方式。

图 7-11　奥迪 RSQ 概念跑车 　　　　图 7-12　丰田 i-swing 概念车

(3) 现代 NEOS-3 概念车(图 7-13)　现代 NEOS-3 概念车定位为豪华休闲车,提供了足以媲美越野车的性能表现,却让你有搭乘豪华私人喷射机的感受;流线的车身外形搭配整合式的头灯和水箱护罩设计,为 NEOS-3 概念车提供了更为安全的行驶能力;在长达 5 m 的车身下,为车内成员提供了宽敞舒适的乘坐环境。车室内配备中央整合式信息系统,使乘员在使用车内各种配备时能更为安全方便。而在动力系统方面,则搭载了全新研发的 4.6 L V8 发动机,让车身较大的 NEOS-3 概念车拥有敏捷的移动能力。

(4) 日产 Pivo 概念车(图 7-14)　Pivo 概念车有着如同蜗牛般的滑稽造型,更为奇特的是它的驾驶舱能够进行 360°旋转。另外,配上可环视四周的全景式监控影像系统(Around View Monitor)和贯穿行车死角的透视车柱(See Through Pillar),可以说能在拥挤的大都市里畅行无阻。前、后各配备 1 台可通过两个轴输出的超级电动机,可单独控制四个车轮的驱动力。

图 7-13　现代 NEOS-3 概念车 　　　　图 7-14　日产 Pivo 概念车

(5) 本田 PUYO 概念车(图 7-15)　本田 PUYO 概念车的车身采用柔软材质,有类似果冻般的触感。本田认为这更能增强这款车的安全性。PUYO 概念车在暗的环境下可以发光,因此它在街上行驶的时候很容易引起人们的注意。PUYO 概念车采用了无棱角的箱体设计,这个设计使得它箱体般的车身不存在任何尖角,转折之处都有柔软的过渡,腰线以上的全玻璃设计,表明了本田设计者想给 PUYO 车内的乘客带来更大限度的舒畅开阔的感受。

(6) 雪铁龙 GT 概念车(图 7-16)　该车是雪铁龙为了家用电视游戏机(Sony Playstation)的 GT 游戏中的车型而设计的全新概念车。不过有消息称,该概念车将限量生产 20 台,雪铁龙的新设计主管也表示的确有生产计划。雪铁龙 GT 车型长达 4 960 mm、宽 2

080 mm、高 1 090 mm，包围全车身的空气动力套件表明了该车专为赛道而生，21 in 的超大轮毂更是引人注目。但由于是概念车型，所以雪铁龙并没有公布其动力配置，而在游戏中该车将搭载氢燃料电池动力系统。

图 7-15　本田 PUYO 概念车

图 7-16　雪铁龙 GT 概念车

（7）丰田 Fine-T 概念车（图 7-17）　它代表的先进的环保性能和全新的移动概念，预示了未来汽车发展的新趋势。Fine-T 概念车的内饰运用了大量以植物为原料的"碳中性"材料，装置在车头、车尾和侧边的摄影机，可以为驾驶人提供 360°的视野。Fine-T 概念车使用了 Toyota 最新的燃料电池技术，每个轮子上都有一个独立的电动机，可以在极为狭小的空间转弯。

（8）雷克萨斯 LF-A 概念跑车（图 7-18）　这款双座概念跑车完美融合了超级跑车的杰出性能和雷克萨斯与生俱来的豪华品质。它不仅代表了雷克萨斯品牌全新、大胆的设计方向，更彰显了雷克萨斯在跑车领域超越竞争对手的决心。LF-A 概念跑车的发动机最大输出功率约 367.5 kW，排量低于 5 L。由于在转向性、车身重量和空气动力学特性之间实现了最佳的平衡，LF-A 概念跑车最高时速可达 322 km/h。从内部看，LF-A 概念跑车则融合了极致豪华的舒适感与精密的操控性。

图 7-17　丰田 Fine-T 概念车

图 7-18　雷克萨斯 LF-A 概念跑车

（9）宝马 VED 概念车（图 7-19）　宝马 VED 概念车于 2010 年正式亮相北京车展，它采用柴油加电力插电方式，续航里程达到 640 km。该车充电方便，产品能耗成本显著降低，大大降低了汽车对环境的影响。

其使用的 1.5 L 涡轮增压柴油发动机仅仅是宝马 335d 搭载的 3.0 L 发动机排量的一半，百公里燃油消耗量仅仅为 3.76 L，二氧化碳排放量每千米仅为 99 g。但在实际性能方面，这款仅有 1 350 kg 的 VED 概念车在 0～100 km/h 的加速时间仅为 4.8 s，其最高车速被限制在 250 km/h。

整款车外部的大部分透明材料采用了一种特殊的聚碳酸酯（PC）玻璃，这种玻璃能够根据外部光线的强弱自动地调节明暗度，将科技与人性化更好地结合在一起。VED 概念车内弥漫着科技气息的内饰细节，搭配象征现代的流线型点缀。车内的线条相当抢眼，转向盘造型颇为艺术。动感十足的驾驶舱让人充满驾驶操控的欲望。

(10) eTAXI易的概念车(图7-20)　　作为我国最具实力的汽车设计公司,阿尔特在2010年北京车展上推出eTAXI易的概念车,以展示自己在电动汽车研发领域的实力。这是一款为城市设计的电动出租车,作为都市名片穿梭于大街小巷。eTAXI易的概念车将新能源、新潮流及中国文化内涵的概念融入设计中。它顺应追求豪华运动的趋势,在整体上追求大气与考究,达到了中级轿车的水准。

图7-19　宝马VED概念车　　　　　　　图7-20　eTAXI易的概念车

7.3.2　汽车俱乐部

随着世界汽车工业的不断发展及人们对汽车的需要和兴趣的不断上升,各种形形色色的汽车俱乐部也相继诞生。汽车俱乐部是一种既能组织汽车爱好者进行活动,又能解决驾驶人困难的综合性俱乐部。汽车俱乐部不生产具体的产品,它所提供的产品是一种服务。对于一个综合性汽车俱乐部而言,这种服务又分为生产型服务和生活型服务。生产型服务是指俱乐部为会员提供各种对车辆和车主本人的有关车辆的服务,它的目的是为广大会员解决在使用车辆的过程中所产生的实际困难;生活型服务则是以会员为主体的各种休闲、娱乐和交友服务。汽车俱乐部是经营汽车文化的重要形式,它促使汽车文化更加繁荣丰富。

1. 汽车俱乐部的产生

1897年,英国成立了世界上最早的汽车协会——皇家汽车俱乐部(Royal Automobile Club)。随后,美国AAA汽车俱乐部(1902年)、FIA国际汽车联合会(1904年)、ACI意大利汽车俱乐部(1905年)等相继诞生。现阶段,世界范围内已有100多个全国性的汽车俱乐部和附属机构,还有一些各国汽车俱乐部的联合组织,如国际汽车俱乐部协会(IACF)及世界汽车旅游组织(OTA)。

2. 汽车俱乐部的主要作用

汽车俱乐部的本质决定了其主要作用有如下三点:

(1)举办各种活动(展览、车赛、发行刊物等),宣传汽车的优点,促进汽车的普及和使用。

(2)呼吁政府大力建设公路,放宽对汽车使用的限制,制定有利于汽车发展的政策和法规。

(3)为会员提供各种服务,如汽车驾驶培训、汽车救援、组织驾车旅游、代办汽车保险、维修、加油及停车等服务。

3. 中国汽车俱乐部

1995年,中国成立了第一家汽车俱乐部——大陆汽车俱乐部,简称CAA。中国汽车俱乐部目前主要在北京、上海和广州等一些大城市展开,总体实力还比较弱,尚未建立全国性的组织。中国汽车俱乐部主要进行汽车救援、售后服务、技术维修、旅游、越野、赛车、摄影等工作。

目前,中国的汽车俱乐部主要有三种形式:第一种是以售后服务为目的的俱乐部,车主从经销商处买车,同时也可以加入其组织的品牌车主俱乐部;第二种是专业的车主服务俱乐部,以商业赢利为目的,车主可以根据自己的需要自由选择是否加入,这类汽车俱乐部的会员能享受各种优惠服务和专业服务;第三种是车主自发成立以沟通维权为主的俱乐部,大都是通过网络联络而成立的。由于中国汽车产业起步较晚,汽车俱乐部的发展时间短,因此无论是俱乐部会员人数、硬件设施,还是经营理念,都难以和国外的汽车俱乐部相比。但随着中国汽车市场的逐渐成熟,相信汽车俱乐部这个汽车行业的生力军将随着外部条件的不断改善而迅速发展壮大。到那时,汽车俱乐部将会真正地成为广大车主可依托、可信赖的家。

7.3.3 汽车展览

汽车展览是专门为汽车举办的展览,其发源地是法国。1894年,在位于巴黎香榭丽舍大街的产业宫举办了世界最早的"世界自行车、汽车博览会",当时仅有9家公司参展,展品有自行车、摩托车、蒸汽机汽车及汽油发动机汽车,自此汽车展览在世界各地蓬勃发展。时至今日,汽车展览已成为汽车制造商展示新产品、树立企业形象、展示公司实力、争夺汽车市场的舞台。展出的不仅有层出不穷的新型车,还有千奇百怪的概念车、琳琅满目的高档车及浓厚的汽车文化,吸引着成千上万的汽车爱好者前去感受汽车工业跳动的脉搏。

1. 国际著名车展

国际著名的车展主要有德国法兰克福车展、法国巴黎车展、瑞士日内瓦车展、北美国际车展和日本东京车展。

(1)德国法兰克福车展 法兰克福车展的前身为柏林车展(1951年后,车展移到法兰克福),创办于1897年,是世界最早举办的国际车展,也是世界规模最大的车展,有世界汽车工业"奥运会"之称。展览时间一般在9月中旬,每年举办一届,轿车和商用车轮换展出;展出的车辆主要有轿车、跑车、商务车、特种车、改装车及汽车零部件等。此外,为配合车展,德国还举行不同规模的老爷车展览。

(2)法国巴黎车展 巴黎车展起源于1898年的国际汽车沙龙会,直至1976年每年一届,此后改为每两年一届,在当年的9月底至10月初举行。展览面积近25万平方米,分8个展馆,分别展出乘用车、商用车、特种车、老爷车及汽车零部件,甚至包括生产作业中使用的电车。巴黎车展颇具本土色彩,过去的展品多为法国车和欧洲车,近几年来美国车和日本车也日渐增多。与此同时,巴黎车展也是概念车云集的海洋,各款新奇古怪的概念车常常使观众眼前一亮。

(3)瑞士日内瓦车展 日内瓦车展起源于1905年的"国家汽车和自行车"展,到1924年正式创办时,已发展成有200个展品的国际性汽车展览。1982年起由政府出面创立的Orgexpo基金会主办日内瓦车展。从1931年起,展会每年3月份在瑞士日内瓦的巴莱斯堡国际展览中心举行,总面积达 7 万平方米。日内瓦车展是欧洲唯一每年举办的车展,是各大汽车商首次推出新产品的最主要的展出平台,素有"国际汽车潮流风向标"之称,是生产豪华轿车的世界著名汽车生产厂家的必争之地。各大汽车制造商常选择在该车展公开发布自家的最新研发科技、超级跑车、概念车等。

(4)北美国际车展　北美国际车展创办于 1907 年,起先叫作"底特律车展",是世界最早的汽车展览之一,1989 年更名为"北美国际汽车展"。车展时间固定在 1 月 5 日左右开始,因在年初举办,所以被誉为"全球汽车风向标",其举办地在美国的汽车城——底特律,展览面积约 8 万平方米。众多人被吸引到车展的原因,除了对汽车的兴趣外,还因为车展办得像个大的假日集会,吃喝玩乐,热闹非凡。而密歇根州每次车展都能进账 5 000 万美元以上。

(5)日本东京车展　东京车展最初为全日本汽车展览,创办于 1954 年,最初展览名称为"全日本汽车展览",自 1964 年起更名为东京汽车展览(简称东京车展)。东京车展是世界五大车展中历史最短的,逢单数年秋季举办,双数年为商用车展,被誉为"亚洲汽车风向标",是亚洲最大的国际车展。东京车展历来是日本本土生产的各式小型车唱主角的舞台。展馆位于东京附近的千叶县幕张国际展览中心,是目前世界最新、条件最好的展示中心,主要展出整车及零部件。

2.国内车展

我国的汽车展览主要有北京国际车展、上海国际车展、广州国际车展等。

(1)北京国际车展　北京国际汽车展览会(简称北京国际车展)于 1990 年创办,每两年定期在北京举办,已连续举办了十三届。北京国际车展自创办以来,规模不断扩大,展会功能由过去单纯的产品展示,发展成为企业发展战略发布、全方位形象展示的窗口,全球最前沿技术创新信息交流的平台,最高效的品牌推广宣传舞台。展品品质逐届提高,影响也日趋广泛,众多跨国汽车企业将北京车展列为全球 A 级车展。

(2)上海国际车展　上海国际汽车工业展览(简称上海国际车展)创办于 1985 年,是我国最早的专业国际汽车展览会,逢单数年举办。2004 年 6 月,上海国际车展通过了国际博览联盟(UFI)的认证,成为我国第一个经 UFI 认可的汽车展览。上海国际车展还以官方网站为平台,引进世界一流的网上互动多媒体交流与展览技术,举办"网上互动上海车展",以高层次论坛配套,组织"中国汽车设计论坛"。伴随着我国汽车工业与国际汽车工业的发展,经过 30 余年的积累,上海国际车展已成长为中国最权威、国际上较具影响力的汽车大展之一。

(3)广州国际车展　中国(广州)国际汽车展览会(简称广州国际车展)创办于 2003 年,基于"高品位、国际化、综合性"的定位,经过十几年的发展,已成为我国大型国际车展之一。随着广州国际车展的逐年发展,该展会整体水平不仅仅体现在若干数据的变化上,更体现在展会的国际化品质以及专业化层次上。提升展会的国际化品质和专业化层次是广州国际车展长久坚持的核心理念。

7.3.4　世界十大汽车城

当今世界从事汽车生产和制造的国家和地区,汽车工业大多表现出明显的地域集群特征,从而形成了世界上人们所说的汽车城。

1. 美国底特律(Detroit)

底特律是美国第五大城市,也是世界闻名的汽车城。它位于密歇根州东南部,底特律河西岸,面积1.04万平方公里,人口约435万。全城约有90%的人靠汽车工业为生。因此底特律享有"给世界装上轮子"的地方的美称。此地原为印第安人住地,1796年归属美国。1899年,第一座汽车制造厂建立。从1914年亨利·福特引进汽车生产线后,至今已发展成为世界汽车中心。通用、福特、克莱斯勒汽车公司总部均设于此,汽车年产量约占全美产量的27%。

2. 日本丰田(Toyota)

丰田因为丰田汽车公司的存在,自然就成了日本闻名于世的汽车城,绰号"东洋底特律"。它位于爱知县中央的西三河地区,面积5 150平方公里,总人口695.5万,其中超过一半的市民都是丰田汽车公司的雇员及其家属,每个职工平均年产值为13万美元。在丰田市,丰田汽车公司拥有10座汽车厂,可生产几十个系列轻、重型汽车。此外,它还有1 000多家协作厂。该市的出口港是名古屋,建有世界第一、最高容量为5万辆的丰田汽车专用码头。

3. 德国斯图加特(Stuttgart)

美丽的斯图加特是一座"奔驰汽车城",著名的戴姆勒-奔驰汽车公司建于此地。它位于内卡河中游河谷地带,是巴符州首府,面积207平方公里,全城人口约60万。奔驰汽车制造业是斯图加特的主体工业,在斯图加特几乎家家都有奔驰车。斯图加特每年要接待14万来自世界各地的汽车用户、汽车商及参观旅游的人。现在它已成为德国人均收入最高、失业率最低的城市之一。

4. 意大利都灵(Turin)

都灵是世界著名的汽车工业城。它位于意大利西北部,是皮埃蒙特大区的首府,也是意大利的第四大城市。都灵的汽车工业十分发达,是意大利最大汽车集团菲亚特公司总部所在地。全城人口120万,其中30多万人从事汽车工业,每年生产的汽车占意大利总产量的75%。另外,还以世界先进水平的技术和设备生产各类汽车零件。该市仅汽车配件行业的年产值就相当于1 500亿元人民币。

5. 德国沃尔夫斯堡(Wolfsburg)

沃尔夫斯堡也称狼堡,位于德国下萨克森州,总面积310平方公里,人口约13万。欧洲最大的汽车制造厂商——大众集团总部就坐落于这里。自从大众集团1934年成立以来,带动了城市的发展。1938年,该市作为德国当时现代化的汽车城而兴建起来,开始逐步成为德国北部的工业重镇和欧洲最大的汽车制造中心。现在狼堡市民中的40%都在大众集团上班,大众集团在狼堡的员工超过5万人。

6. 日本东京(Tokyo)

东京是日本的首都,也是世界上最大的城市之一。它位于本州关东平原南端,总面积2 155平方公里,人口约1 229万。东京创建于1457年,古称江户。1868年,明治天皇从京都迁都江户,改称东京,至此,东京成为全国的政治、经济和文化中心。著名的汽车公司日产、本田、三菱、五十铃公司总部均设在此地。日产公司在东京市的雇员总数近13万人,公司可年产汽车320万辆。本田公司雇员总数达11万人左右,汽车年产量已高达300万辆左右。

7. 法国巴黎(Paris)

巴黎是法国的首都,是历史名城,也是欧洲大陆上最大的城市。巴黎位于法国北部盆地的中央,横跨塞纳河两岸,距河口(英吉利海峡)375公里。市区面积105平方公里,市区人口230多万。法国最大的汽车集团公司——标致-雪铁龙汽车公司的总部设在巴黎,以生产汽车为主,兼营机械加工、运输、金融和服务业。汽车生产厂多设在距巴黎370公里处的弗南修·昆蒂省的雷恩市,雇员总数约为11万人,年产汽车约220万辆。

8. 英国伯明翰(Birmingham)

伯明翰是莱兰汽车(Leyland)公司所在地,位于英格兰中部亚拉巴马州,是仅次于伦敦的英国第二大城市。该市市区面积256平方公里,人口超过100万。自1166年英王恩准开埠经商后,伯明翰先以制铁冶炼为主,迅速成为冶金行业的重镇。1880年,伯明翰建立了第一座高炉,钢铁工业兴起,带动了其他工业的发展。现如今伯明翰是英国的汽车城,世界很多汽车生产厂商在这里都设立了公司,使它的工业产值占全国工业产值的1/5,并享有"世界车间"之美称。

9. 德国吕塞尔斯海姆(Rudesheim)

吕塞尔斯海姆是美国通用汽车公司最大的海外子公司——亚当·欧宝汽车公司总部所在地,位于美因河下游,其工业以汽车制造为主。欧宝工厂在1899年生产出了欧宝历史上第一辆汽车。2000年,欧宝投资15亿欧元在欧宝原厂旁边兴建新工厂,于2002年1月7日建成投产。欧宝吕塞尔斯海姆工厂目前拥有近2万名工人,主要生产欧宝Vectra和Signum两款车型。另外,现代起亚的欧洲研发中心也设在吕塞尔斯海姆。

10. 法国布洛涅-比杨古(Boulogne Billancourt)

布洛涅-比杨古是世界著名汽车城,位于法国巴黎西南部,地处塞纳河河曲布洛涅森林之南,人口约10.3万人。世界十大汽车公司之一的雷诺汽车制造厂就设在此地。雷诺汽车制造厂创立于1898年,而今的雷诺汽车公司已被收为国有,是法国最大的国有企业。该厂以生产各型汽车为主,公司还涉足发动机、农业机械、自动化设备、机床、电子业、塑料橡胶业等垄断工业。工厂雇员总数为22万人,全年可生产汽车约205万辆。

7.3.5 汽车媒体

汽车媒体包括汽车杂志、社团、网站、书籍、宣传、广告等,是传播汽车信息、汽车技术和汽车文化的重要手段,也是广大汽车工作者、汽车驾驶员、汽车修理技术人员提高自己的重要途径之一。

1. 汽车报刊杂志

国外著名的汽车报刊杂志有:美国的《汽车工业》《汽车工程》《汽车与驾驶员》,德国的《汽车技术杂志》《BOSCH 汽车工程手册》,日本的《自动车技术》,英国的《汽车工程师》,意大利的《汽车工程》,法国的《汽车工程师》等。

国内主要的汽车报刊杂志有:《汽车工程》《汽车技术》《世界汽车》《汽车之友》《汽车导报》《汽车知识》《汽车与运动》《汽车与配件》《汽车博览》《汽车维护与修理》《汽车维修与保养》《名车志》《车主之友》等。

2.汽车社团

(1)中国汽车报社　中国汽车报社隶属人民日报社,成立于1984年,是我国汽车业内历史最长、影响力最大的专业产经类报纸。30多年来,中国汽车报社坚持永远追求创新的理念,不断改革,目前拥有一报五刊,分别是:《中国汽车报》(主报)、《汽车族》《汽车与运动》《家用汽车》《商用汽车新闻》《新能源汽车新闻》,还创办了多种新媒体平台,包括中国汽车报网、中国汽车手机报、中国汽车报 APP 客户端、中国汽车报官方微博、中国汽车报微信公众号等。

(2)中国汽车工程学会　中国汽车工程学会(SAE-China)成立于1963年,是由中国汽车科技工作者自愿组成的全国性、学术性法人团体;是中国科学技术协会的组成部分,属于非营利性社会组织;是国际汽车工程学会联合会(FISTA)成员,并任理事;是亚太汽车工程年会(APRC)发起国之一。其宗旨是:推动汽车工业科技进步;培养汽车科技人才;促进国内外汽车产业技术交流;传播、普及汽车科技知识;弘扬汽车文化;筑建科技工作者之家。

3.汽车网站

汽车网站能及时反馈出最新的汽车信息,每天都有大量的国内外汽车发展新动态、新技术及广大网民的意见和评论,为获取汽车信息提供了一种便捷方法。

(1)汽车集团公司网站　汽车集团公司为了宣传和营销等需要而开辟的公司网站,国内主要的汽车集团公司网站见表7-1。

表7-1　　　　　　　　　国内主要的汽车集团公司网站

序号	网站名称	序号	网站名称
1	上汽集团	6	广汽集团
2	东风汽车	7	华晨汽车
3	一汽集团	8	长城汽车
4	长安汽车	9	江淮汽车
5	北汽集团	10	奇瑞汽车

(2)专业汽车网站　专门从事汽车相关信息发布的网站,国内主要的专业汽车网站见表7-2。

表 7-2　　　　　　　　　　　国内主要的专业汽车网站

序号	网站名称	序号	网站名称
1	汽车之家	6	汽车维护与修理网
2	中国汽车网	7	中国汽车用品网
3	中国汽车召回网	8	汽车世界网
4	太平洋汽车网	9	节能与新能源汽车网
5	中国汽车交易网	10	中国汽车工程学会

(3) 综合性网站的汽车栏目或汽车搜索　综合性网站在其内部专门开辟了汽车栏目或汽车搜索，国内开辟了汽车栏目或汽车搜索的主要综合性网站见表 7-3。

表 7-3　　　　　　　　国内汽车栏目或汽车搜索的主要综合性网站

序号	网站名称	序号	网站名称
1	Baidu CarLife	6	腾讯汽车
2	搜狐汽车	7	中新网汽车
3	央视网汽车	8	网易汽车
4	21CN 汽车	9	人民网汽车
5	新浪汽车	10	新华网汽车

(4) 其他汽车网站　除上述汽车网站外，还有大量的开设汽车专业的学校、汽车销售及个人创办的网站，它们根据各自需要介绍汽车的相关内容，可谓各有特色。

知识梳理与项目小结

1. 汽车运动分为场地汽车运动和非场地汽车运动。场地汽车运动是指赛车在规定的封闭场地中进行比赛。它又可分为方程式汽车赛、汽车耐久赛、漂移汽车赛、轿车赛、运动汽车赛、短道拉力汽车赛、场地越野汽车赛、直线竞速汽车赛等。非场地汽车运动的比赛场地基本上是不封闭的，主要分为汽车拉力赛、汽车越野赛、汽车登山赛、汽车沙滩赛、汽车泥地赛等。

2. 著名车队有法拉利车队、麦克拉伦车队、威廉姆斯车队、莲花车队等；著名车手有胡安·曼努尔·凡乔、迈克尔·舒马赫、阿兰·普罗斯特、艾尔顿·塞纳等。

3. 美国的汽车精英有威廉·杜兰特、亨利·福特、阿尔弗雷德·斯隆等；欧洲的汽车奇才有卡尔·本茨、戈特利布·戴姆勒、费迪南德·波舍、阿尔芒·标致、安德烈·雪铁龙等；亚洲的汽车名人有丰田喜一郎、饶斌等。

4. 概念车不是将投产的车型，它仅仅是向人们展示设计人员新颖、独特、超前的构思而已。概念车还处在创意、试验阶段，很可能永远不投产。

5. 汽车俱乐部不生产具体的产品，它所提供的产品是一种服务，可分为生产型服务和生活型服务。汽车俱乐部是经营汽车文化的重要形式，它促使汽车文化更加繁荣丰富。

6.汽车展览是专门为汽车举办的展览。国际著名的车展主要有德国法兰克福车展、法国巴黎车展、瑞士日内瓦车展、北美国际车展、日本东京车展等。国内的汽车展览主要有北京国际车展、上海国际车展、广州国际车展等。

7.世界十大汽车城为美国底特律、日本丰田、德国斯图加特、意大利都灵、德国沃尔夫斯堡、日本东京、法国巴黎、英国伯明翰、德国吕塞尔斯海姆、法国布洛涅-比杨古。

8.汽车媒体包括汽车杂志、社团、网站、书籍、宣传、广告等,是传播汽车信息、汽车技术和汽车文化的重要手段。

知识测评

1. 汽车运动如何分类?
2. 世界上方程式汽车赛有哪些?
3. 历史上著名车队与著名车手有哪些?
4. 什么是概念车?有何作用?
5. 汽车俱乐部有何作用?如何分类?
6. 国际著名车展有哪些?中国的汽车展览有哪些?
7. 世界十大汽车城都包括哪些?
8. 汽车媒体有哪些?

技能测评

1. 查询相关资料,分组讨论F1比赛的规则和对赛车的要求。
2. 查询相关资料,分组讨论历史上汽车名人有哪些?各有何贡献?
3. 查询汽车之家网站,说明该网站为人们提供了哪些服务。

参考文献

[1] 邢世凯. 汽车概论. 大连：大连理工大学出版社，2011

[2] 李卓森. 汽车概论(英文版). 北京：人民交通出版社，2009

[3] 邱宗敏，邢世凯. 汽车发动机构造与维修(第三版). 大连：大连理工大学出版社，2013

[4] 拉里·埃泽尔. 汽车设计大师. 李卓森，李宇彤，邢世凯译. 北京：机械工业出版社，2015

[5] 李景芝，郭荣春. 汽车文化. 北京：机械工业出版社，2011

[6] 赵英勋. 汽车概论. 北京：机械工业出版社，2012

[7] 蔡兴旺. 汽车文化. 北京：机械工业出版社，2014

[8] 阳小良. 汽车文化. 北京：机械工业出版社，2014

[9] 张发明. 汽车品牌与文化(第二版). 北京：机械工业出版社，2013

[10] 孙善德，邢世凯. 图解汽车发动机维修快速入门. 北京：机械工业出版社，2014

附录 本书英文缩略语

1. 车辆识别代号（Vehicle Identification Number，VIN）
2. 电子控制单元（Electronic Control Unit，ECU）
3. 电控燃油喷射（Electronic Fuel Injection，EFI）
4. 无分电器电子点火（Distributor Less Ignition，DLI）
5. 防抱死制动系统（Anti-lock Braking System，ABS）
6. 电子驱动力调节系统（Electronic Traction System，ETS）
7. 电子差速锁（Electronic Differential System，EDS）
8. 驱动防滑装置（Acceleration Slip Regulation，ASR）
9. 电控自动变速器（ElectronicControl Transmission，ECT）
10. 双离合器变速器（Direct Shift Gearbox，DSG）
11. 安全气囊（Supplemental Restraint System，SRS）
12. 电子巡航系统（Cruise Control System，CCS）
13. 速度感应式转向系统（Speed Sensitive Steering System，SSS）
14. 三元催化转化系统（Three-way Catalytic Converter System，TWC）
15. 卫星导航系统（Global Positioning System，GPS）
16. 控制器局域网（Controller Area Network，CAN）
17. 可变配气正时和气门升程电子控制装置（Variable Valve Timing and Valve Life Electronic Control System，VTEC）
18. 可变压缩比（Variable Compression Ratio，VCR）
19. 混合动力电动汽车（Hybrid ElectricVehicle，HEV）
20. 缸内直喷汽油发动机（Gasoline Direct Injection，GDI）
21. 双增压中冷发动机（Turbo-Supercharged Inter-cooled Engine，TSI）
22. 计算机辅助设计（Computer Aided Design，CAD）
23. 计算机辅助工程分析（Computer Aided Engineering，CAE）
24. 计算机辅助试验（Computer Aided Testing，CAT）
25. 计算机辅助造型（Computer Aided Styling，CAS）
26. 计算机辅助制造（Computer Aided Manufacturing，CAM）
27. 计算机辅助集成制造系统（Computer Integrated Manufacturing System，CIMS）

28. 计算机虚拟现实系统(Virtual Reality System,VR)
29. 自然进气(Naturally Aspirated,NA)
30. 多气门(Multi Valve,MV)
31. 顶置凸轮轴(Overhead Camshaft,OHC)
32. 可变气门正时(Variable Valve Timing,VVT)
33. 可变技术(Variable Technology,VT)
34. 绅宝可变压缩比(Saab Variable Compression,SVC)
35. 分层燃烧技术(Fuel Stratified Injection,FSI)
36. 手动变速器(Manual Transmission,MT)
37. 自动变速器(Automatic Transmission,AT)
38. 机械无级自动变速器(Continuously Variable Transmission,CVT)
39. 四轮驱动(4 Wheels Drive,4WD)
40. 随速助力转向(Electronic Power Steering,EPS)
41. 主动转向系统(Active Steering System,ASS)
42. 四轮转向(Four Wheel Steering,4WS)
43. 牵引力控制系统(Traction Control System,TCS 或 TRC)
44. 电子制动力分配系统(Electronic Brake-force Distribution System,EBD)
45. 车身电子稳定程序(Electronic Stability Program,ESP)
46. 上坡辅助控制系统(Hill-start Assist Control System,HAC)
47. 下坡辅助控制系统(Down-hill Assist Control System,DAC)
48. 紧急制动辅助系统(Electronic Control Brake Assist System,EBA)
49. 自适应巡航控制系统(Adaptive Cruise Control System,ACC)
50. 预碰撞安全系统(Pre-Collision System,PCS)
51. 车道保持辅助系统(Lane Keeping Assist System,LKAS)
52. 车道偏离预警系统(Lane Departure Warning System,LDWS)
53. 车道变更辅助系统(Lane Change Assistant System,LCAS)
54. 侧盲区预警系统(Side Blind Zone Alert System,SBZA)
55. 儿童约束系统(Child Restraint System,CRS)
56. 新车碰撞测试(New Car Assessment Program,NCAP)
57. 主动降噪技术(Active Noise Cancellation,ANC)
58. 液化石油气汽车(Liquefied Petroleum Gas Vehicle,LPGV)
59. 压缩天然气汽车(Compressed Natural Gas Vehicle,CNGV)
60. 灵活燃料汽车(Flexible Fuel Vehicle,FFV)
61. 变燃料汽车(Variable Fuel Vehicle,VFV)
62. 多用途汽车(Multi-Purpose Vehicle,MPV)
63. 运动型多用途汽车(Sport Utility Vehicle,SUV)
64. 国际汽车联合会(Fédération Internationale de l'Automobile,FIA)
65. 世界一级方程式锦标赛(FIA Formula 1 World Championship,F1)

交通标志与交通标线

交通标志：警告标志

十字交叉	T形交叉	Y形交叉	环形交叉	向左急弯路	反向弯路	连续弯路
上陡坡	两侧变窄	窄桥	双向交通	注意行人	注意儿童	注意牲畜
注意信号灯	注意落石	注意横风	易滑	傍山险路	堤坝路	村庄
隧道	渡口	驼峰桥	路面不平	过水路面	有人看守铁路道口	无人看守铁路道口
注意非机动车	事故易发路段	慢行	左右绕行	施工	注意危险	叉形符号

交通标志：禁令标志

禁止通行	禁止驶入	禁止机动车驶入	禁止载货汽车驶入	禁止三轮机动车驶入	禁止大型客车驶入	禁止小型客车驶入

禁止汽车拖、挂车驶入	禁止拖拉机驶入	禁止农用车驶入	禁止二轮摩托车驶入	禁止某两种车驶入	禁止非机动车进入	禁止畜力车进入
禁止人力货运三轮车进入	禁止人力客运三轮车进入	禁止人力车进入	禁止骑自行车下坡	禁止骑自行车上坡	禁止行人进入	禁止向左转弯
禁止向右转弯	禁止直行	禁止向左向右转弯	禁止直行和向左转弯	禁止直行和向右转弯	禁止掉头	禁止超车
解除禁止超车	禁止车辆临时或长时间停放	禁止车辆长时间停放	禁止鸣喇叭	限制宽度	限制高度	限制质量
限制轴重	限制速度	解除限制速度	停车检查	停车让行	减速让行	会车让行

交通标志：指示标志

直行	向左转弯	向右转弯	直行和向左转弯	直行和向右转弯	向左和向右转弯	靠右侧道路行驶
靠左侧道路行驶	立交直行和左转弯行驶	立交直行和右转弯行驶	环岛行驶	步行	鸣喇叭	最低限速
单行路向左或向右	单行路直行	干路先行	会车先行	人行横道	右转车道	直行车道

| 直行和右转合用车道 | 分向行驶车道 | 公交线路专用车道 | 机动车行驶 | 机动车车道 | 非机动车行驶 | 非机动车车道 |

允许掉头

交通标志：指路标志

| 地名 | 著名地点 | 行政区划分界 | 道路管理分界 | 国道编号 | 省道编号 | 县道编号 |

| 行驶方向 | 行驶方向 | 行驶方向 | 行驶方向 | 互通式立交 | 交叉路口预告 | 十字交叉路口 |

| 十字交叉路口 | 丁字交叉路口 | 环形交叉路口 | 交叉路口预告 | 互通式立交 | 分岔处 | 地点识别标志 |

| 地点识别标志 | 地点识别标志 | 地点识别标志 | 地点识别标志 | 地点识别标志 | 地点识别标志 | 地点识别标志 |

| 地点识别标志 | 地点识别标志 | 地点识别标志 | 告示牌 | 告示牌 | 告示牌 | 告示牌 |

| 告示牌 | 告示牌 | 告示牌 | 告示牌 | 告示牌 | 告示牌 | 停车场 |

停车场	停车场	避车道	人行天桥、人行地下通道	绕行标志	此路不通	残疾人专用设施
入口预告	入口预告	入口预告	入口预告	入口预告	入口预告	入口
起点	终点预告	终点提示	终点	下一出口	出口编号预告	出口预告
出口预告	出口预告	出口预告	出口	出口	出口	地点方向
地点方向	地点方向	地点方向	地点方向	地点方向	地点方向	地点距离
收费站预告	收费站预告	收费站预告	收费站	紧急电话	电话立置指标	加油站
紧急停车带	服务区预告	服务区预告	服务区预告	停车区预告	停车区预告	停车区预告
停车场	停车场	停车场	爬坡车道	爬坡车道	爬坡车道	爬坡车道

| 车距确认 | 车距确认 | 车距确认 | 车距确认 | 道路交通信息 | 道路交通信息 | 道路交通信息 |

| 里程牌 | 百米牌 | 分流 | 合流 | 线形诱导标基本单元 | 基本单元组合使用 | 基本单元组合使用 |

| 右侧通行 | 两侧通行 |

交通标志：旅游区标志

| 旅游区方向 | 旅游区距离 | 问询处 | 徒步 | 索道 | 野营地 | 营火 |

| 游戏场 | 骑马 | 钓鱼 | 高尔夫球 | 潜水 | 游泳 | 划船 |

| 冬季浏览区 | 滑雪 | 滑冰 |

交通标志：道路施工安全标志

| 施工路栏 | 施工路栏 | 前方施工 | 锥形交通标 |

锥形交通标	道口标柱	道路施工	道路封闭
右道封闭	左道封闭	中间封闭	车辆慢行
向左行驶	向右行驶	向左改道	向右改道
移动性施工标志			

交通标志：辅助标志

时间范围 (7:30-10:00)	时间范围 (7:30-9:30 16:00-18:00)	除公共汽车外	机动车	货车	货车、拖拉机	向前200m
向左100 m	向左、向右各50 m	向右100 m	某区域内	学校	海关	事故
坍方	组合					

交通标线：禁止标线

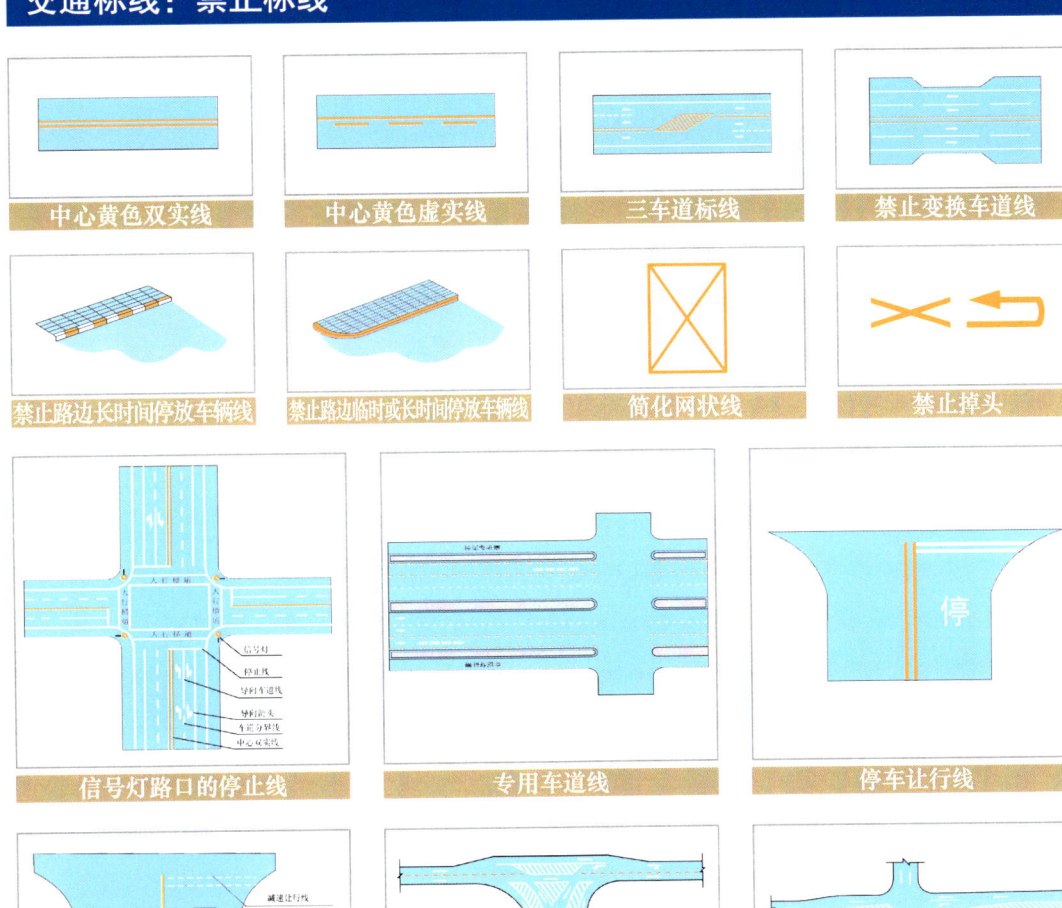

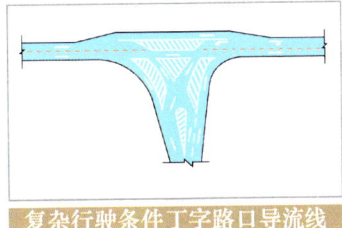

中心黄色双实线	中心黄色虚实线	三车道标线	禁止变换车道线
禁止路边长时间停放车辆线	禁止路边临时或长时间停放车辆线	简化网状线	禁止掉头
信号灯路口的停止线	专用车道线	停车让行线	
减速让行线	复杂行驶条件丁字路口导流线	复杂行驶条件十字路口导流线	

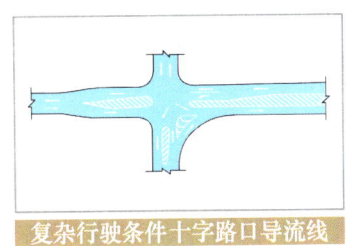

交通标线：指示标线

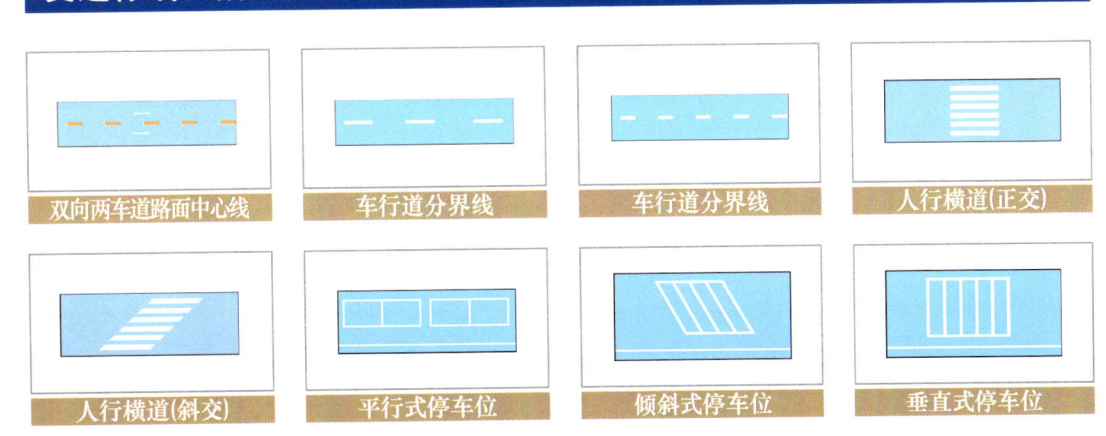

双向两车道路面中心线	车行道分界线	车行道分界线	人行横道(正交)
人行横道(斜交)	平行式停车位	倾斜式停车位	垂直式停车位

出租车专用待客停车位	 残疾人专用车辆车位	 非机动车专用停车位	最高时速
最低限速	 大型车	 小型车	超车道

交通标线：警告标线

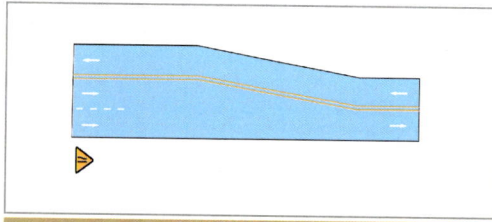

三车道缩减为双车道	 四车道缩减为两车道
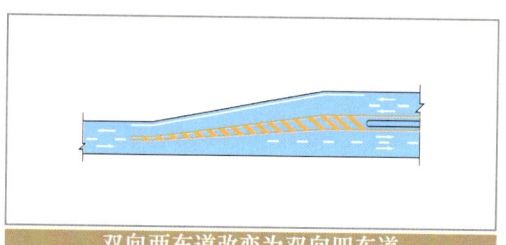 双向两车道改变为双向四车道	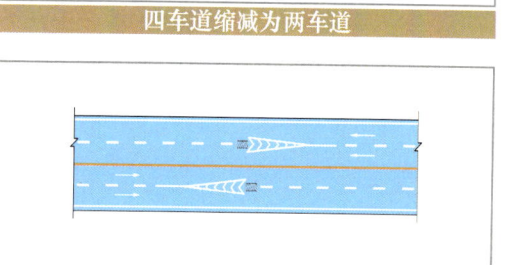 同方向二车道中间有障碍
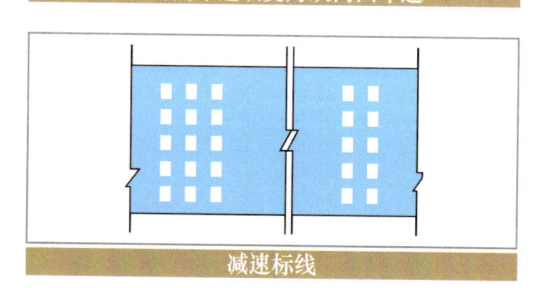 减速标线	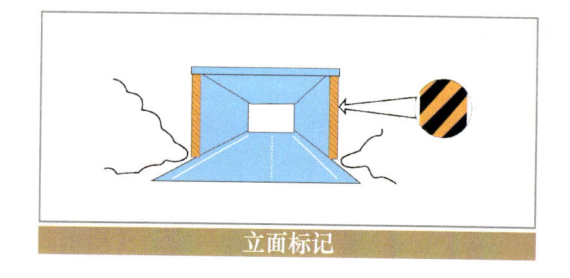 立面标记